非寿险案例评析

上海保监局　编著

中国金融出版社

责任编辑：罗邦敏
责任校对：张志文
责任印制：张 莉

图书在版编目（CIP）数据

非寿险案例评析（Feishouxian Anli Pingxi）/上海保监局编著. —北京：中国金融出版社，2010. 4
ISBN 978-7-5049-5245-5

Ⅰ. 非… Ⅱ. 上… Ⅲ. 保险法—案例—分析—中国
Ⅳ. D922. 284. 5

中国版本图书馆 CIP 数据核字（2009）第 160194 号

出版
发行 中国金融出版社
社址 北京市丰台区益泽路 2 号
市场开发部 （010）63272190，66070804（传真）
网 上 书 店 http://www. chinafph. com
（010）63286832，63365686（传真）
读者服务部 （010）66070833，62568380
邮编 100071
经销 新华书店
印刷 北京松源印刷有限公司
尺寸 148 毫米×210 毫米
印张 10. 5
字数 294 千
版次 2010 年 4 月第 1 版
印次 2010 年 4 月第 1 次印刷
印数 1—2600
定价 25. 00 元
ISBN 978-7-5049-5245-5/F. 4805

序

随着保险业的较快发展，保险业与经济社会发展的联系越来越紧密，已经逐步渗透到社会管理、企业经营、人民生活的各个方面。非寿险行业作为保险市场的重要组成部分，在市场经济条件下可以发挥风险管理的基础性作用。保险业站在新起点、进入新阶段，加快非寿险业发展，有利于应对灾害事故风险，保障人民生命财产安全和经济稳定运行；有利于协调各种利益关系，有效化解社会矛盾和纠纷，推进公共服务创新。

由于保险业起步晚、基础薄弱、覆盖面不宽，非寿险业的功能和作用发挥不充分，与全面建设小康社会和构建社会主义和谐社会的要求不相适应，与建立完善的社会主义市场经济体制不相适应，社会公众对非寿险的认识也还不够深入和全面。2006年国务院23号文件《国务院关于保险业改革发展的若干意见》明确提出，全社会要“学保险、懂保险、用保险”，提高运用保险机制促进社会主义和谐社会建设的能力和水平。随着近几年23号文件的深入贯彻落实，各级地方政府、各行各业和人民群众对保险都希望有一个比较系统全面的认识。上海保监局组织编写的《非寿险案例评析》，以案例的形式，介绍了保险监管、保险经营和保险消费等方面的知识，为社会各界认识和了解保险业提供了一个很好的窗口。

上海是我国民族保险业的发源地，也是我国保险业改革开放的前沿。特别是国务院提出的推进上海国际金融中心和国际航运中心建设，给上海保险业提供了难得的发展机遇。在非寿险市场方面，无论是机构的种类数量，还是产品的结构种类，上海在国内都处于相对领先的地位。上海非寿险市场所反映的问题，将对全国非寿险市场的发展具有借鉴意义。

本书所收集的106个案例，涉及当前我国非寿险业发展多个方面的情况和问题，蕴涵了大量的、有价值的信息，具有以下几个特点：

一是内容结构丰富。相比寿险，非寿险所涉及的险种更多。既有与人民群众密切相关的机动车辆保险、农业保险、家庭财产保险、旅游保险、房贷保险、物业责任保险等，又有与企业经营密切相关的财产保险、货运保险、出口信用保险、雇主责任保险、产品责任保险、董事监事及高管人员责任保险等，还有与政府社会管理密切相关的公众责任保险、医疗责任保险、校方责任保险、家政保险、外来从业人员综合保险等。每一个险种自成篇章体系，可以系统了解非寿险知识。

二是材料来源广泛。正是由于非寿险案例内容和结构的多样性，使得材料的来源十分广泛，既有信访案例，也有保险公司经营实践。比如，一些水险案例多为外资公司提供的国际保险业务。他山之石，可以供我们学习借鉴。其中绝大部分案例来自上海保险业实践，从中可以感受到上海经济社会的发展，感受到公众和企业法治意识的提高。

三是评析结论客观。应当看到，我国保险市场还处于发展的初级阶段，法律法规方面还存在着一些不健全的地方。本书提供的案例具有一定的典型性、代表性和普遍性，同时对案例进行了客观的评价和分析，对消费者、经营者和监管者都有参考作用。

四是目标定位明确。除了对一些传统险种引发的信访纠纷进行风险警示教育外，对一些相对较新的险种，重点是通过案例宣传其功能作用，以使这些险种能够为大家所了解接受，能够在国内高起点、健康地发展起来。比如，对责任保险，本书对每一个险种的基本情况逐一介绍，并援引案例对这些险种的重要性进行了阐释。

《非寿险案例评析》是继《寿险案例评析》之后，上海保监局在监管工作实践中的又一成果。一个个鲜活的案例，反映了我国非寿险业发展的历程和轨迹。保险市场教育促进了消费者的逐渐成熟，保险消费者反过来也推动和促进了保险市场、保险经营者、保险监管者的逐渐成熟。以这些案例为鉴，可以使保险监管者按照依法、科学、有效的原则更好地履行监管职责；可以使保险经营者更好地以人为本，守法合规经营；可以使每个保险消费者了解如何维护自身权益。

希望保险业在新起点、新阶段，全面落实科学发展观，做到体现时代性、把握规律性、富于创造性，努力实现又好又快发展，为社会主义和谐社会建设作出新的更大的贡献！

吴定富

2010.4.

目　录

一、机动车辆保险

(一) 基本介绍 …… 1
(二) 典型案例 …… 1
1 保险合同的订立 …… 1
1.1 合同双方应遵循最大诚信原则 …… 1
案例 1 被保险人提供型号暂缺的行驶证是否履行如实告知义务? …… 2
案例 2 酒后驾车造成第三人死亡，保险公司是否应承担责任? …… 4
案例 3 投保人应按照实际营运性质进行投保 …… 6
案例 4 保险公司可否以“没有公安部交通管理部门核发的行驶证号牌”为由拒赔? …… 7
案例 5 被保险人应注意特别约定条款 …… 8
案例 6 约定“被保险人不得解除保险合同的条款”是否有效? …… 9
1.2 被保险人应对保险标的具有保险利益 …… 10
案例 1 谨慎约定“被保险人” …… 11
案例 2 挂靠车辆的保险利益问题 …… 12
1.3 被保险人委托保险代理人办理投保业务要留心 …… 13
案例 1 保险代理转包行为最终损害被保险人利益 …… 14
案例 2 谨防汽车销售商和代理商擅自截留保险费 …… 15
案例 3 这家汽车修理厂真坑人 …… 16
案例 4 按揭车辆保险不应包括车牌费用 …… 17

2 保险合同的履行、变更和终止…………………………………………… 18
2.1 被保险人应履行义务……………………………………………… 18
案例1 被保险人的危险增加通知义务 ………………………… 18
案例2 车辆过户拒赔案 ………………………………………… 20
案例3 发生保险事故时保险车辆检验不合格保险
公司不予赔偿 ……………………………………………… 21
2.2 退保费计算应严格按照条款规定……………………………… 22
案例1 保险公司仅退保险合同解除后的保险费 ……………… 22
案例2 代理保费是否已结算不应影响客户退保 ……………… 25
案例3 车辆按揭贷款保险退保费应按条款规定计算 ………… 25
3 出险/理赔环节 …………………………………………………………… 26
3.1 理赔原则…………………………………………………………… 26
案例1 保险公司的赔偿以修复为主 …………………………… 26
案例2 不足额投保只能按比例赔偿 …………………………… 27
案例3 轿车发生事故后贬值费能否获赔 ……………………… 28
案例4 道路交通事故人身损害赔偿案件中，住院
伙食和护工费可否重复计算？ ………………………… 30
3.2 保险公司应尽快处理理赔案件…………………………………… 32
案例1 保险人应及时核定并支付保险金 ……………………… 32
案例2 已经确定的保险损失可以先行赔付 …………………… 33
案例3 车辆异地出险在定损中发生纠纷 ……………………… 34
3.3 被保险人义务……………………………………………………… 35
案例1 施救费用应当是必需且合理的 ………………………… 35
案例2 千万不要擅自移动事故现场 …………………………… 36
案例3 申请理赔应如实告知事故原因和经过 ………………… 36
3.4 被保险人需要注意的其他问题…………………………………… 38
案例1 涉水行驶致损拒赔案 …………………………………… 38
案例2 新增设备为何遭到拒赔？ ……………………………… 39
案例3 伤残复议问题 …………………………………………… 39
案例4 机动车交通事故责任强制保险中“未取得

驾驶资格”问题的认定 …………………………… 40
案例5 “车辆故障，引起火灾”，保险公司是否可以“自燃或不明原因产生火灾”责任免除？ …………………………………………… 41

二、责任保险

医疗责任保险 ……………………………………………… 44
（一）基本介绍 …………………………………………… 44
（二）典型案例 …………………………………………… 45
案例1 患者知情权不应受到侵犯 ……………………… 45
案例2 如实告知患者病情是医院应尽的义务 ………… 47
案例3 客户在发生纠纷时可求助专业机构的帮助 …… 48
职业责任保险 ……………………………………………… 50
律师执业责任保险 …………………………………………… 50
（一）基本介绍 …………………………………………… 50
（二）典型案例 …………………………………………… 51
案例1 律师执业疏忽，保险公司埋单 ………………… 51
雇主责任保险 ………………………………………………… 53
案例1 重复保险并不能获得超额保障 ………………… 53
案例2 切忌在对赔款有争议时签订赔案终结协议 …… 54
董监事及高级管理人员责任保险 …………………………… 58
（一）背景资料 …………………………………………… 58
（二）典型案例 …………………………………………… 59
案例1 招股说明书夸大营业收入属于高管责任 ……… 59
案例2 财务违规导致股价波动引起诉讼 ……………… 61
案例3 被解职的前任高管要求公司雇用索赔 ………… 62
产品责任保险 ……………………………………………… 64
（一）背景资料 …………………………………………… 64
（二）典型案例 …………………………………………… 65

案例 1 产品说明书设计的缺陷靠法律抗辩服务挽回损失 …… 65
案例 2 产品缺陷责任认定往往有利于消费者一方 …… 68
案例 3 生产商、销售商和原料供应商都有可能成为被告 …… 70
案例 4 买保险可促进生产企业工艺改善 …… 72
公众责任保险 …… 73
案例 1 外籍人士受伤送至国外治疗是否可保 …… 73
案例 2 超市坠楼事件与社会风险意识 …… 77
案例 3 公众场所的安全保障问题不容忽视 …… 80
校方责任保险 …… 81
案例 未成年人权益保护可通过保险缓解 …… 81
外来劳动力综合保险 …… 82
（一）基本介绍 …… 82
（二）典型案例 …… 82
案例 1 外来从业员工的合法权益不容侵犯 …… 82
案例 2 保险公司全方位为外来务工人员提供保险服务 …… 84
物业责任保险 …… 85
（一）基本介绍 …… 85
（二）典型案例 …… 87
案例 1 小孩磕伤，保险公司负责埋单 …… 87
案例 2 水漫家中，物业该负责任 …… 88
旅游保险 …… 89
案例 1 责任保险和意外保险是不同的两类保险 …… 89
案例 2 旅行社责任归属是能否获得理赔的关键 …… 93
案例 3 理赔后保险公司可向责任人追偿 …… 96
案例 4 旅行社的责任到底有多大？ …… 99

三、水险及陆上货运险

案例 1　共同海损如何处理？ …… 101
案例 2　货物贬值如何定损？ …… 104
案例 3　如何界定运输延迟造成的损失？ …… 106
案例 4　如何确定保险利益——进口皮鞋湿损案 …… 110
案例 5　代位追偿的运用 …… 114
案例 6　国外法院的判决是否可以在中国执行？ …… 116
案例 7　一切险不是承保一切风险 …… 121
案例 8　保险理赔中对提货不着的理解 …… 129
案例 9　公估报告的法律地位 …… 135
案例 10　谨防保险合同漏洞风险 …… 139

四、财产保险及大型商业保险

财产保险 …… 147
（一）基本介绍 …… 147
（二）典型案例 …… 147
案例 1　企财险承保时保险公司进行风险调查非常必要 …… 147
案例 2　财产发生损失时保险公司如何定损？ …… 151
案例 3　施救时发生的合理费用可以得到保险公司赔偿 …… 154
案例 4　重复保险能得到重复理赔吗？ …… 156
案例 5　货物不见是否可推定为存在盗窃？ …… 159
案例 6　市场价格无法确定时应如何评估受损财产价值？ …… 163
案例 7　火灾发生后存货和固定资产如何理赔？ …… 165
案例 8　投保企财险时应注意有不同的条款版本 …… 167

大型商业保险 …… 168
（一）基本介绍 …… 168
（二）典型案例 …… 168
案例 1 试车费用的确定——乙烯工程事故 …… 168
案例 2 保险安排对上海地铁四号线事故发生后的修复发挥了重要作用 …… 171
案例 3 保险责任中意外事故的界定 …… 175
案例 4 以合作模式进行大型能源行业保险 …… 177

五、出口信用保险

（一）基本介绍 …… 180
（二）典型案例 …… 180
案例 1 国际债务发生问题可以由保险公司护航 …… 180
案例 2 中间商引发的合同风险 …… 183
案例 3 灵活运用非诉讼方式解决质量争议 …… 186
案例 4 尽早介入追账，快速赔付保户 …… 188
案例 5 风险评估的实质是为客户度身制订解决方案 …… 191

六、农业保险

（一）基本介绍 …… 195
（二）典型案例 …… 195
案例 1 买了保险不是什么损失都能得到保险公司赔偿 …… 195
案例 2 采瓜后期的西瓜受损按实际损失赔偿 …… 196
案例 3 为少缴保费故意压低投保产量的后果 …… 197
案例 4 茭白跌价引发的争执 …… 198
案例 5 农业保险是按实际发生的损失进行赔付 …… 198

案例 6 权威机构的鉴定是调解农业保险纠纷的良方 …… 199
案例 7 能繁母猪养殖有保障了 …… 200
案例 8 农业气象指数保险 …… 201
案例 9 郊区居民建房综合保险 …… 202

七、意外及短期健康保险

（一）基本介绍 …… 204
（二）典型案例 …… 204
案例 1 房贷险，保了房子也保人 …… 207
案例 2 2001 年 11 月 15 日之前的旧版房贷险自动扩展还贷保证责任 …… 207
案例 3 被保险人在整容手术，内、外科手术中发生的医疗事故不属房贷险保险责任 …… 208
案例 4 关键内容不说清，保险公司担责任 …… 209
案例 5 保险公司要说明，投保人听了才算数 …… 211
案例 6 家政险，家政员与户主的安心符 …… 213

八、运用商业保险机制创新政府管理

案例 1 上海探索创新建设工程风险管理机制保险业辅助社会管理职能凸显 …… 216
案例 2 杨浦区政府引入保险机制参与社区管理工作 …… 219
案例 3 闵行区引入保险公司参与新型农村合作医疗补充医疗保险 …… 221
案例 4 虹口区政府带头把保险引入社区 …… 224
案例 5 2004 年上海市建立机动车辆联合信息平台 …… 225
案例 6 2002 年上海全面启动医疗责任保险 …… 230

附　录

中华人民共和国保险法…………………………………………………… 232
机动车交通事故责任强制保险条例……………………………………… 265
国务院关于保险业改革发展的若干意见………………………………… 274
上海市财产保险公司车险理赔服务承诺………………………………… 282
上海市交强险与交通违法相联系的费率浮动标准……………………… 283
上海市公安局关于《上海市机动车物损交通事故当事人自撤现场、自行协商处理暂行办法》的通知 ………………………… 286
上海市高级人民法院关于下发《关于审理道路交通事故损害赔偿案件若干问题的解答》的通知 ……………………………… 291
关于印发《机动车交通事故责任强制保险费率浮动暂行办法》的通知 …………………………………………………………… 296
中国保险监督管理委员会、国家旅游局关于进一步做好旅游保险工作的意见…………………………………………………… 301
关于推进建设工程风险管理制度试点工作的指导意见………………… 306
关于本市开展火灾公众责任保险试点工作的实施意见………………… 313

后记……………………………………………………………………… 316

一、机动车辆保险

（一）基本介绍

机动车辆保险是我国财产保险业务的最大险种，在财产险业务中占据十分重要的地位。虽然，车险业务从诞生、发展到现在只有近百年的历史，比不上水险业务那样历史悠久，但其植根于社会、经济之中，与广大人民群众生活密切相关，因此一直为社会所关注，特别是近年来，我国车险业务实现了长足的发展。但与此同时，涉及车险的保险合同争议、纠纷和诉讼有日益增多的趋势。在保险纠纷案件中，我们发现虽然案情千差万别，但其所反映出来的问题还是比较集中的。因此有必要对典型案例进行归纳、总结，以期能够帮助广大投保人和被保险人从容应对，避免今后受到不必要的纠纷困扰。同时也通过这种形式加强社会监督，不断推进车险行业的操作规范化和制度化，督促保险公司不断提高服务水平，避免纠纷案件的产生，从而充分保障投保人和被保险人的利益。

鉴于机动车辆保险具有业务比重大、涉及面广泛、日常纠纷较多、社会影响面较大等特点，本书将按照车险业务流程环节顺序，对常见案例进行分析，同时选择一些社会比较关注的、能够反映市场阶段性特点的热点案例，如交强险制度实施以来出现的一些新情况和新问题，供广大投保人参考。

（二）典型案例

1　保险合同的订立

1.1　合同双方应遵循最大诚信原则

最大诚信原则是指保险合同双方在签订和履行合同的同时，必须以最大的诚信，履行自己应尽的义务，互不欺骗和隐瞒，恪守合同的认定与承诺，否则，根据我国《保险法》（2009 年修订）有关最大诚信原则的规定①，保险合同将无效或部分条款无效。在车险纠纷案例中主要常见问题有：投保单证要素不齐全或不真实，免责条款或特别约定条款的告知、投保营业性质与实际不符等问题。

案例 1 被保险人提供型号暂缺的行驶证是否履行如实告知义务？

一、案情事由

2005 年 × 月，上海某贸易公司为其所有的一辆“宝马牌 7 系列”型号的小客车向某保险公司投保机动车辆保险。由于投保时被保险人向保险公司提供的行驶证上“车辆型号”栏目暂缺，保险公司一业务员电话询问了投保人后最终确定车辆型号为“宝马牌 3 系列”，并依据投保时该型号车辆市场新车购置价出具了保险单。被保险人支付保险费并取得了保险单。对于保单内容，被保险人并没有提出异议。次年 5 月，标的车辆在合宁高速公路上行驶时发生了一起交通事故，造成标的车辆损坏和路面设施损坏。经公安交通部门认定，标的车辆负事故的全部责任。经保险公司查勘定损，标的车辆损失为人民币 7.4 万元，事故施救费为人民币 1 690 元及公共设施损坏为人民币 2 615元。标的车辆修复后，被保险人向保险公司提出索赔申请。保险公司在审核赔付过程中发现，标的车辆型号实际为“宝马牌 7 系列”，投保时市场新车购置价应为人民币 85 万元，而非保单上注明的“宝马牌 3 系列”。根据双方签订的机动车辆损失险合同条款的约定②，保险公司按比例赔付，具体为：保险车辆损失及事故施救费人民币 5.1 万元、第三者路损赔付人民币 2 615 元。被保险人不接受比例赔付，于 2006 年 × 月向某区人民法院提起诉讼，要求保险公司全

---

① 我国《保险法》（2009 年修订）第五条：“保险活动当事人行使权利、履行义务应当遵循诚实信用原则。”

② 机动车辆损失险合同条款约定：“投保时保险金额低于新车购置价的，赔付时按保险金额与新车购置价的比例计算赔偿。”

额赔付。

二、保险公司意见

根据《机动车辆损失险合同条款》的有关规定，车辆型号是保险合同签订时确定保险金额的重要要件。通常情况下，除被保险人对投保的保险金额有特别要求外，双方一般根据车辆型号确定投保时新车购置价，并依此计算保费。由于被保险人在投保时提供的行驶证中“车辆型号”信息栏暂缺，因此保险公司工作人员专门电话询问被保险人具体型号，根据回答最终确定了车型，并在保险单“保险车辆信息栏”中明确注明：“厂牌型号为宝马 BMW3251C 客车，新车购置价和保险金额均为人民币 55 万元”。同时，在保单重要提示中还特别告知：“收到保险单、承保险种对应的条款后，如有不符或疏漏，请在 48 小时内通知保险人并办理手续；超过 48 小时未通知，视为投保人无异议。”被保险人在收到保险单正本后，对上述内容并没有提出任何异议，且按保单约定金额支付全部保险费。综上，应视为被保险人对保险合同内容的认可，保险公司依合同条款约定按比例赔付，完全符合法律规定。

三、法院意见

一审法院认为：鉴于保险合同专业性强的特殊性质，作为被保险人只能借助保险人的指导才能完成，被保险人投保时提供了车辆行驶证，已完成如实告知的义务。保险公司对标的车辆保险单中填写的事项应作调查及审核，标的车辆行驶证上明确记载为宝马车辆型号暂缺，双方对保单上车辆型号的填写存在争议，保险公司当时通过审核应能明确，并确定相应的新车购置价。现保险公司在发生保险事故、被保险人要求理赔时，开始对车辆型号开展调查及核实，并以被保险人未尽如实告知义务为由拒绝足额理赔，有违诚信。同时，保险事故的发生与车辆型号无关。据此，法院依照我国《保险法》（2002 年修订）第十四条、第十七条第一款和第五款、第二十四条第一款和第四款之规定[①]，判决保险公司全额赔偿并承担诉讼费。2007 年 × 月二审法院作出维持原判的终审判决。

四、综合评析

本案例是一起有关最大诚信原则的典型判例。双方争议的焦点在于投保人提供行驶证是否作为履行如实告知义务的依据。保险公司一方认为，业务员询问投保人系保险公司“提出询问”形式之一，且车型对于被保险人来说属于知道或者应当知道的事项，因此被保险人并没有完全履行如实告知义务。被保险人则认为，其已向保险公司提供了行驶证，行驶证上车型暂缺不是他的责任，不应当属于未如实告知的情况。最终，法院意见是被保险人提供行驶证已完成如实告知的义务。

提示：被保险人在投保时最好填写投保单，对于投保单信息填写有疑问的，可以要求保险公司进行指导，切实保障自身的合法权益。保险公司要从本案中吸取教训，完善相关制度，主动提供服务，切实防范风险。

案例 2　酒后驾车造成第三人死亡，保险公司是否应承担责任?

一、案情事由

车主顾某向某保险公司购买了车辆损失险、第三者责任险等险种。不久，顾某将标的车辆转让给徐某，并办理了车辆过户和保单变更手续。× 年 10 月 × 日 13 时 20 分，徐某驾驶标的车辆与他人发生相撞造成交通事故，致第三人受伤经抢救无效死亡。事故发生后，经公安交通管理部门对徐某血样进行检验，结论是徐某的血样酒精含量为每百毫升 80 毫克。经调解，徐某赔偿死者亲属各项损失共计人民币 4.49 万元。随后，徐某持相关凭证向保险公司索赔时，保险公司认为徐某系饮酒后驾车，依据合同约定的免责条款拒绝理赔。徐某遂

---

① 我国《保险法》（2009 年修订）中对应的条款分别是第十四条、第十六条第一款和第七款、第二十三条。

向法院提起诉讼，要求判决保险公司赔偿其损失人民币 4.49 万元。

二、保险公司意见

保险单“重要提示”栏第 3 项中已提醒投保人注意“阅读承保险种对应的保险条款，特别是责任免除和投保人、被保险人义务”，因此保险公司已经履行说明义务。严禁酒后驾驶车辆是交通安全法律、法规的重要规则，该法则充分体现了尊重生命、尊重健康的重要价值取向，保险合同中约定酒后驾车造成的损失保险人免责，符合公平和诚实信用原则，应该得到法律的支持。

三、法院意见

徐某发生交通事故的当天，公安交通管理部门对其血样进行了采集，经鉴定酒精含量已达国家规定的饮酒指标。徐某辩解当天没有喝酒，而是由于前一天晚上喝了不到一瓶啤酒所致。经咨询相关医学专家，证实该辩解从医学的角度是不能成立的。虽公安交通管理部门责任认定书未认定徐某为酒后驾车，但鉴定结论的证明力高于其他书面证据，故对保险公司提交的鉴定报告证据效力予以采信，认定徐某系酒后驾车发生交通事故。由于“严禁酒后驾驶”是众所周知的常识，徐某身为驾驶人员对此更应该清楚，因此对合同中约定的“酒后驾车造成的第三者损失免赔”的免责条款不存在疑义，且徐某所持有的保险合同重要提示栏中也提示投保人必须认真阅读免责条款，故以保险公司未向其作重要说明为由认为该条款无效的主张不能成立，徐某酒后驾车造成的后果责任自负，并对形成纠纷负全部责任。根据我国《保险法》（2002 年修订）第十条第一款、第十八条、第二十一条之规定①，判决驳回徐某诉讼请求。

四、综合评析

本案双方争议的焦点之一在于，保险公司对合同约定的酒后驾车免责条款有无作明确说明，如未作特别说明，该条款是否生效。根据

---

① 我国《保险法》（2009 年修订）中对应的条款分别是第十条第一款、第十七条、第二十条。

我国《保险法》（2002 年修订）的规定①、最高人民法院研究室的答复②及《最高人民法院关于审理保险纠纷案件若干问题的解释（征求意见稿）》，除了在保险单上提示投保人注意外，保险人还应当对有关免责条款的概念、内容及其法律后果等，以书面或者口头形式向投保人或其代理人作出解释。显然，保险公司仅采用在保险单“重要提示”栏第 3 项中提醒投保人注意的形式是不充分的。但法院认为“酒后驾车造成的第三者损失免赔”的免责条款并不存在疑义，故判定免责条款有效。

提示：被保险人应认真阅读保单条款，特别是涉及免除责任内容，若有疑问应及时向保险公司进行询问。保险公司要采取必要措施，提示投保人注意保险公司是否已就保险合同内容进行说明，以及对保险人责任免除条款、被保险人义务条款进行明确说明的情况表达意见，并保留相关书面材料或证据。

案例 3 投保人应按照实际营运性质进行投保

一、案情事由

某公司运输站于 2002 年 × 月在某保险公司为其一辆集装箱货车投保了机动车辆险。同年 × 月标的车辆出险，被保险人向保险公司提交了理赔单证。事后，被保险人于次年 × 月向保险公司查询赔款一事，被告知单证不全。此后，被保险人又多次向保险公司电话查询赔款事宜均无结果。最后保险公司指出，标的车辆实际上是营运车辆，因购买的是非营运车险保单，故拒绝支付赔款。于是被保险人提出投诉。

二、保险公司意见

由于被保险人以非营业用车保单投保营业车辆，未履行如实告知

① 我国《保险法》（2002 年修订）第十八条规定：“保险合同中规定有关于保险人责任免除条款的，保险人在订立保险合同时应当向投保人明确说明，未明确说明的，该条款不发生效力。”

② 最高人民法院研究室关于对《保险法》（2002 年修订——编者注）第十七条规定的“明确说明”应如何理解的问题的答复（2000 年 1 月 24 日，法研〔2000〕5 号）。

义务，根据车险条款规定，故作拒赔处理。同时，考虑到被保险人以非营运车辆投保，保险合同为无效合同，对保单作撤保处理。

三、综合评析

双方争议的焦点在于确定营业性质以及法律后果的问题。被保险人认为，作为非保险专业的投保人，并不清楚营运和非营运的区别，而保险公司应能够从单位名称中知晓运输站是以营运为目的的专业运输公司，应及时提出异议，而不能在出具保单、发生事故后才提出拒绝赔付。保险公司认为，被保险人存在故意行为或者过失行为隐瞒真实营业性质，依据我国《保险法》（2009 年修订）第十六条第二款，投保人故意或者因重大过失未履行如实告知义务，足以影响保险人决定是否同意承保或者提高保险费率的，保险人有权解除合同。一般认为，因为保险公司和被保险人在信息披露过程中的地位不同，决定了保险公司应承担举证主要责任。如果保险公司不能举证说明被保险人有故意或重大过失，应承担赔偿责任。

提示： 被保险人在投保机动车辆保险时要如实告知车辆的真实用途，如果不能确定，应要求保险公司进行指导。保险公司要主动做好风险提示工作，以避免产生不必要的纠纷。

案例4　保险公司可否以“没有公安部交通管理部门核发的行驶证号牌”为由拒赔?

一、案情事由

2005 年 9 月 × 日张某为其新购小客车投保机动车辆损失险及第三者责任险等险种。同年 10 月 × 日，被保险人驾驶标的车辆于外地某市发生交通事故，撞倒行人，行人经抢救无效而死亡。经公安交通管理部门认定调解，被保险人负事故主要责任并支付各类赔偿费用总计人民币 13 万余元。之后，被保险人向保险公司进行索赔。保险公司以事发时张某所使用的临时行驶证号牌系伪造为由拒绝赔偿。2006 年被保险人诉至法院，要求保险公司承担赔偿给第三者的费用及标的车辆修理费。

二、保险公司意见

经公安交通管理部门认定："事故车辆事发时所挂临时号牌与该所核发号牌不符。"根据双方签订的机动车第三者责任保险条款①，属除外责任，故拒赔。

三、法院意见

保险公司系依照法律规定和双方保险合同的约定承担保险责任，根据双方保险合同约定，发生保险事故时保险车辆没有公安交通管理部门核发的行驶证号牌，或未按规定检验或检验不合格的，保险公司不承担保险责任。标的车辆在发生保险事故时所使用的临时行驶证号牌，经公安交通管理部门核查，确认为非交通管理部门核发的有效临时行驶号牌，故此情形下，保险公司不应承担保险责任。一审法院判决驳回原告诉请，二审维持原判。

四、综合评析

本案例争议焦点在于伪造车辆临时号牌是否可以得到保险理赔的问题。被保险人认为，保单中车牌号码一栏信息并没有填写，临时号牌系购车时销售商提供的，被保险人也无法辨别其真伪，同时，保险公司未就免责条款作明确说明，保险合同的免责条款无效。法院认为，被保险车辆事发时所持临时号牌是伪造的，保险公司依据合同约定应不予赔偿，被保险人可以依据车辆销售合同向汽车销售商进行索赔。

提示：被保险人要通过正规途径申请临时号牌，切不可因小失大。保险公司要做好风险提示，避免以后发生纠纷。

案例5　被保险人应注意特别约定条款

一、案情事由

×年5月，外地某公司通过上海某设备公司下属的某区汽车维修

① 机动车第三者责任保险条款第七条第十款规定："发生保险事故时保险车辆没有公安部交通管理部门核发的行驶证号牌，或未按规定检验或检验不合格的，保险人不负责赔偿。"

厂为其一辆凌志 400 型轿车投保机动车辆保险。同年 7 月 × 日，上海地区遇到台风，停驶在某大酒店的标的车辆正好被台风刮倒的铝合金排窗砸中。事后，被保险人接到保险公司答复说，称保险单中已约定索赔权归属上海某设备公司，故不接受被保险人的索赔申请。被保险人遂提出投诉。

二、保险公司意见

保单特别约定条款明确约定了索赔权人为上海某设备公司，经与索赔权人协商后已达成赔偿协议。

三、综合评析

本案例中值得进一步探讨的地方很多，这里着重分析特别约定条款问题。一般的，保险公司在签发保险单时，在保险单上特别约定栏有加注特别约定的情况，形式上一般是打印的，也有加盖条形章的。由于被保险人在取得保险单时常常忽视阅读，或虽看到了特别约定，也未提出异议，或未按特别约定行事，导致出险后双方就特别约定方面产生纠纷。一般认为，特别约定条款是保险合同的重要组成部分，只有基于合同双方协议达成统一的基础上才能生效。如果特别约定没有出现在投保单中，而保险公司业务人员也未向被保险人进行说明，即使保险公司单方面加注在保险单上，这些特别约定也应视为无效。

提示：被保险人在投保机动车辆保险时应花些时间弄清保单内容，特别在有特别约定条款的情况下，如果不清楚，应及时与保险公司联系。

案例6 约定“被保险人不得解除保险合同的条款”是否有效?

一、案情事由

邬某于 × 年 9 月从方某处购得机动车一辆。之前，标的车辆已于 7 月通过保险中介机构在某保险公司投保机动车辆保险，保险期限 2 年。邬某购车后，会同方某一起至保险公司办理退保手续，却遭到保险公司拒绝。

二、保险公司意见

被保险人方某在投保时因享受了保费优惠，故在保单特别约定中明确约定“因已享受优惠，保险期间中途不得退保”。被保险人收到保险单后并未提出异议。事后，因标的车辆变卖，被保险人提出退保申请。保险公司依据保单中特别约定，向被保险人就中途不得退保作了充分解释，被保险人对此处理结果表示理解和接受。

三、综合评析

根据我国《保险法》（2009 年修订）的规定①，在以下两种情况下，被保险人是不可以解除合同的：一是我国《保险法》（2009 年修订）中其他条款另有规定的，如我国《保险法》（2009 年修订）第五十条的规定情形。二是保险合同另有约定的。本案例属后一种情况。被保险人以优惠保费作为回报，经与保险公司协商达成不得中途退保的约定，应得到认可。

提示：被保险人在签订保险合同时，应根据自身实际情况，审慎判断特别约定事项内容，如合同解除等。

1.2 被保险人应对保险标的具有保险利益

我国《保险法》（2009 年修订）第十二条规定，“保险利益是指投保人或者被保险人对保险标的具有的法律上承认的利益”，“财产保险的被保险人在保险事故发生时，对保险标的应当具有保险利益”，“财产保险是以财产及其有关利益为保险标的的保险”。对照我国《保险法》（2002 年修订）的相关内容，我们可以发现，新修订的保险法对财产保险的保险利益原则进行了完善，即在第十二条第二款规定，财产保险的被保险人在保险事故发生时对保险标的应当具有保险利益，并在第四十八条规定保险利益欠缺的后果，逻辑完整，可谓立法之重大进步。上述修订不仅符合财产保险的补偿功能，同时也利于实践中财产保险业务的开展。此外，为明确保险标的转让过程中

① 我国《保险法》（2009 年修订）第十五条：“除本法另有规定或者保险合同另有约定外，保险合同成立后，投保人可以解除合同，保险人不得解除合同。”

保险人的保险责任，充分保护被保险人利益，我国《保险法》（2009年修订）在第四十九条中确立了保险标的受让人自动承继被保险人权利义务的原则。

在过去机动车辆保险的实务中，较为常见的涉及保险利益的问题有：一是约定非车主本人作为被保险人或单位和企业使用变更以前的名称进行投保。二是机动车挂靠经营①，车主不是被保险人。

随着新保险法确立了保险标的受让人自动承继被保险人权利后，此类问题将会得到很好的解决。

案例1　谨慎约定“被保险人”

一、案情事由

×年3月6日，某技术事务所代车主徐某与某保险公司协商，为一辆货车投保车辆损失险和第三者责任险。保险合同约定：技术事务所为被保险人，并在特别约定栏中注明：“标的车辆车主为徐某，保险费由徐某支付。”3月×日19时许，徐某司机王某驾驶标的车辆发生交通事故，经公安交通管理部门认定王某负事故全部责任。事后，王某先后赔偿受害人共计人民币3万余元。技术事务所向保险公司提出理赔申请，保险公司支付人民币1.8万余元后就不再支付剩余款项。技术事务所催讨余款无着，故提起诉讼。

二、保险公司意见

被保险人技术事务所并未就交通事故承担赔偿责任，亦未向第三人支付钱款，故保险公司没有义务承担赔款责任。

三、法院意见

一审法院认为：根据保险公司机动车辆第三者责任保险条款②，技术事务所未向第三者支付分文，而实际上由王某给予了全部赔偿，

---

① 《挂靠经营机动车辆保险问题的法律思考》，法律咨询网。

② 该条款第五条规定：被保险人或其允许的合格驾驶人员在使用保险车辆过程中发生意外事故，致使第三者遭受人身伤亡或财产直接损毁，依法应当由被保险人支付赔偿金额，保险人依照《道路交通事故处理办法》（已废止）和保险合同的规定给予赔偿。

显然，这一诉请缺乏事实依据和法律依据，故判决保险公司不承担赔款责任。

二审法院认为：保险合同的当事人为技术事务所而非案外人王某，故王某是否对保险车辆具有保险利益并不影响某技术事务所与保险公司之间的民事权利义务。驳回上诉，维持原判。

四、综合评析

本案例中，由于被保险人不是车主本人，造成了保险合同效力的不确定和当事人的混乱，导致相关当事人财产权益无法得到保护。

提示：在订立保险合同时，尽量不要将车主以外的单位和个人确定为被保险人。保险公司要严格审核，以避免类似案件发生。

案例2　挂靠车辆的保险利益问题

一、案情事由

胡某购入一轿车后挂靠于上海某化妆品有限公司。×年9月3日，化妆品有限公司作为被保险人与某保险公司签订机动车辆保险。同时，胡某与化妆品有限公司签订车辆挂靠协议，约定：若发生交通事故，保险公司赔偿款到化妆品有限公司后，应及时退还给胡某。同年9月×日，标的车辆遭盗窃。次年3月，化妆品有限公司向保险公司书面提出索赔申请。9月，化妆品有限公司向胡某出具一份权益转让证明书，言明：标的车辆的索赔权、受益权及诉讼权在化妆品有限公司主体消亡后由胡某承担。11月，化妆品有限公司因未办理工商年检而被工商行政管理部门吊销营业执照。保险公司出具一份拒赔通知书，载明：化妆品有限公司提供的索赔单证中购车发票系伪造，保险公司据此予以拒赔。胡某遂诉至法院。

二、保险公司意见

胡某并非保险合同项下的被保险人，且索赔单证中的购车发票系伪造，存在故意隐瞒事实、不履行如实告知义务的行为，故拒赔。

三、法院意见

一审法院认为：化妆品有限公司与保险公司签订的机动车辆保险单依法成立，具有法律效力。鉴于胡某不是上述保险合同的一方当事人，故其持化妆品有限公司出具的权益转让证明书等向保险公司主张保险利益没有法律根据。据此，依照《中华人民共和国民法通则》第九十一条的规定判决：对胡某要求保险公司给付车辆保险金的诉讼请求不予支持。

二审法院认为：化妆品有限公司和某保险公司的保险合同依法有效，应受法律保护。从化妆品有限公司出具的数份证明及市公安局有关资料，可以认定胡某为涉案车辆的实际所有人。胡某作为具有保险利益的车辆实际所有人可以直接投保成为被保险人，亦可以经保险公司批单后变更为被保险人，且化妆品有限公司已向胡某出具权益转让证明书，故胡某在化妆品有限公司被吊销营业执照后，有权依据保险合同及相关事实向保险公司主张车辆保险金，且相关保险法律法规对此种情况亦未有禁止性规定。至于保险公司认为胡某故意隐瞒事实、不履行如实告知义务一事，因涉案购车发票并非购车人伪造，且在上牌照时已经市公安局车管所审核，不存在故意隐瞒事实、不履行如实告知义务的行为，更不存在保险欺诈行为，故保险公司拒赔理由不成立。二审判决撤销原判，由保险公司支付胡某车辆保险金。

四、综合评析

本案例系一起比较特殊的案例，其中涉及车辆挂靠、被保险人在索赔过程中被吊销营业执照、转让保险权益等法律事实。这里仅就涉及的争议焦点之一保险利益及索赔权问题进行分析。根据相关法律法规，胡某是标的车辆的实际所有人，其车辆挂靠于化妆品有限公司并不影响其具有保险利益，故可以成为被保险人。在保险合同有效期内，投保人和保险公司经协商同意，可以由保险公司在保险单或其他保险凭证上批注或附贴批单后变更保险合同内容，因此胡某可变更为被保险人，从而具有索赔权。

提示：挂靠单位车辆投保时，尽量将车主本人确定为被保险人。被保险人与他人签订有关涉及保险财产转让协议时应及时告知保险公司。

1.3 被保险人委托保险代理人办理投保业务要留心

根据我国《保险法》（2009 年修订），保险代理人是指根据保险公司的委托，向保险人收取佣金，并在保险公司授权的范围内代为办理保险业务的机构或者个人。保险代理机构包括专门从事保险代理业务的保险专业代理机构和兼营保险代理业务的保险兼业代理机构。无论是国外还是国内，保险代理人在机动车辆保险业务领域均起到了举足轻重的作用。但是，近年来由于个别非法保险代理人利用市场不规范、保险人之间的恶意竞争、被保险人的处理不当等，恶意制造市场混乱，从中牟取非法利益，由此产生的纠纷也呈现上升趋势。根据目前的诉讼案件和投诉案件看，主要集中在保险代理转包问题、代理人擅自截留或侵吞保险费、误导被保险人等。

案例1　保险代理转包行为最终损害被保险人利益

一、案情事由

某保险公司业务员徐某在从事车辆保险业务过程中，以支付给杨某全部保费35%的手续费为对价，从杨某处得到车险业务后，再转包给某保险公司业务员朱某。朱某接到业务后，以保险代理人身份办理保险业务或再委托给其他业务员。由于上述层层转包委托而支付高额的手续费，最终导致保费亏空，出现部分投保人缴纳的保费未能入保险公司财务账的情况，徐某与朱某由此产生纠纷。

二、法院意见

为规范保险市场秩序，建议：（1）加强保费管理，降低经营风险。本案中的部分客户虽然收到了保单，但其缴纳的保费并没有入保险公司财务账。如果因此引起投保人与保险公司之间发生纠纷，不仅保险公司仍有可能承担相应的法律责任，而且可能导致投保人失去对保险公司的信任，从而影响保险公司的信誉。建议保险公司制定相应的规章制度，加强保费管理，减少保费在个人保险代理人处的滞留时间，尽量做到出具保单和保费入账同步进行，以降低经营风险，减少类似纠纷的发生。同时注意制度的监督落实，防止所制定的制度流于形式。（2）加强对保险代理人的培训，提高保险代理人的职业道德和业务素质。本案中原被告双方当事人文化水平不高，缺乏对保险行业的基本了解，对保险法律知识知之甚少。对这种层层转包行为性质并无清楚的认识，只是简单地以完成工作指标为唯一目的。建议保险公司对保险代理人进行定期培训，尤其是加强对《保险法》基本知识的培训，使其在从业过程中不与非法从事保险业务、保险中介业务的机构或者个人发生保险业务往来，未经保险公司同意或者授权不擅自变更保险条款和保险费率，不误导投保人，不人为地造成保险公司之间不正当竞争，自觉地以法律为准则，正确地行使权利，履行义务。

三、综合评析

该案件反映出目前存在部分保险代理人和业务员仍然非法从事保险代理业务买卖或转包，从中牟取高额手续费的问题。上述问题造成的后果是严重的，被保险人支付保费，却长时间得不到正式保单和发票；保险公司出具保险单，实际承担保险责任，却长时间收不到足额保费，应收保费科目长期挂账；代理人和业务员手中滞留保费时间过长，拼凑保单保费或私吞保费。

提示：被保险人委托代理人办理投保手续，要确认代理人的身份，必要时可与保险公司联系，若长时间未收到保险单和保费发票，应直接联系保险公司，以保障自己的权益不受侵犯。保险公司要加强对业务员和代理人的培训和管理，加强制度建设，从制度上杜绝此类问题出现。

案例2　谨防汽车销售商和代理商擅自截留保险费

一、案情事由

陈某于×年10月10日向上海某汽车销售公司购买桑塔纳轿车一辆，并申请为期3年的按揭贷款。汽车销售公司向陈某提供代办银行贷款和车辆保险等服务。陈某将购车的首付款和保险费交付给汽车销售公司。事后汽车销售公司委托倪某投保。倪某又转委托某保险经纪有限公司工作人员方某投保，方某扣留部分保费后再委托另一保险经纪有限公司的工作人员吕某办理。吕某按要求向某保险公司办理了车辆保险，保单特别约定，“经被保险人同意（陈某），本保单不得退保”。吕某收到保险单和发票后交给方某，方某将上述保险单和发票交付给倪某。数日后，吕某所在的保险经纪公司将从方某处收回的保险单退还给保险公司，作撤保处理。次年6月，标的车辆发生车损后，陈某向保险公司提出理赔，保险公司以保单已撤保为由拒赔。陈某遂诉诸法院。

二、保险公司意见

鉴于保险公司在退保环节上存在一定疏忽，未对签名盖章或者授权委托书进行必要的核实，故接受法院判决。

三、法院意见

法院判决：（1）汽车销售公司赔偿陈某保险费损失人民币7 885元，倪某、方某共同赔偿保险费损失人民币4 519元。（2）保险公司赔偿修理费人民币5 400元，倪某、方某及吕某所在的保险经纪公司承担补充赔偿责任。

四、综合评析

本案暴露了个别汽车销售公司以代办保险服务的名义私分被保险人保费、个人违规从事保险经纪业务、保险公司管理不严及在经营中给予高额回扣等问题。

提示：被保险人在委托汽车销售公司办理保险业务时，应核实其代理人资质，并及时索要保险单和保费发票。保险公司要严把退保环节关，对申请人和委托文件进行必要的核实。

案例3 这家汽车修理厂真坑人

一、案情事由

×年7月高某购买了一辆集装箱卡车从事长途运输服务。经老乡介绍，高某结识了上海某区一汽车修理厂的老板蔡某。蔡某自称是某保险公司的业务员，可以办理有关保险事宜。出于对老乡的信任，高某在蔡某处投保了机动车辆损失险和第三者责任险等险种，其中三者险赔偿限额为人民币50万元，并按照标准向蔡某缴纳了保费。蔡某在收取保费后仅出具了印有某保险公司支公司业务专用章的收据，并未出具正式发票，也未将保单交给高某。10月，标的车辆在江苏发生交通事故，公安交通管理部门认定高某承担全部责任。事后高某赔偿各种损失共计人民币 17 万余元，而保险公司核实后称只赔偿人民币 5 万元。为此，高某前往保险公司查询，发现在保单复印件上清楚地写着第三者责任险保额为人民币 5 万元。此时，高某才明白原来蔡某私自降低保额以获取保费差额。

二、保险公司意见

由于被保险人仅投保人民币 5 万元的第三者责任赔偿限额，因此保险公司最高只能赔偿人民币 5 万元。由于汽车修理厂的代理业务存在上述问题且赔付率较高，保险公司已停止与蔡某的业务代理关系。

三、综合评析

本案例中，汽车修理厂蔡老板的恶意欺骗当然是令人不齿的，但投保人的不谨慎也令我们感到十分遗憾。保险单是保险公司和客户之间签订的明确双方权利和义务关系的合同，是具有法律效力的文件，是客户维护自身权益的基本保障。我们在购买保险时，首先，要确认对方是否具有销售保险的资格；其次，一定要亲自填写投保单；再次，缴纳保费后一定要索取正式发票；最后，投保后一定要及时取得保险单正本。

提示：被保险人要仔细核对保险单上保险金额等重要信息，确保自身利益不受侵害。保险公司应从此案中吸取教训，强化对各类保险兼业代理人的管理，避免类似事件的再次发生。

案例 4　按揭车辆保险不应包括车牌费用

一、案情事由

朱某在某保险公司投保 5 年零 3 个月按揭贷款保险后只得到了一份保单的复印件，但始终没有拿到保单正本，且保险公司收取的保险费明显高于规定标准。故被保险人提出投诉。

二、保险公司意见

朱某投保的是 5 年零 3 个月抵押贷款保单，保单正本和发票正本均由银行保管，所以客户只能拿到保单复印件。至于保费，系汽车销售商在实际操作中，在车价人民币 19.80 万元的基础上加上牌照的费用人民币 4 万元作为车辆价值，向保险公司投保并从银行获得人民币

23.80 万元的贷款。

三、综合评析

事实上，汽车牌照费用是不需要保险的。本案例中，汽车销售商系利用机动车贷款保险和银行贷款环节中的漏洞，暗中提高保险金额从中牟取不当利益，却使被保险人承担额外的保费。

提示：被保险人在投保时要十分慎重，要仔细阅读保险合同的有关内容，以免承担额外不必要的费用。保险公司要严格核保工作制度，杜绝发生类似纠纷。

2 保险合同的履行、变更和终止

2.1 被保险人应履行义务

一般地，保险合同约定被保险人应在合同期内履行以下义务：在保险期间内，被保险机动车改装、加装，或者被保险家庭自用汽车、非营业用汽车从事营业运输等，导致被保险机动车危险程度增加的，应当及时书面通知保险人。在保险期间内车辆发生转让时，被保险人应当书面通知保险人并办理批改手续。被保险人应及时到当地车管所办理年检登记，未取得年检合格标志之前不上路行驶。

案例1 被保险人的危险增加通知义务

一、案情事由

2003 年 3 月 × 日，徐某与某保险公司签订了为期 5 年零 3 个月的机动车辆保险合同，确定车辆的使用性质是非营业，第三者责任险限额为人民币 5 万元。保险公司根据非营业性质车辆收取徐某保费合计 1.94 万元。2006 年 9 月 × 日，标的车辆由耿某驾驶在某省境内发生交通事故，造成第三者受伤。经公安交通管理管理部门认定，耿某承担主要责任。保险公司在调查事故中发现，驾驶员耿某与被保险人徐某并不相识，耿某也并不是从徐某处借得车辆使用。原来，徐某在 2006 年 2 月 × 日与上海某汽车租赁服务有限公司签订了一份车辆加盟协议，将标的车辆以每月人民币 2 500 元的租金出租给租赁公司使用。之后租赁公司把标的车辆出租给耿某使用，耿某在使用车辆过程中发生交通事故。之后，伤者起诉至法院，要求驾驶员耿某、被保险人徐某、保险公司等承担人身损害赔偿责任。在第一次开庭时，被保险人徐某的代理律师提出追加租赁公司为第四被告。

二、保险公司意见

在程序上，保险公司不应当列为被告。保险公司承担的是保险金的赔付责任，故保险合同之外的第三人无权以保险公司为被告诉请赔付保险金，保险公司的诉讼地位应以第三人为宜。在实体上，保险公司与被保险人徐某确定车辆的使用性质是非营业的，保险公司也根据非营业性质收取保费。被保险人徐某将车辆出租给租赁公司，由于增加了车辆的危险程度，且没有及时通知保险公司，故徐某的行为违反了保险合同的约定，保险公司应当不承担赔偿责任。

三、法院意见

在程序上，由于根据《某省高级人民法院审判委员会会议纪要》的相关规定，交通事故受害人提起损害赔偿之诉的，如果直接以保险公司为被告的，应当确定保险公司的诉讼地位是被告之一，因此对保险公司提出的“保险公司不应当成为本案被告”的意见法院当庭予以说明理由，并继续开庭审理，也没有将此争议作为争议之焦点。

实际上，法院经审理查明事实后认为：被保险人徐某与保险公司之间对车辆的使用性质确定为非营业，现徐某将车辆出租给租赁公司使用，每月收取人民币 2 500 元的租赁费，其行为已改变车辆的使用性质，增加了车辆的危险程度，故违反了双方所定保险条款的第十九条之规定[①]，保险公司拒赔依法予以支持。

四、综合评析

本案例争议的焦点之一是：被保险人违反危险增加通知义务，保险公司能否据此拒赔。被保险人将车辆出租给租赁公司后，车辆使用的次数、频率都会增加，且按照通常理解，使用权人远没有所有权人对标的车辆注意程度高，这些都使标的车辆处于一种危险程度增加的

① 保险条款第十九条：“在本保险有效期内，保险车辆转卖、转让、赠送他人、变更用途或增加危险程度，被保险人应当事先通知保险人并申请办理批改。”

状态，而被保险人没有履行及时通知义务，因此，根据我国《保险法》（2002 年修订）第三十七条规定[①]："在合同有效期内，保险标的危险程度增加的，被保险人按照合同约定应当及时通知保险人，保险人有权要求增加保险费或者解除保险合同。被保险人未履行前款规定的通知义务的，因保险标的危险程度增加而发生的保险事故，保险人不承担赔偿责任。"故保险公司对此发生的损失不承担赔偿责任。

提示：被保险人将自己车辆出租给租赁公司使用时应及时通知保险公司并办理相关批改手续。

案例 2　车辆过户拒赔案

一、案情事由

盛某于 × 年 11 月 28 日向某保险公司为自己的车辆投保。次年 5 月，盛某将标的车辆过户转让给第三人，当时没有通知保险公司。过户后不久，标的车辆便遭盗窃。盛某在提出索赔申请时被保险公司告知拒赔。

二、保险公司意见

根据保险条款第二十四条和第三十条的规定[②]，被保险人盛某将车辆过户转让给第三人时，没有通知保险公司，因此在车辆被盗时，盛某已丧失对保险标的的保险利益，因此拒绝承担保险赔偿责任。

三、综合评析

本案例涉及保险利益转移的问题。保险利益转移是指在保险合同期间内，被保险人将自己的保险利益转移给受让人。引起财产保险合同保险利益转移的原因有很多，最常见的是财产转让。一般地，由于财产转让后被保险人已经对保险财产不再具有保险利益，而受让人虽对这些财产具有保险利益，但与保险公司之间没有合同关系，因此保

---

① 《保险法》（2009 年修订）中对应的法条是第五十二条。

② 保险条款第二十四条："在保险合同有效期内，保险车辆转卖、转让、赠送他人、变更用途或增加危险程度，被保险人应当事先书面通知保险人并申请办理批改。"第三十条规定："被保险人不履行本条款第二十四条规定的义务，保险人有权拒绝赔偿或自书面通知之日起解除保险合同，已赔偿的保险人有权追回已付保险赔款。"

险合同的效力在财产转让时便终止。本案例中，由于盛某已办理过户登记手续，根据相关规定，机动车辆所有权已发生转移，保险利益也相应发生转移，而盛某又没有及时通知保险公司并办理相关变更手续，因此保险公司可拒绝承担赔偿责任。

提示：被保险人在标的车辆发生过户时应及时通知保险公司，并办理相关变更手续。

案例3 发生保险事故时保险车辆检验不合格保险公司不予赔偿

一、案情事由

杨某于2005年12月×日为其拥有的尼桑轿车在某保险公司投保了机动车辆保险。次年7月×日，被保险人驾车行驶在苏嘉杭高速公路上发生交通事故，造成车辆受损和道路财产损失。经公安交通管理部门认定，被保险人对该起事故负全部责任。之后，被保险人向保险公司提出索赔，保险公司以车辆出险时没有年检合格标志为由，作拒赔处理。被保险人遂于9月×日向上海市某区人民法院提起诉讼。

二、保险公司意见

杨某发生交通事故后，保险公司派员前往调查，发现杨某车辆行驶证上并无检验合格标志。据了解，杨某曾于2005年底至当地机动车安全检测站检测，虽检验合格但由于之前杨某有违章记录，车管所当时未核发合格标志。直至事故发生后，行驶证才加盖年检合格章。由于发生交通事故时，杨某尚未取得合格签章，故依据保险条款作拒赔处理。

三、法院意见

标的车辆虽曾在2005年底到机动车安全检测站进行过检测，检测结果为合格，但由于杨某个人原因未能取得年检合格标志，而按照相关规定，车辆在未取得相关检验证明的情况下严禁上路行驶，因此按照保险合同约定①，保险公司可予以免责。据此，依照《中华人民共和国合同法》第七条、第八条之规定，判决杨某要求保险公司赔偿道路交通事故物损的各项费用，不予支持。

四、综合评析

根据机动车辆损失保险条款，发生保险事故时保险车辆未按规定检验或检验不合格，保险人不负责赔偿。杨某由于没有按照有关规定获得年检合格标志，违反了保险条款规定，因此保险公司可以拒绝赔付。

提示： 被保险人应按照有关规定及时对标的车辆进行年检并获得合格标志。

2.2 退保费计算应严格按照条款规定

根据我国《保险法》和保险条款的有关规定，被保险人有解除合同和退还部分保费的权利。目前纠纷中涉及退保费问题比较集中的有以下几个方面：投保人由于对保险条款不了解而要求退还全部保费，车辆按揭贷款保险的多年期多张保单的退保问题以及保险公司以没有收到代理机构代收保费为由拒绝退还保费等。

案例1 保险公司仅退保险合同解除后的保险费

一、案情事由

2005 年，被保险人张某与某保险公司签订了 3 份机动车辆保险合同。当年 7 月至 12 月期间，标的车辆发生两次事故。张某按照约定将修理发票等材料交付给保险公司，但没有及时得到保险公司的赔偿。为此，张某于次年 4 月向当地某法院起诉，要求解除保险合同并退还全部保险费。

二、保险公司意见

保险公司同意解除保险合同并退还合同自解除后至合同到期日期

---

① 保险条款第九条第十款明确约定，“发生保险事故时保险车辆未按规定检验或检验不合格，保险人不负责赔偿”。

间的保险费，但拒绝退还全部保险费。

三、法院意见

法院认为：被保险人张某向保险公司投保，保险公司同意承保，双方就保险条款达成协议，保险合同依法成立有效。对于已经生效的保险合同，当事人双方均应当严格履行。被保险人于事故发生后，及时履行了通知、协助等义务。保险公司对事故损失进行了查勘定损，并就车辆修理与原告达成了修理协议，应视为部分履行了合同义务。保险公司在收到张某的索赔请求后，由于内部原因未能及时进行理赔，存在过错。被保险人因此要求解除其与保险公司所签订的保险合同的诉讼请求，系行使法定合同解除权，法院予以支持。但解除权的行使应通知对方当事人，保险合同自通知到达对方时解除。被保险人未能举证证明其曾经通知解除合同，故合同解除之日应当自保险公司收到被保险人要求解除保险合同的起诉状副本之日计算。保险责任不因保险公司未及时履行赔偿责任而消灭，故被保险人的保险责任应自合同约定的时间开始，计算至合同解除之日。本案涉及的 3 份保险合同保险责任已经开始，保险公司有权收取保险责任期间的保险费，但剩余部分应当退还。被保险人在保险公司迟延履行赔偿义务时，可任意解除保险合同，其未能及时行使解除权，由此造成的法律后果应由其承担。在合同解除前，保险公司对保险标的发生的保险事故，仍应承担保险责任。法院最终判决，保险公司退还张某部分保险费人民币 976 元，驳回其他诉讼请求。

四、综合评析

本案涉及保险退保原理及退保前损失赔偿责任问题。按照保险合同，被保险人可获得自提出退保申请日至保险合同期满的保费。这样规定是基于保险基本原理，即保险公司可以对已承担合同责任的期间收取相应的保险费。需特别指出的是，保险公司对解除合同前发生的保险事故仍继续承担保险责任。

（一）投保人对保险合同享有任意解除权

投保人订立保险合同的目的在于当保险标的发生保险事故时，保险人依照保险合同的约定承担保险责任，赔偿投保人的损失。如果保险事故发生后，保险公司拒绝赔偿，投保人可以行使以下两种权利：一是行使请求权，即向人民法院起诉要求保险公司承担赔偿责任和延期赔付责任。二是合同解除权，即通知保险公司解除合同并退还剩余保险费。如果行使了解除权，被保险人可以获得合同解除后至合同终止期间的保险费。当投保人认为保险人不能履行合同义务时，应当及时通知保险人解除合同，以减少自己不必要的损失。

（二）合同解除并不影响已经开始的保险责任

我国《保险法》明确规定，保险人提出保险要求，经保险公司同意承保，双方就保险条款达成协议，保险合同依法成立生效。保险人应当依照合同约定的时间承担保险责任。在本案中，投保人缴纳保险费后，保险责任已经开始，合同的解除并不影响已经开始的保险责任，在合同解除前，保险合同继续有效，保险责任依然存在。保险公司对解除合同前发生的保险事故应当继续承担保险责任。

（三）保险合同解除不具有溯及效力

要明确保险合同的解除是否具有溯及效力，必须明确特别法与一般法的关系。按照我国《合同法》，合同解除后，权利、义务尚未履行完毕的，应当中止履行；已经履行的，应当恢复原状。所谓恢复原状，就是要恢复到合同签订以前的状态。保险公司拒绝履行合同义务，导致投保人不能实现合同目的，该合同可以依法解除。但是，我国《合同法》是处理民商事合同的一般法，《保险法》才是处理民商事合同的特别法。特别法优于一般法是法律的一项基本原则。合同的解除效力，在一般情况下具有溯及力，也就是说，恢复原状是民法的基本做法，但不是唯一做法，应当按照不同的情况加以处理。我国《保险法》虽然没有明确规定合同解除的溯及效力，但却规定保险责任开始后，投保人要求解除保险合同的，保险人可以收取保险责任开始后至保险合同解除时的保险费，由此可以推定保险合同的解除，不具有溯及效力。既然保险合同的解除不具有溯及效力，那么解除以前的履行依然有效，保险人仍然应当承担保险责任，投保人也应当支付保险费。

提示：被保险人可以保险公司理赔不及时为由提出退保申请，并获得申请之日起至保险合同终止期间的保险费。对于合同解除前发生的保险事故，被保险人仍可提出索赔申请，保险公司不能拒绝履行保险合同；被保险人确认行使解除权，应及时通知保险公司，以减少不必要的保费支出。

案例2　代理保费是否已结算不应影响客户退保

一、案情事由

×年11月，张某与某保险公司签订了为期5年的机动车辆按揭贷款保险。之后，标的车辆发生转让，且银行按揭贷款已经付清。由于车辆购买方不接受保险单转让，故被保险人找到保险公司要求退保。保险公司却告知："要想尽快领回退保金，必须支付其他费用人民币1万元，否则等以后有时间再进行处理。"故被保险人提出投诉。

二、保险公司意见

由于标的车辆系通过某代理机构办理的投保，保险公司尚未完成代理保费结算手续，加之相关人员因工作疏忽没有将原因向客户解释清楚，延迟了退保事宜，造成被保险人的误解和投诉。保险公司在收到来信后均已与客户取得了联系，在查清事实的基础上对有关责任人进行了必要的处理，并对代理单位提出了相关要求。现已为被保险人办妥了退保事宜，并得到了被保险人的谅解。

三、综合评析

根据保险合同条款的规定，被保险人在还清银行按揭贷款后，可向保险公司提出退保申请，保险公司在合同规定的期限内退还剩余的保险费。保险公司与代理公司之间是否已经结清保费并不影响被保险人的退保。

案例3　车辆按揭贷款保险退保费应按条款规定计算

一、案情事由

×年2月2日，赵某采用按揭贷款形式购置一辆轿车，并接受车行提供的代办车辆保险服务。机动车辆保险期限为3年，保险单原件留在银行，约定第一受益人为银行。同年6月，赵某还清所有贷款，并办理了受益人转让手续。9月，赵某向保险公司提出退保申请。由于保险公司计算的退保费金额与依照条款计算的退保费金额相差很大，赵某故提出投诉。

二、保险公司意见

保险公司已根据保险条款对赵某的退保费重新进行了计算，并及时给予了更正。

三、综合评析

退保费计算方法在保险合同条款中已明确列明。之所以出现退保费计算差错的现象，主要还是因为个别保险公司的信息系统和制度建设方面还存在不足。

提示：被保险人需认真核对合同条款中退保费计算方法和批退单上是否一致，如果发现有差异，应及时向保险公司提出异议。

3 出险/理赔环节

机动车辆保险理赔原则主要包括：补偿原则、近因原则和比例赔偿原则等。为确保理赔环节顺利进行，保险公司和被保险人均须认真履行相关义务。保险公司收到被保险人报案后，及时展开理赔工作，并指导被保险人完成相关索赔程序。被保险人则应积极配合保险公司做好施救、查勘、维修等工作。

3.1 理赔原则

案例1 保险公司的赔偿以修复为主

一、案情事由

×年12月1日，某运输公司所属一辆货运车在上海某路口与一辆轿车相撞。经公安交通管理部门认定，被保险人负全部责任。之后，经某修理厂估计修理费为4 000元左右。次年1月23日，被保险人接到保险公司通知，理赔金额为人民币2 139元。由于上述金额之间差异较大，故提出投诉。

二、保险公司意见

依据车险条款的有关规定[①]，经现场查勘定损，标的车辆无损，第三者车碰撞受损修复价人民币 2 139 元。某修理厂估计的修理费中有部分零件的更换费用因与此次事故无关，故不应纳入事故理赔款。

三、综合评析

恢复性原则是保险赔偿的基本原则之一。所谓恢复性原则，就是当保险标的因保险事故遭受损失后，保险公司只对保险标的的实际损失（最高不超过保险金额）给予补偿，使被保险人在经济上恰好能恢复到保险事故发生前的状态，而不包括与事故无关的零件损耗更换。

提示：保险公司要耐心细致地做好条款解释说明工作，让被保险人了解保险理赔运作的基本原理，避免类似纠纷。

案例2　不足额投保只能按比例赔偿

一、案情事由

×年 5 月，李某在某保险公司为一辆凌志牌汽车投保了机动车辆保险。投保时，保险公司一经办人员跟被保险人讲："若车辆出险，是全额赔的"。同年 10 月，标的车辆发生交通事故，修理费共计人民币 9 440 元。事后，保险公司理赔人员查勘并当即认可上述修理费。不料，保险公司最后却只赔了人民币 5 315 元。

二、保险公司意见

由于标的车辆新车购置价为人民币 70 万元，与被保险人实际投保金额人民币 40 万元存在较大差额，因此属于不足额投保情形。根据机动车辆保险条款的有关规定[②]，保险公司计算得出人民币 5 315 元赔款。

---

① 保险条款第十四条规定："若估计修复费用不会达到或接近保险车辆或第三者财产的实际价值，应根据交通事故财产损失以修为主的原则尽量修复。"

② 保险条款第十五条规定："……（二）部分损失：……保险金额低于新车购置价的车辆，按保险金额与新车购置价的比例计算赔偿修理及施救费用。"

三、综合评析

机动车辆保险中，对于车辆损失险的理赔一般按以下规定处理：（1）全部损失：按保险金额赔偿，但当保险金额高于车辆实际价值时，赔偿以出险当时的实际价值为限。（2）部分损失：按投保时新车购置价确定保险金额的车辆，按实际修理费用赔偿；保险金额低于投保时新车购置价的车辆，按保险金额与出险时新车购置价的比例赔偿。上述车辆损失赔偿以不超过保险金额为限，如果保险车辆按全部损失赔偿或部分损失一次赔款等于保险金额时，车辆损失险的保险责任自行终止。之所以这样规定，是因为保险的基本原则是经济补偿。也就是说，被保险人不能通过保险赔偿而获得额外利益。对于不足额保险，可视为被保险人只是部分转移了风险，也可视为被保险人和保险公司共保。因此发生了保险事故后，损失应当由被保险人和保险公司按比例分摊。此外，经办人员解释中存在的误导行为，应该引起保险公司的重视，并在今后的诚信建设中加以完善和改进。

提示：由于足额投保与否直接影响到最终理赔方式，因此投保人在投保时应根据自身情况确定是否进行足额投保。保险公司要加强对经办人员的培训，杜绝出现提出合同条款规定以外的理赔许诺。

案例3　轿车发生事故后贬值费能否获赔

一、案情事由

2006年底，陈某的丈夫驾驶轿车在上海市某高架路上发生三车追尾事故。公安交通管理部门认定其中追尾的一辆大客车负事故全责，经调解，事故三方达成协议，约定由大客车所属单位赔偿轿车修理费。事后，陈某经二手车市场对轿车进行评估，认定车辆贬值人民币4万余元。陈某遂将大客车所属单位告上法庭，要求其赔偿车辆维修费、贬值费以及交通费、律师费等共计人民币5.7万余元，并要求保险公司在责任限额内承担赔偿责任。

二、保险公司意见

根据机动车保险条款有关责任免除①的规定，保险公司不应承担因价值降低造成的损失。

三、法院意见

一审法院认为：陈某因交通事故造成的合理财产损失，由肇事车辆的保险公司在约定范围内予以赔偿，故判决保险公司赔付车辆维修费、交通费人民币1.2万余元。同时，法院认为受损车辆经专业维修已恢复原状和原有的使用功能，故对于陈某赔偿贬值损失的诉讼请求不予支持。

二审法院认为：此案当事人在公安交通管理部门主持下，已就交通事故所产生的赔偿事宜达成一致解决意见，形成调解协议，在无重大误解、显失公平等协议存在法定效力瑕疵的情形下，协议合法有效，各方均应恪守。陈某在此之外诉求贬值损失，对其原意作出推翻，有违诚信。

四、综合评析

汽车的贬值损失是道路交通事故损害赔偿纠纷中的一个新问题。根据相关法律规定，汽车发生道路交通事故受损，维修费是车辆修复至正常使用状态所产生的必要费用，是一种直接损失，属于必须赔偿的范围，但车辆的贬值损失是一种间接损失，是车辆修复后该车价值与未遭受损害前的价值比较后的贬值费，它包括当事人对汽车修复后的价值与发生事故前的价值跌落的心理评价，也就是说它并非是必然会产生的损失，也不属于直接存在或将来必须发生的损失，所以一般不应赔偿。客观上讲，汽车发生交通事故受损后，无论怎样修复，在人们的心理上都会有贬值评估，但一般是发生在二手车交易过程中。目前主张贬值损失还存在两个障碍：一是没有明确的法律依据。二是车辆贬值损失的鉴定尚缺乏可操作性的规范。首先，实践中并不是所有的车辆发生交通事故都有贬值损失，那么哪些车辆应认定有贬值损

---

① 保险条款第十条第三项规定："第三者财产因市场价格变动造成的贬值、修理后因价值降低造成的损失不负责赔偿。"

失，哪些车辆不应认定有贬值损失，没有明确的规定，当事人对此也很难达成一致意见。其次，车辆受损经过修复，其在市场上的价格如何，一方面取决于车辆自身的损失及修复情况，同时在很大程度上受制于市场因素的影响，如一定时期内新车投放量的多少、居民可支配收入的变化、消费者的心理预期等，这些市场因素的多变性和不可控性使贬值损失的确定十分困难，鉴定部门也很难作出一个各方认可的贬值损失鉴定结论。

案例4　道路交通事故人身损害赔偿案件中，住院伙食和护工费可否重复计算？

一、案情事由

2006 年 × 月，汪某与某保险公司签订了一份机动车保险合同。次年 7 月 × 日傍晚，驾驶员王某驾驶标的车辆在某路上与骑摩托车的赵某发生碰撞，致使赵某头部、肩部和腿部等多处受伤。经公安交通管理部门认定，王某负事故全部责任，赵某不负责任。赵某提出诉讼请求，要求驾驶员王某及被保险人共同承担医疗费人民币 8 476. 22 元、误工费人民币 6 600 元、护理费人民币 1 129. 37 元、营养费人民币1 200元、交通费人民币 418 元、住院伙食补助费人民币 500 元、鉴定费人民币 600 元、律师代理费人民币 1 000 元、查档费人民币 40 元等，并要求保险公司承担保险赔偿责任。

二、保险公司意见

根据交强险条例及保险合同，保险公司同意在 6 万元交强险各项限额内向赵某直接承担赔偿责任。但对赵某提出的各项诉讼请求，保险公司同意定损的项目及金额是：医疗费人民币 8 289. 22 元（扣除了其中的伙食费人民币 187 元，理由是：国家有专门伙食补助费标准，上海地区住院一天 20 元，赵某既已主张国家标准，同一人不能两次发生伙食费，医疗费中的相关项目应扣除）、护理费人民币 210 元（理由是：按鉴定结论护理 1 周，按上海地区市场价格人民币 30 元/天 ×7 天）、营养费人民币 600 元（理由是：按鉴定结论需营养 1 个月，相关规定营养费每天 20 元至 40 元，而赵某伤情并没达到伤残，按20元/天×30天计算）、伙食补助费人民币500元、交通费人民币372元（理由是：由赵某提供的有效证据证明）、误工费同意按鉴定结论3个月计算，但赵某应补充提供其收入及误工损失的有效证据。保险公司不认定的损失是：鉴定费、律师费、诉讼费及其他费用（如查档费）等，理由是：要求保险公司承担这些费用没有法律依据。

三、法院意见

法院判决认为：公民的生命健康权受法律保护，侵害他人身体致人损伤的应承担赔偿责任。本案中，王某因全责交通事故致原告受伤，应承担全部民事赔偿责任。汪某作为肇事车辆的车主，应当与王某承担连带责任。鉴于本起事故肇事车辆已在保险公司投保交通事故强制责任保险，故保险公司应当根据本案实际情况在医疗费8 000元的限额内向赵某承担全部的赔偿责任，其余损失由王某和汪某连带赔偿。至于赵某的具体诉讼请求，关于医疗费人民币8 476. 22元，确系原告为治疗相关伤病的合理支出，法律予以支持，但其中原告在住院期间的伙食费187元因赵某已另行主张了住院伙食补助费，故保险公司要求予以扣除的主张，法院可予采纳；关于误工费，虽然赵某提供的证据并不足以证明其因伤误工减少的收入情况，但考虑到其主张月误工费金额并未超出本市职工月平均工资，故法院予以支持。关于营养费和护理费，法院根据鉴定结论、赵某的实际支出及住院情况可予酌定。法院最后判决保险公司承担医疗费8 000元，超出部分289. 22元（已扣除伙食费）由王某和汪某承担，王某和汪某另应连带赔偿原告误工费6 600元、护理费594元、营养费900元、交通费372元、住院伙食补助费500元、鉴定费600元、查档费40元和律师代理费1 000元。

四、综合评析

本案主要争议焦点是：（1）医疗费中的伙食费，能否与国家规定的每天20元住院伙食补助费重复计算；（2）住院期间产生的护工费，能否与鉴定结论产生的护理费重复计算。关于第一个问题，根据上海市高级人民法院审理道路交通事故若干指导意见的规定，只要保险公司对医疗费中的伙食费提出异议，则法院判决时应予扣除相应费用。本案判决即是一例。关于第二个问题，目前上海法院系统没有统一审判标准，本案中法院采取了酌情判决的方法，解决了类似问题。

3.2 保险公司应尽快处理理赔案件

案例1 保险人应及时核定并支付保险金

一、案情事由

×年11月25日，被保险人杜某驾驶一辆轿车在外地从大桥上翻车至桥下，造成杜某轻伤，车辆损坏严重。经公安交通管理部门认定，被保险人负全部责任。标的车辆因损坏严重，无法拖到上海，故只能在当地一家修理厂进行修理。其间，保险公司委托当地分公司的工作人员进行定损，定损结果为人民币5 400元左右。车辆修复后，被保险人支付汽车修理费、吊车费和拖车费合计人民币7 000元左右。当被保险人提出索赔时，保险公司却以各种借口拖延赔付。

二、保险公司意见

由于保险公司在委托外地分公司代查勘代定损的管理上存在漏洞，该赔案因缺少定损单等单证一直没有给予赔付。鉴于此，保险公司立即纠正并将全部赔款交到客户手中。

三、综合评析

根据我国《保险法》（2009年修订）第二十三条规定，保险人收到被保险人或者受益人的赔偿或者给付保险金的请求后，应当及时作出核定；情形复杂的，应当在三十日内作出核定，但合同另有约定的除外。保险人应当将核定结果通知被保险人或者受益人；对属于保险责任的，在与被保险人或者受益人达成赔偿或者给付保险金的协议后十日内，履行赔偿或者给付保险金义务。保险合同对赔偿或者给付保险金的期限有约定的，保险人应当按照约定履行赔偿或者给付保险金义务……本案中，造成理赔不及时的原因既不是理赔案件本身复杂性引起的，也不是被保险人不配合，而是保险公司内部协调出现问题，这不得不引起我们深思。

提示：保险公司应严格按照《保险法》等法律法规，不断加强管理和内部协调，完善理赔程序，提高理赔效率。

案例2 已经确定的保险损失可以先行赔付

一、案情事由

×年3月，驾驶员程某在被保险人——某外商投资企业不知情的情况下，擅自驾驶标的车辆外出，不幸在某小区内撞伤一位老年人。事后，受害者直接起诉至法院。经法院审理判定驾驶员负全责，被保险人负连带垫付责任。由于程某没有偿还能力，故由被保险人承担赔偿责任。由于事故受害者发生了骨折，所固定钢板还需过一段时间才能取出，故此次事故还有可能要引起新的诉讼并发生一些后续费用。在被保险人提出索赔时，保险公司一工作人员却告知：要么现在索赔，如果这样的话，保险公司只能一次性赔偿现有已发生的费用，后续费用概不负责；要么等所有费用发生后，再来索赔。故被保险人提出投诉。

二、保险公司意见

根据机动车辆保险条款第十四条，被保险人提出索赔时须提交所需全部材料。如果材料不齐，可待收齐后一并提供。当然，如果涉及后期费用需要较长时间，保险公司可根据现有材料确定最低赔款金额预先赔付。鉴于工作人员的上述解释不准确，保险公司已作相应处理。

三、综合评析

根据我国《保险法》（2009年修订）第二十五条的规定："保险人自收到赔偿或者给付保险金的请求和有关证明、资料之日起六十日内，对其赔偿或者给付保险金的数额不能确定的，应当根据已有证明和资料可以确定的数额先予支付；保险人最终确定赔偿或者给付保险金的数额后，应当支付相应的差额。"故本案中对赔偿数额不能确定的，保险公司根据已有证明和资料先行支付确定的部分赔款。保险公司工作人员在对被保险人解释条款时存在严重偏差，致使被保险人投诉。

提示： 被保险人在涉及后续费用不确定的情况下，可按照有关规定向保险公司申请先行赔付部分赔款。

案例3 车辆异地出险在定损中发生纠纷

一、案情事由

2006年3月×日，被保险人驾驶标的车辆在外地与一辆大客车相撞。经当地公安交通管理部门认定，此次事故系由标的车辆违章变道所致，被保险人负全部责任。保险公司在接到报案后派人赴案发地进行查勘，并初步定损为人民币9.6万余元，而当地汽修厂的报价却高达人民币16万多元，由于两者差异较大，被保险人拒不在定损单上签字，双方僵持不下，标的车辆也一直放在外地某汽修厂。4月，被保险人起诉至当地法院。经法院裁决，保险公司败诉，向被保险人赔偿人民币15万余元。

二、保险公司意见

由于车辆具有流动性的特点，在甲地承保的车辆而在乙地出险的现象比较普遍。出险后，车辆在哪里修复，保险条款并没有约定。由于各地的经济状况和消费水平有差异，机动车辆维修价格也不尽一致，有的甚至相差较大。按哪里的标准进行定损往往成为被保险人和保险公司之间争论的焦点。按照目前一些保险公司“双代”案件管理规定，如果保险公司认为出险地维修价格太高，可在征得被保险人的同意的前提下，要求被保险人返回承保地进行维修，并承担出险车辆从出险地运到承保地的相关费用。

三、综合评析

对于在外地出险并要求就地修复的保险车辆如何定损，虽然保险公司“双代”案件管理规定已给出了说法，但这只是一个内部规定，在保险条款上并没有写明，故不能作为对被保险人的约束。

提示： 保险公司要做好解释工作，征得被保险人的理解和支持。同时，保险公司要从维护被保险人合法权益出发，进一步完善保险合同条款。

3.3 被保险人义务

事故发生后，被保险人应及时通知保险公司，在保险公司的指导下进行施救，且施救费用应当是必需且合理的，同时注意保护事故现场，不得擅自移动。索赔过程中，被保险人申请理赔应如实告知事故原因和经过，并提供必要的事故证明或资料。

案例1　施救费用应当是必需且合理的

一、案情事由

上海某储运有限公司所属的一辆集卡车辆从上海装货开往外地，在318国道上突遇一人骑自行车横穿马路，集卡车辆驾驶员郑某采取紧急措施，刹车并往右侧避让，挂车右边轮子陷入松软地带，造成整车倾斜。郑某随后继续发动车辆，可车辆越陷越深，倾斜的角度越来越大。储运有限公司派出安全员进行现场施救，并在当地公安交通管理部门的帮助下，用吊车将卡车整车吊起后才恢复行驶能力。事后，储运有限公司提出索赔时，却遭到保险公司的拒赔。

二、保险公司意见

根据现场照片，标的车辆出险后车辆本身并未发生损失，而是因右侧车轮陷入泥中造成驱动力分配不均，导致车辆无法行驶。在这种情形下标的车辆只需采用牵引方式即可恢复行驶能力，显然采取整车起吊的做法是不适宜的，由此产生的施救费用不应由保险公司承担。

三、综合评析

根据我国《保险法》（2009年修订）第五十七条规定："保险事故发生时，被保险人应当尽力采取必要的措施，防止或者减少损失。保险事故发生后，被保险人为防止或者减少保险标的的损失所支付的必要的、合理的费用，由保险人承担；保险人所承担的费用数额在保险标的损失赔偿金额以外另行计算，最高不超过保险金额的数额。"这里明确了施救必须是必要的、合理的。因此被保险人在发生保险事故时，要及时向保险公司报案，并在保险公司的指导下进行施救，切不可盲目或过度采取施救措施。

案例 2　千万不要擅自移动事故现场

一、案情事由

被保险人陈某驾车在浦东新区某路口右转弯撞到了一辆自行车。由于事故发生在路口，考虑到路口阻碍交通和及时抢救伤者，被保险人移动了自行车和伤者。之后，公安交通管理部门认定被保险人因没有保护好事故现场，负事故全责。事后，被保险人收到保险公司的拒赔通知书。

二、保险公司意见

根据机动车辆保险条款的规定，保险车辆发生事故后，被保险人应当采取合理的保护、施救措施，并立即向事故发生地公安交通管理部门报案。被保险人因未履行保险条款有关合理施救和立即报警等的规定，故作拒赔处理。

三、综合评析

事故现场是确定事故责任的基础。擅自移动事故现场必然会导致自己要承担全部事故责任，从而影响到保险公司的赔偿责任。因此，一般机动车险条款中都把擅自移动事故现场纳入责任免除的范围。当然，为提高道路通行效率，减少交通事故的影响，各地也相继出台了一些针对轻微物损事故的快速撤离规定，被保险人应严格执行。

提示：涉及人伤事故的，被保险人要保护好事故现场，及时向公安交通管理部门和保险公司报案，并作必要的标记后采取合理的施救措施。涉及轻微物损事故的，被保险人在撤离之前，先用摄录像或者其他方法固定车辆位置、车辆号牌及事故损失证据。

案例 3　申请理赔应如实告知事故原因和经过

一、案情事由

被保险人黄某在某保险公司投保了机动车辆保险。×年 7 月 21 日标的车辆发生交通事故。被保险人报案后，就事故发生时标的车辆是行驶状态还是停放状态的问题，在与保险公司沟通中出现争执，最后被保险人收到了拒赔通知书。被保险人对保险公司的这种做法相当不满，故提出投诉。

二、保险公司意见

被保险人黄某于×年7月21日上午向保险公司报案称，标的车辆停放在某路旁被其他车辆撞击。事后，保险公司根据撞击痕迹及标的车辆受损程度进行分析发现，标的车辆不可能是停放中被撞，遂要求被保险人如实陈述，但被保险人坚持说该起事故系停放中被撞。9月29日，被保险人来保险公司递交索赔单证，提供的“非道路交通事故损害赔偿协议书”称，“在行驶过程中撞击第三者车辆，致使标的车辆损坏”。由于被保险人9月29日提供的证据与之前7月21日陈述的事故原因存在着很大的差距，故作拒赔处理。

三、综合评析

根据我国《保险法》（2009年修订）第一百七十六条规定：“投保人、被保险人或者受益人有下列行为之一，进行保险诈骗活动，尚不构成犯罪的，依法给予行政处罚：（一）投保人故意虚构保险标的，骗取保险金的；（二）编造未曾发生的保险事故，或者编造虚假的事故原因或者夸大损失程度，骗取保险金的；（三）故意造成保险事故，骗取保险金的。保险事故的鉴定人、评估人、证明人故意提供虚假的证明文件，为投保人、被保险人或者受益人进行保险诈骗提供条件的，依照前款规定给予处罚。”我国《刑法》（2009年修订）第一百九十八条规定：“有下列情形之一，进行保险诈骗活动，数额较大的，处五年以下有期徒刑或者拘役，并处一万元以上十万元以下罚金；数额巨大或者有其他严重情节的，处五年以上十年以下有期徒刑，并处二万元以上二十万元以下罚金；数额特别巨大或者有其他特别严重情节的，处十年以上有期徒刑，并处二万元以上二十万元以下罚金或者没收财产：（一）投保人故意虚构保险标的，骗取保险金的；（二）投保人、被保险人或者受益人对发生的保险事故编造虚假的原因或者夸大损失的程度，骗取保险金的；（三）投保人、被保险人或者受益人编造未曾发生的保险事故，骗取保险金的；（四）投保人、被保险人故意造成财产损失的保险事故，骗取保险金的；（五）投保人、受益人故意造成被保险人死亡、伤残或者疾病，骗取保险金的。有前款第四项、第五项所列行为，同时构成其他犯罪的，依照数罪并罚的规定处罚。单位犯第一款罪的，对单位判处罚金，并对其直接负责的主管人员和其他直接责任人员，处五年以下有期徒刑或者拘役；数额巨大或者有其他严重情节的，处五年以上十年以下有期徒刑；数额特别巨大或者有其他特别严重情节的，处十年以上有期徒刑。保险事故的鉴定人、证明人、财产评估人故意提供虚假的证明文件，为他人诈骗提供条件的，以保险诈骗的共犯论处。”被保险人在理赔过程中应该遵循最大诚信原则，如实向保险公司报告事故原因与经过。否则，保险公司有权拒赔。情节严重的，可以追究投保人、被保险人的法律责任。

3.4 被保险人需要注意的其他问题

案例1 涉水行驶致损拒赔案

一、案情事由

上海某工贸有限公司于×年6月5日将企业自用的一辆轿车向某保险公司投保车损险和第三者责任险。同年7月，标的车辆在外地某住宅小区停放，恰逢当日骤降暴雨，小区积水。标的车辆发动机进水后行驶受损。被保险人提出索赔时遭保险公司拒绝。

二、保险公司意见

根据机动车辆保险条款“保险车辆涉水行驶或被水淹后不论任何原因致使发动机损坏为免责”为由拒赔。

三、综合评析

我国是暴风雨灾害事故比较频繁的国家，2005年“麦莎”和2006年“榴莲”等台风的登陆，带来强降雨天气，地面积水导致车辆故障事故屡见不鲜。不少车辆在驶入积水路段后发生熄火，有些车主想快速驶离积水路段，情急之下再次发动车辆，造成汽车排气管进水，发动机受损，事后却遭到拒赔，由此造成的纠纷也比较多。虽然保险公司完全可以根据免责条款作出拒赔，但客观上被保险人对条款确实理解不透，对简单拒赔处理方式很抵触，这就需要保险公司做好耐心解释工作。

提示：被保险人如需涉水相关保险保障，可选择合适的相应保险条款。对拒赔案件，保险公司要耐心对适用条款做好解释工作，切忌不要简单地、机械地处理案件。

案例2　新增设备为何遭到拒赔？

一、案情事由

被保险人曹某于×年8月30日向上海某保险公司投保机动车辆车损险、第三者责任险、不计免赔率特约险、车身划痕损失险、挡风玻璃单独破碎险以及全车盗抢险。次年3月18日，被保险人驾驶标的车辆至外地某路口时，不慎与另一车辆发生碰撞，致使标的车辆新安装的脚踏板损坏，经公安交通管理部门认定，曹某对此次事故负全部责任。事后，曹某向保险公司索赔，遭到拒赔。

二、保险公司意见

经查发现脚踏板为新增设备，根据保险条款属于除外责任，故拒绝赔偿。

三、综合评析

机动车辆保险新增设备，是指保险车辆出厂时原有的各项设备以外，被保险人另外加装的设备及设施，如加装制冷设备、CD及电视录像设备、真皮或电动座椅、脚踏板等。在中国，机动车辆保险基本险中责任免除条款明确规定：“车辆标准配置外，未投保的新增设备的损失，保险人不负责赔偿。”

提示：被保险人若希望新增设备获得保险保障，则需要购买单独附加险。

案例3　伤残复议问题

一、案情事由

2006年5月×日，郭某驾驶小型普通客车在某路由西向东行驶过程中与骑自行车的任某发生交通事故，造成任某受伤，自行车受损。经公安交通管理部门认定，被保险人负全部责任。任某经某司法鉴定中心鉴定为十级伤残，给予休息 90 日、营养 30 日、护理 60 日。事后，保险公司对伤残评定的级别提出疑义。由于双方就赔偿事宜未能达成一致意见，任某诉至法院，要求被保险人按照伤残级别赔付相关费用。

二、保险公司意见

根据被保险人提供的第三者医疗诊断材料判断，第三者的伤势达不到十级伤残标准，故对鉴定提出异议，要求重新鉴定。

三、法院意见

根据郭某的申请，法院委托上海市司法鉴定中心对任某的伤残等级及休息、营养、护理期限等进行鉴定。鉴定结论为：任某未达到伤残等级。酌情给予休息 3 个月、营养 2 个月、护理 1 个月。审理中，任某变更诉讼请求，要求郭某按新标准赔偿相关费用并放弃对残疾赔偿金和精神抚慰金的主张，法院予以确认。

四、综合评析

交通事故造成的人伤案件中，由于种种原因，受害人、医院、被保险人和保险公司往往在伤残等级鉴定、是否是进口材料、可否在医保范围内用药等方面产生异议，影响了理赔工作的顺利开展，这就需要当事人双方本着实事求是的态度相互配合。

提示：保险公司要积极主动地为伤者提供服务，避免事后发生不必要的纠纷。

案例 4　机动车交通事故责任强制保险中“未取得驾驶资格”问题的认定

一、案情事由

2007 年 10 月 × 日，陈某驾驶金杯车在上海某区近外环线大桥与一辆丰田车发生交通事故。公安交通管理部门判定陈某负全部责任。事后，陈某向保险公司提出索赔。保险公司在审核所有单证后作了拒赔处理。双方对商业险不属保险责任并无疑问，但对交强险是否属于保险责任有争议。

二、保险公司意见

被保险人持 B2 驾驶证驾驶 11 座金杯中型普通客车，属于驾驶车型与驾驶证不符。根据交强险条款，驾驶人未取得驾驶资格，保险人不负责赔偿。

三、综合评析

双方在商业险方面没有异议，是因为商业车险条款中明确写明“驾驶的被保险机动车与驾驶证载明的准驾车型不符”属于责任免除情形。关于机动车交通事故责任强制保险中“未取得驾驶资格”认定问题，根据《机动车交通事故责任强制保险条例》第二十二条以及《机动车交通事故责任强制保险条款》第九条的规定，驾驶人未取得驾驶资格的，保险公司不承担赔偿责任。在实务中，“未取得驾驶资格”包括驾驶人实际驾驶车辆与准驾车型不符的情况。根据我国机动车驾驶证申请使用的相关规定，驾驶人需要驾驶某种类型的机动车，须经考试合格后取得相应的准驾车型资格，因此，实际驾驶车辆与准驾车型不符应认定为“未取得驾驶资格”。

提示：被保险人严禁驾驶与驾驶证准驾车型不符的车型，在借与他人驾驶时也应考虑对方驾驶证的准驾车型。

案例 5　“车辆故障，引起火灾”，保险公司是否可以“自燃或不明原因产生火灾”责任免除？

一、案情事由

2006 年 × 月，陈某与某保险公司签订了一份机动车保险合同，合同约定车辆损失险部分损失保险金额人民币 7.2 万元，全部损失人民币 9 万元，第三者责任人民币 20 万元（依上海市相关规定，其中 4 万元为强制保险）。次年 5 月 × 日 17 时许，陈某将标的车辆停放在某路某弄堂口，离开 10 分钟左右车辆起火引起火灾，导致标的车辆全损和邻近小客车损坏及周边店铺空调外机损坏。经查勘定损，保险公司在强制保险 4 万元限额内，向小客车及店铺所有人按第三者责任险赔偿，但拒绝赔偿陈某标的车辆的损失，理由是“自燃或不明原因产生火灾”系免责条款。陈某不服诉至法院，并提供了消防部门的火灾证明和车辆报废证明，要求保险公司赔偿人民币 90 000 元。

二、保险公司意见

保险条款责任免除部分第三条规定①，“不明原因产生火灾”是保险公司免责约定。由于被保险人无证据证明标的车辆起火的真实原因，而消防部门仅作出了“车辆故障，引起火灾”的认定结果，并未指出起火的真正原因，故拒绝赔付标的车辆车身损失。

三、法院意见

一审法院认为：现有证据表明，被保险人所有的保险车辆的损失系因“车辆故障，引起火灾”，属于机动车辆综合险条款中责任免除第（五）项的情况，即“自燃或不明原因产生火灾”，确实不属于保险公司赔偿范围。被保险人要求保险公司支付理赔款的诉讼请求，缺乏法律依据和合同依据，据此法院判决驳回原告的诉讼请求。

二审法院认为：本案涉案车辆保险事故发生的原因是否属于保险合同中约定的“自燃或不明原因”的范围，是保险公司是否应当承担保险责任的前提。根据公安消防部门对涉案车辆事故认定结论，该车事故原因为“车辆故障，引起火灾”。该认定结论没有具体指明车辆发生何种故障，属原因认定不明。鉴于该车系处于没有外界火源，未发生碰撞、倾覆的情况下发生燃烧，应属于车辆自燃之情形，且自燃之原因亦可解释为因车辆电路系统或供油系统等发生故障而发生燃烧。对此，保单中的相关条款予以了明确。被保险人认为该车事故原因不属于自燃的理由，依据不足，本院不予采信。保险公司依据该条款拒绝承担保险责任，并无不当。故判决驳回上诉，维持原判。

四、综合评析

本案争议焦点是：公安消防部门“车辆故障，引起火灾”的认定算不算对车辆引起火灾的原因予以了明确。被保险人认为，根据消防部门出具的证明“车辆故障，引起火灾”，保险车辆的火灾原因是

---

① 保险车辆的下列损失，保险人不负责赔偿：“……（五）自燃或不明原因产生火灾：自燃，即指保险车辆因本车电器、线路、供油系统、货物自身等发生问题起火燃烧。……”

确定的，即车辆故障，因此不属于“不明原因产生火灾”的范畴。保险公司认为，车辆故障是概括性的描述，并不是车辆发生火灾的原因。法院最终支持后者的观点。

提示：被保险人遇到类似车辆燃烧案件时，要求消防部门作出明确的火灾原因分析。保险公司应做好宣传解释工作，避免出现类似纠纷。

二、责任保险

医疗责任保险

（一）基本介绍

上海保险市场开展的医疗责任保险是从2002年起全面启动的。当时，为配合国务院《医疗事故处理条例》的实施，有效缓解医疗纠纷处理压力，充分保障医患双方合法权益，转变政府职能，上海市卫生局决定引入商业保险建立医疗风险分担机制。2002年8月23日，上海市政府通过《关于同意〈关于本市实施医疗责任保险的意见〉的批复》（沪府〔2002〕86号），同意在本市实行医疗责任保险制度，并颁布《上海市医疗事故责任保险实施方案（试行）》。同年9月1日，该制度开始试行。这表明上海市医疗责任保险制度实施工作全面启动。

经过几年的发展和完善，上海市医疗责任保险已经发展成为一种综合性险种，涉及医疗过失责任保险、医疗机构场所责任保险、医务人员人身伤害责任保险等。其中医疗过失责任保险包括医疗事故责任和非医疗事故医疗过失责任。医疗事故责任是指构成医疗事故，造成患者人身损害，即原医疗事故责任保险条款，每人赔偿限额为10万元或20万元及1万元或2万元的法律费用；非医疗事故医疗过失责任是指医疗活动存在过失造成患者人身损害，但并不构成医疗事故，即原附加扩展责任条款，每人赔偿限额为1.5万元或3万元。

医疗事故纠纷的处理具有专业性强、社会影响大、医患双方矛盾容易激化等特点。为解决上述问题，经营业务的保险公司在上海市卫生局的大力支持和配合下，成立了专门的医疗纠纷处理机构——上海医疗事故责任保险处理中心。该中心由总部和12个分中心组成，主要由保险公司委托上海国际医学交流中心运作，其中总部负责行政管理和业务审核工作，分中心主要负责业务处理工作。工作人员主要由具有医学专业和临床经验、精通法律的有关人士组成。

（二）典型案例

案例1 患者知情权不应受到侵犯

一、案情事由

患者张某，女，39岁。患者腰痛伴左下肢放射痛2年，症状加重1个月，于2004年4月6日入住某二甲医院。入院检查：腰4~5骶处压痛，叩击痛（+），腰部活动受限，直腿抬高试验右90度，左30度，加强试验（+），左小腿外侧及足背外侧皮肤痛觉减退，跟腱反射减弱，脚拇趾背伸肌力减退。CT示：腰5骶1椎间盘突出。诊断：腰5骶1椎间盘突出症。于2004年4月21日上午在连麻下行腰5骶1椎间盘髓核摘除术。术中见腰5骶1椎间盘突出，压迫神经根，常规摘除髓核（病理证实）。术后腰腿痛症状缓解，伤口痊愈，主诉会阴部麻木及异常感觉（像热水沸腾），有小便自溢现象（补液、夜间更明显，无大便功能障碍），请长海医院、市六医院会诊后，予神经营养药、对症处理，症状无改善。经胸腰MRI示：$L_{4/5}$椎间盘变性膨出，L_5S_1椎间盘变性突出、水平椎管偏左侧异常信号灶（考虑部分游离髓核可能大）。后经多家医院门诊及住院检查，认为患者目前症状是马尾神经症状，建议手术治疗，家属拒绝手术，在家保守治疗。

患方认为：该病人术后即出现会阴感觉异常、尿失禁现象，经治疗症状虽有好转，但没有完全消失。家属追究医院手术中损伤神经造成患者人身伤害的后果，要求医方承担因手术伤害带来的经济损失126 950.00元。

医方认为：该病人有手术适应症，手术操作按诊疗常规进行。对于会阴麻木，时有小便失控，是手术并发症，这种症状是需要有恢复阶段的，医方无过错责任，不予承担赔偿责任。

二、保险公司意见

保险公司接医方来电报案后，医疗事故责任保险处理分中心（以下简称医疗处理分中心）工作人员赶赴医院处理，并提出几点意见，请双方考虑：

1. 病人已住院2次，症状无好转，要求转院是合理的，因某市级医院拒绝收治该病人，建议家属去市区其他三级医院联系住院，只要有医院接收，马上转院继续治疗。

2. 建议医方适当垫付医疗费，结案后根据定性结论一并结算。两天后家属联系了几家市级医院，先后入住过两家市级医院，因家属拒绝再次手术，故出院在家药物治疗，后病情有所好转。

该案患者转院后经常来医疗处理分中心咨询医疗、药物等方面的知识，经医疗处理分中心详细解释，取得患方的信任。医疗处理分中心又与医方讨论过失责任问题。最后医患双方在医疗处理分中心主持下协商，达成协议。该起医疗纠纷中，医方没有违反法律法规，符合诊疗常规。但医方在手术操作过程中误伤手术区域的神经组织，病人出现较长时间尿失禁现象，属手术并发症，医方在术前对手术并发症告知不全。医患双方共同认定，该事件不属医疗事故，医方在医疗过程中存在不足。医方同意赔偿患者医疗费、误工费、住院伙食补助费、陪护费、交通费等29 592.60元；一次性补偿患者后续医疗费、精神抚慰金25 502.65元。医疗处理分中心于2004年6月8日接医方来电报案至2004年7月21日签订赔偿协议，共接待患方15次、医方2次，外出处理纠纷、调查有关医务人员、与院方领导讨论等共3次。

三、综合评析

1. 医疗纠纷发生在治疗未结束时，不能急于处理纠纷，应先解决主要矛盾，即疾病是否继续诊疗的问题，并提一些让医患双方都能接受的意见，以缓解暂时的冲突。

2. 正确判断案件的过错、过失责任，让医疗机构从法律角度抓管理。该案抓住病人知情权受到伤害的事实，告知医疗机构（术后并发症告知不全）应承担的责任，让医生知道诊疗过程中的不足带来的教训，提醒以后工作中加以改正。

3．与患方协商过程中，反复向患方解释医疗知识及手术可能出现的各种风险，让患方了解医生工作的高风险性和不可预见性，以取得患方对医生的理解，从而使协商尽快统一意见。

案例2　如实告知患者病情是医院应尽的义务

一、案情事由

患者朱某，男性，78岁，因脑梗于2005年10月6日上午入住某院，医生给予普食、二级护理，并给予中西药物治疗，对病人家属的询问，医生简单地给予“没问题、可以治好”的回答。入院后的第二天，病情突然发生恶化，病人开始意识模糊不清，呼唤不醒，在家属的要求下，即转某三甲医院治疗，可仅在该三甲医院抢救6小时后死亡。家属不能接受这个事实，情绪十分激动，在安置好老人后事后，患者子女4人到该医院讨说法。

二、保险公司意见

医疗处理分中心接到报案后于2005年10月24日与家属进行协商。

经了解情况，患者认为：（1）医院对父亲的治疗不重视，不负责任；（2）对父亲的病情没有一个说过有危险；（3）问医生情况医生不回答，服务态度不好；（4）父亲病重了医院也不会诊，抢救不及时、不积极；（5）发生危险后没有早点转院。

医疗处理分中心认为：对于临床症状明显、头颅CT显示较大面积的脑梗病人，不但不报病重，不对家属说明病情有恶化的危险性，而且还说没问题、可以治好，告知的不足使病人家属对病人的死亡没有心理准备，这是这次医疗纠纷的关键。

2005年10月31日，医疗处理分中心与家属进行第二次协商，并认为：（1）患者死亡的原因是大面积脑梗，病情恶化所致；（2）在诊疗过程中，医院存在告知不足，医生没有把病情的危险性告诉家属，导致家属对病人病情的恶化，直至死亡，没有心理准备，但这些医疗过失同病人死亡无因果关系，所以本案不构成医疗事故，但医院存在医疗过失。医疗处理分中心提出问题的解决办法可以为：（1）如果医患双方对医疗事故有争议，可申请作医学鉴定；（2）如果医患双方都不想作医学鉴定，也可直接协商理赔问题。

最终以医院赔偿4 000元结案。

三、综合评析

此案的成功处理，经历了3次正面协商，医疗处理分中心人员在其中发挥了重要作用。毋庸讳言，病人的死亡不管是医疗事故，还是医疗过失，医院都应该对病人的死亡承担不可推卸的责任。医疗责任保险对于医疗事故责任或非医疗事故责任都要承担赔偿。当然这两者的责任轻重不同。这就需要对医院在医疗纠纷中的定性定责必须有根有据、合情合理并给予认可，最终达成共识。

案例3　客户在发生纠纷时可求助专业机构的帮助

一、案情事由

患者吴某，女，46岁。因右下腹痛2月余，发现卵巢肿瘤半月，于2002年1月25日入住某二级甲等医院，诊断：卵巢肿瘤、阴道炎、双子宫，经一系列术前准备后于1月31日做剖腹探查，术中见盆腔内广泛粘连，右侧子宫与网膜、盆腹膜紧密粘连，附件被包其中形成一团块，约有12公分大小，左侧子宫后壁见一肌瘤，有3厘米×2厘米，两子宫间侧前壁腹膜呈螺旋形粘连，分离粘连后做全子宫切除+右附件切除术，2月10日出院。2月16日，左下腹痛，肛门停止排便、排气3天，再次入院，当日做剖腹探查术，术后诊断：肠穿孔、弥漫性腹膜炎、感染性休克、肠粘连。术后病人昏迷、高热，转另外一家医院，经治疗病情好转，于5月6日出院休养。出院后，因骶尾部褥疮感染、右尺神经炎住院治疗，腹部多处切口换药。经数月治疗，切口愈合良好，偶有腹痛、腹胀现象，右上肢、右足活动稍有障碍的后遗症。

双方矛盾的焦点在于，患方认为：患者子宫肌瘤手术引起肠穿孔是医生手术粗糙造成。病人出现腹痛，医生又不重视，嘱出院以致病人出现严重并发症，危及生命。虽经抢救保住生命，但存在右手及右足功能障碍、全身多处疤痕的人身损害后果。要求医方赔偿精神伤害、经济损失30万元。

医方认为：患者右卵巢肿瘤入院，手术中发现盆腔广泛粘连，左侧子宫肌瘤，故改做全子宫切除+右附件切除术，因手术难度较大，可能损伤邻近脏器。医方同意赔偿部分医疗费用。

二、保险公司意见

2002年11月4日接医方报案，述该起纠纷患方多次来信、来人，追究医院医疗事故责任，目前患者治疗已结束，医方要求医疗处理分中心主持处理。医疗处理分中心人员去医院分别向医方、患方进行调查取证，并讨论分析认为，患者因盆腔广泛粘连，难免损伤邻近脏器，医方虽有责任，但程度不严重。医疗处理分中心再次去医院向有关领导进行调查，医方提供第二次手术切除肠穿孔部位标本的病检报告：标本组织有缝线。医疗处理分中心人员去患者家中看望患者目前病情及生活自理能力，看到病人右上、下肢功能轻度障碍，并了解到患者女儿幼年患脑炎后致痴呆、不能站立、长期坐轮椅、生活不能自理。

调查结束后与医方讨论该案的定性、定责、定赔问题，与患方反复协商赔偿问题，因赔偿项目、标准不能统一，医疗处理分中心建议患者家属去咨询有关人员，也可请律师、法官来医疗处理分中心一起协商赔偿问题。经区法院法官来医疗处理分中心沟通，法官基本同意医疗处理分中心的处理意见，建议医方对病人作适当补助。在医疗处理分中心多次主持下协商，最后达成协议，医患双方共同认定该起医疗事件属三级戊等医疗事故，医方承担主要责任。医方同意赔偿患方医疗费、误工费、住院伙食补助费、陪护费、交通费、残疾生活补助费、精神损害抚慰金115 920.23元，另外再支付一次性补偿62 398.15元。这些责任全部由保险公司给予了赔付。这其中，医疗处理分中心于2002年11月4日接案至2003年6月12日签订赔偿协议，共接待患方15次、医方4次，外出处理纠纷、调查有关人员、与医方领导讨论共4次。

三、案件评析

该起医疗纠纷因医方的手术操作者不慎，误伤小肠，又未及时发现，致肠穿孔、肠粘连、膈下脓肿、右手指轻度功能障碍的后果。医疗处理分中心在处理时，认为：

1. 医患双方必须提供真实、完整的材料，只有这样才能正确地定性、定责，维护双方的合法权利。

2. 患者往往夸大医疗损害后果，有必要亲自去医院做体格检查和必要的辅助检查，这有利于对损害后果作正确的判断。

3. 处理过程中请患方律师、法官、地方行政官员参与协商，能体现医疗处理分中心公正、公平处理案件的可信度，加速处理时间。

职业责任保险

律师执业责任保险

（一）基本介绍

《中华人民共和国律师法》的实施，催生了上海市律师执业责任保险的诞生。其发展分为三个阶段：第一阶段 1995—1998 年为孕育阶段，在上海市司法局、上海市律师协会的统筹规划下，保险公司制定出相关产品提供给上海市律师协会，由协会出面要求各下属律师事务所予以投保；第二阶段 1998—2002 年为初步实施阶段，在这一阶段，各律师事务所分别与保险公司联系，保险公司以每个律师事务所为投保单位出具保单；第三阶段 2002 年至今为统保阶段，由上海市律师协会牵头，将原本各律师事务所分别投保改为统一由律师协会为全市的执业律师投保，这种开创性的保险方式一方面统一了保险条件和保险费率，简化了投保程序，提高了运作效率，另一方面也确保了所有律师事务所都能参加保险，从而保证整个律师行业的公平竞争和稳定发展，同时也有利于保险人降低经营成本和分散风险，达到了双赢的效果。

通过多年的合作，目前上海市的律师执业责任保险已经形成多元化的保障。在保险条款方面，除统保的大保单外，保险公司还为需要更高保障的外资律师事务所及在各地开设分所的大型事务所提供超赔保单，并针对不断发展的司法环境，制定了补充条款；在服务流程方面，建立了顺畅的定损及理赔模式，一旦有律师事务所发生相关索赔，该事务所即刻会按照服务手册上的通信方式向保险公司报案，并同时向律师协会备案。公司的理赔人员从得到报案开始就与律师协会及律师事务所共同参与诉讼全程，协助律师事务所搜集证据，积极应诉。这种方式往往会帮助律师事务所找到合理的证据，避免或减少所承担的赔偿责任。同时，保险公司每年都会向律师协会提供详尽的报案记录及处理进程，并提出当年的主要风险分析及防范措施，并定期与律师协会举办相应的风险控制讲座及会议。

（二）典型案例

案例1　律师执业疏忽，保险公司埋单

一、案情事由

上海市某律师事务所属上海市律师协会管理，因此属于统保协议范围内。2002 年 6 月 10 日，保险公司收到传真报案，该事务所因诉讼代理纠纷被上海市某公司提起诉讼，诉讼请求该事务所返还律师代理费，赔偿损失 1 029 067. 63 元，具状日期为 2002 年 5 月24 日。

该公司诉称：1999 年 12 月 7 日，该公司聘请事务所张某、刘某律师代理诉讼浙江某公司返还货款与返还冰柜两案。浙江省某法院受理判决该公司胜诉，两案标的计：165 台冰柜、货款 404 721. 35 元，利息 63 031. 28 元，另浙江某公司承担案件受理费共 19 950 元。由于浙江某公司下落不明，法院以公告形式送达了判决。但承办律师未及时将判决书交来，使原告错过了向法院申请强制执行的期限。

二、保险公司意见

本保单追溯期 5 年，自 1997 年 2 月 18 日起，本次诉讼中被保险人的委托业务发生于 1999 年，追溯期开始后的委托业务引起的纠纷

及赔付事宜，在保险范围内。另外，张某、刘某均持有司法部颁发的律师执业证，1999 年为该事务所注册律师。因此保险公司聘请了应诉律师为该事务所辩护，并支付了律师代理费。

为查对事实，弄清被保险人是否真有过失，保险公司派核赔人员于 2002 年 9 月 12 日到浙江省某法院与工商局调阅档案。经查，浙江省某法院在 2000 年 9 月 15 日与 30 日送达判决书，签收人是律师张某。浙江某公司在 1994 年登记时注册资本为 50 万元，1998 年后再无工商年检记录，直到 2001 年 10 月被吊销营业执照。

根据律师执业责任险第三条规定，“被保险人的注册律师……在列明的追溯期开始后，由于过失行为……致使委托人遭受经济损失，依法应由被保险人承担的经济赔偿责任，被保险人在保险期限内提出索赔的”，保险公司决定予以赔付。

三、法院意见

2003 年 4 月 25 日，上海市某法院下达判决，该事务所应赔偿损失 30 万元，另一、二审受理费 18 274. 80 元。

四、综合评析

近年来，随着律师在各种经济活动中频繁登场，律师的作用逐渐为普通公众所重视，比如现在流行的“购房律师”，说明聘用律师从过去的客观程序需要变为委托者主动积极需要。但这种热潮中隐藏着不理智的预期，许多委托人认为律师的执业与期望结果之间理所当然有因果关系，一旦委托事项没有达到预期目的，就很容易引发纠纷。另外，由于职业特点，律师一旦疏忽可能会给委托人带来不可弥补的损失，从而给自己背上沉重的经济包袱。为了保障律师行业的健康发展和满足市场需求，上海市律师协会统一投保了律师执业责任险。

本案例是典型的律师在执业中疏忽导致委托人利益受损的案件，与目前许多律师为委托人打赢官司但使委托人不能实现权利的现状很相似。本案赔偿后，新闻媒体多有报道，是律师执业责任险自投保以来第一件在司法界较有影响的案件。保险公司的及时介入，不仅化解了涉案事务所的经济责任，而且取得了良好的社会效益：律师协会将此案例作为反面教材在律师的在职培训中宣导，以促进律师的素质提高和行业的良性发展。

雇主责任保险

案例1 重复保险并不能获得超额保障

一、案情事由

某货物运输公司为其所聘用的驾驶员向A保险公司投保雇主责任保险，双方在保险单中明确约定以下事项：每人死亡赔偿限额为30个月工资，永久性伤残每人赔偿限额为40个月工资；暂时丧失工作能力以1年为期赔偿工伤津贴；其中的医疗费用包括挂号费、治疗费、手术费、床位费、检查费（以300元为限）以及非自费药费部分，不承担陪护费、伙食费、营养费、交通费、取暖费以及安装假肢、假牙、义眼和残疾用具费等。

保险期间内，该运输公司驾驶员乔某驾驶的大卡车从外地赶往上海时，由于在行驶中未能保持安全间距，与前车发生严重碰撞，致使前车车身部分毁碎，前车驾驶员丁某受轻伤，乔某自己与其副驾驶员李某则由于其卡车玻璃的破碎，眼睛以及胸部多处被扎伤。事故发生后，公安交通管理部门及时进行现场查勘认定：乔某违反《道路交通管理条例》第三十七条规定，对该起事故负全部责任。事后，交通事故处理部门召集丁某、乔某、李某以及运输公司对该起事故进行调解处理。根据有关规定，由运输公司赔偿李某医疗费、误工费、住院伙食补助费、护理费共计人民币20 562.32元（其中医疗费和误工费15 363.2元），并赔偿丁某医疗费、误工费5 562.3元。三方均同意该调解结果，当场签订“道路交通事故赔偿调解书”。

二、保险公司意见

运输公司赔偿之后，依据雇主责任保险合同，向A保险公司提出20 562.32元的索赔申请。A保险公司在核赔过程中发现，该运输公司除在A保险公司投保雇主责任保险外，还在当地B保险公司投保了车上人员责任保险，且运输公司已经获得B保险公司20 562.32元的足额赔付。据此，A保险公司认为运输公司的行为实际上已经构成重复保险，根据《保险法》和雇主责任保险条款相关规定，拒绝了运输公司的索赔申请。

三、法院意见

双方因此引起争议。运输公司遂向当地人民法院起诉 A 保险公司。法院审理认为：本案已构成重复保险，A 保险公司应予拒赔，判决驳回原告的诉讼请求，并承担本案诉讼费 2 300 元。双方均未上诉，一审即判决发生效力。

四、综合评析

本案的争议焦点是：（1）本案的性质是否为重复保险；（2）保险公司应如何赔偿。

本案中，运输保险为其雇员李某既投保了雇主责任保险，又投保了车上人员责任保险，根据我国《保险法》以及雇主责任保险条款、车上人员责任保险条款的有关规定，其保险标的都是运输公司依法应当承担的赔偿责任，其保险利益都是基于雇用关系产生的，其保险责任范围虽然没有完全重合，但本案的交通事故都属于两个责任险的保险事故。运输公司在通过车上人员责任保险取得足额赔付后，又向 A 保险公司提出索赔申请，违背了损失补偿原则。因此，A 保险公司的拒赔理由是成立的。

案例 2　切忌在对赔款有争议时签订赔案终结协议

一、案情事由

2000 年 6 月 14 日，某煤矿向某保险公司购买了雇主责任保险，保单期限自 2000 年 6 月 12 日 0 时起至 2001 年 6 月 11 日 24 时止，每人伤残、死亡赔偿限额为 10 000 元，每人医疗费赔偿限额为 7 000 元，每次事故免赔额为 20%。2000 年 10 月 16 日该煤矿将曾某列入雇主责任被保险人员名单，保险公司对此予以准许。

同年 12 月 30 日，该煤矿发生冒顶事故致曾某受伤，经县人民医院诊断为“左股骨中下段粉碎性骨折”，住院治疗 20 天出院，支付医疗费 4 387. 50 元，出院时医嘱 1 年后取内固定，不适随诊。2001 年 4 月 25 日，曾某内固定钢板折断，同年 5 月 9 日至乡卫生院住院治疗至同年9月8日出院，支出医疗费4 478.50元，出院时医嘱1年后复片检查拆除内固定，不适随诊。2001年6月17日，曾某向县劳动争议仲裁委员会申请仲裁，经仲裁庭主持调解达成协议，该煤矿赔付给曾某今后取出内固定钢板治疗费1 500元。同年12月10日，该煤矿向保险公司申请理赔医疗费8 000元、伤残赔偿10 000元，合计18 000元。同年12月17日，经县公安局法医检验鉴定中心鉴定，曾某左下肢缩短1厘米，属致残范围。保险公司根据《职工工伤与职业病致残程度鉴定》对曾某按八级伤残理赔。该煤矿于2002年1月28日领取保险公司赔付款4 510元。

二、保险公司意见

该煤矿认为，其与保险公司之间的法律关系属保险合同关系，合同未约定的任何附加条件不能适用于合同双方当事人；保险公司在签订合同时没有明确说明免赔条款，也没有给付赔偿金额表，所以免赔条款无效。因此，保险公司应按合同约定赔付伤残费10 000元，医疗费7 000元，合计17 000元，已赔付4 510元，还应赔付12 490元。

保险公司认为，该煤矿雇员曾某治伤支出的医疗费由三部分组成：一是曾某受伤后住院20天支出医疗费4 387.50元；二是曾某因内固定钢板折断住院支出医疗费4 478.50元；三是该煤矿与曾某商定给付今后取内固定钢板费1 500元。根据保险条款规定，上述第一部分属理赔范围，减去20%免赔额后计赔3 510元；第二部分医疗费是曾某在家休养期间不遵医嘱、丢拐行走，从事劳动（引自该煤矿在劳动争议仲裁庭上的答辩）造成，属于重大过失行为所致，根据保险条款规定，此部分医疗费用保险公司不负赔偿责任；第三部分今后取内固定是该煤矿与曾某之间自愿达成的协议，不能制约保险公司，因此不能作为赔付依据。根据《职工工伤与职业病致残程度鉴定》附录，下肢伤后缩短2~3厘米者为七级伤残，而曾某为左下肢缩短1厘米，不符合七级伤残标准，保险公司按八级伤残理赔，即按保单规定赔偿限额10 000元的10%计赔1 000元。

三、法院意见

一审法院审理后认为：

1. 该煤矿与保险公司签订的保险合同有效，合同中约定的免赔条款对双方当事人均具有约束力；

2. 诉讼中，该煤矿称其不知道保险公司当庭递交的赔偿金额表，保险公司又无证据证实其已向该煤矿履行送达赔偿金额表或告知赔偿金额表内容之法定义务，故保险公司提出赔偿金额表作为保险合同内容对该煤矿具有约束力的辩解理由不能成立。因曾某已构成伤残，按该煤矿与保险公司双方约定，伤残赔偿限额 10 000 元，每次事故免赔额为 20%，保险公司还应赔付该煤矿伤残费 8 000 元。

3. 曾某受伤时在被告认可的雇主责任保险人员名单之列，且曾某第一次出院时治疗尚未终结，曾某内固定钢板折断处于恢复治疗期间，并非新的保险事故，保险公司未能提供充分证据证实曾某内固定钢板折断系曾某重大过失所致，故保险公司辩称曾某第二次住院系其重大过失所致的理由不能成立。曾某两次住院医疗费共计 8 866 元，减去 20% 免赔额后，其医疗费仍有 7 092. 80 元，高于双方约定的医疗费赔偿限额 7 000 元，保险公司应按 7 000 元理赔。曾某今后治疗费 1 500 元不再列入赔偿范围。

基于以上认定，一审判决保险公司应赔偿该煤矿医疗费及伤残费共计 15 000 元，减去保险公司已赔付款 4 510 元，保险公司还应赔偿该煤矿 10 490 元。

保险公司不服一审判决，遂向该市中级人民法院上诉称：（1）保险公司于 2001 年 12 月 26 日通知该煤矿应领取赔偿的数额，该煤矿进行审查确定，并在赔偿收据上加盖公章和法定代表人私章，于 2002 年 1 月领取赔款。赔款收据一式三联，每联都注明“该案一切赔偿责任业已终结，立此存证”。（2）曾某伤残赔偿标准问题。无论是交通事故伤残、工伤伤残，还是雇主责任保险的伤残，都是按《职工工伤与职业病致残程度鉴定》确定的伤残等级赔偿。该煤矿以未收到赔偿金额表为由要求按赔偿限额 10 000 元理赔的理由不成立。事实上该煤矿对伤残等级标准理赔是清楚的，因为该煤矿在 1998 年投保过雇主责任险，不可能对此不清楚。（3）曾某第二次住院系新事故造成的，此医疗费不属保险范畴，公司不承担赔偿责任。请求二审法院查明事实，依法改判。

二审人民法院经审理后认为：

1. 该煤矿以前投保过雇主责任险，雇主责任保险条款（试行）第三条赔偿额度规定：伤残，以人均年工资总额的3倍为限，部分伤残的，按伤残比例与最高限额参照计算赔付，故该煤矿对雇员伤残后按伤残等级赔付的规定是清楚的。且当地同一保险种类的其他投保人出现保险事故后，伤残均是按相应等级赔付的。显然该煤矿的理由不能成立，不应支持。同时，曾某第二次住院是因为内固定钢板折断，这不是疾病本身原因导致的不良后果，故此损失不属于保险合同约定的赔偿范围。

2. 保险公司于2001年12月26日通知该煤矿应领取赔偿的数额，该煤矿对具体赔款明细应进行核实。该煤矿出具的赔款收据已注明“该案一切赔偿责任业已终结，立此存证”。该煤矿应是对此赔款进行审查、核定后才加盖公章和法定代表人私章，其行为是对保险赔偿数额、理赔终结事实的一种确认。即使该煤矿认为保险公司针对该保险理赔案的赔偿责任尚未终结，但此签章确认行为应视为该煤矿对其民事权利的处分。

根据前述认定，二审法院作出终审判决，认为保险公司的赔偿责任已经终结，不再承担赔偿责任。

四、综合评析

本案虽然涉及明确说明义务的履行、雇主责任保险的赔偿范围、被保险人对赔案终结的承诺三个问题，但二审法院是依据被保险人对赔案终结的承诺来判决此案的。本案从雇主责任保险赔偿范围看，曾某第二次住院所造成的损失属于保险合同约定的赔偿范围，这是有利于被保险人的。然而，由于被保险人某煤矿已经签收了标注“该案一切赔偿责任业已终结，立此存证”的赔款收据，因此，应视为其已经就本案赔偿事宜与保险公司达成了一致，其不得再要求保险公司就本案进行其他给付。可见，本案中被保险人之所以败诉，关键在于其签署了标注“该案一切赔偿责任业已终结，立此存证”的赔款收据。本案告诉我们，如果对保险赔案有争议，就不能贸然签署赔案已终结的协议。

董监事及高级管理人员责任保险

（一）背景资料

董监事及高级管理人员责任保险（简称 D&O 保险）是一种管理责任保险，旨在保障上市公司的董监事及高级管理人员在履行其职务行为过程中的不当行为（包括疏忽、错误、误导性陈述及违反职责等）所引起的法律责任而给上市公司及其个人带来的损失。同时，该保险也保障公司依法可为其董事及高级职员支付由上述法律责任所引起的费用。除了承保董事与高级职员的个人责任以外，D&O 保险还可以扩展承保针对公司的雇用行为与公司违反证券类法律法规的行为而提出的索赔。

D&O 保险起源于 20 世纪 30 年代的美国，但一直到 1949 年才逐渐为商界所重视。D&O 保险业务在亚洲已开展多年，并随着公司董事及高级职员逐渐意识到其职务行为可能引发的潜在法律责任和诉讼风险而日趋得到重视。近年来，董事及高级职员面临的诉讼风险与日俱增，而随着亚洲及其他地区以法典形式加强公司立法，诉讼风险正进一步加剧。同样，董事及高级职员面临的诉讼来源也不断加大，包括股东、雇员、环保组织、管理机构、债权人、银行、客户和供应商等。此外，随着公司市场规模的扩大，其管理层所接受的司法管辖亦将扩展至其产品或服务所涉及的所有国家，这便大大增加了董事及高级职员涉讼及经济赔偿的可能性。

在西方发达国家，尤其是美国，绝大多数的公司都为自己的董事及高级职员购买 D&O 保险。全球最大的咨询公司之一，美国 Tillinghast – Towers Perrin 公司 2001 年的调查报告显示，97% 的美国公司和 80% 的加拿大公司都购买了该保险。

随着越来越多的中国企业赴境外尤其是在美国上市，并且同时境内证券市场的监管日益严格、证券民事赔偿诉讼的案件数量迅速上升且索赔金额巨大，越来越多的上市公司都非常明智地选择了 D&O 保险和团体保障保险以控制和规避风险。截至 2006 年末，已经投保董监事及高级管理人员责任保险的公司涉及的行业包括电信、能源、金融服务、互联网、冶金、芯片设计制造、软件、媒体、生物制药、农业技术、航空服务、手机增值服务、机电设备制造、手机设计制造、酒店服务及房地产等众多行业。

（二）典型案例

案例 1　招股说明书夸大营业收入属于高管责任

一、案情事由

中国某著名公司向境内某保险公司投保 D&O 保险及招股说明书责任保险。招股说明书责任保险作为 D&O 保险的衍生保险，主要针对上市公司的上市招股说明书管理责任风险相对较大的特点，承保对其招股说明文件中的错误和疏忽提起的索赔。

2000 年 7 月 3 日，该公司在美国纳斯达克上市。在其上市的招股说明书中包括了其 2000 年第一季度的营业收入数据。2001 年 5 月 8 日，该公司披露其发现有 100 万美元的合同被不当计入营业收入；2001 年 6 月 11 日，公司宣布金额为大约 300 万美元的夸大的营业收入影响了其 2000 年的财务报表；2001 年 8 月 31 日，公司最终宣布，由于存在 430 万美元的夸大的营业收入，将对其 2000 年的财务报表进行重述。

由于夸大的营业收入发生在 2000 年第一季度，多家美国律师事务所的众多律师以招股说明书存在实质错误、误导投资人，违反了美国 1933 年《证券法案》和 1934 年《证券交易法案》的相关条款为由，于 2001 年 10 月 22 日，向美国纽约南区法院提起集团诉讼。集团诉讼的原告包括了从 2000 年 7 月 3 日至 2001 年 8 月 31 日期间买卖过该公司股票的投资者。被告包括该公司、公司的 3 名高管及作为其上市承销商的多家投资银行。

二、保险公司意见

保险公司根据被保险人投保的D&O保险合同和招股说明书保险合同，给予了相应的补偿。

三、法院意见

经过有关司法程序，美国纽约南区法院于2003年6月3日宣布最终结案。该公司支付的结案费用为4 350 000美元及相应的利息。经过听证，其中1 450 000美元作为律师团的律师费（全部结案费用的1/3）、63 516.05美元作为律师团的其他费用，加上相应的利息，被支付给律师团。

四、综合评析

从以上案例，我们不难看出在境外上市的中国公司的董事和高管们面临着很大的管理责任风险。尤其对于在美国上市的中国企业，其董事和高管们面临的管理责任风险更加巨大，这是由于：

首先，美国关于证券市场的法律相对完善和严厉。最主要的美国联邦证券法为1933年《证券法案》、1934年《证券交易法案》、1940年《投资公司法案》和2002年《公司改革法案》（又称《索克斯法案》）。这些法案的基本要求是，任何在美国公开发行的证券必须以适当的登记报告向美国证券交易委员会登记，且公众股的发行人在完成公开上市后，必须定期向证券交易委员会递交业务和财务报告；董事和高级职员需对上述报告中的错误和遗漏、公司的虚假陈述、非法购买或出售证券、内幕交易等行为承担相应的法律责任。

其次，美国的集团诉讼制度使得众多中小投资者可以很容易起诉上市公司的董事及高管。众多专门从事证券类集团诉讼的律师不时地收集可供其诉讼的素材，一旦发现有利的机会，他们就会提起集团诉讼，并且同时公告广大中小投资者、邀请有关的投资者加入原告的行列。由于律师可按风险代理机制收取费用，所有原告不用付费给律师，直到打赢官司后律师将从赔偿金额中获得应得的报酬（通常相当于赔偿额的30%～40%甚至更高），因此相关的投资者通常会很愿意加入原告的行列。这样也使得律师在打赢官司后可以获得高额报酬，从而激发他们提起更多的证券类集团诉讼。

因此，我们有必要借鉴美国公司对于董事和高管的经营管理风险以及上市公司公司治理风险的防范经验，对公司的董事和高管人员进行定期的教育，强调他们尽职尽责履行自身职务的重要性；定期请律师对公司的董事和高管人员进行培训，熟悉相关的监管条例和规定；与上市地的交易所和证券监管部门保持良好的沟通，以便及时发现和解决问题；与公司的外部审计公司和律师密切配合，在作任何的信息披露之前都征求律师的意见；在董事和高管人员的服务合同中加入补偿或豁免条款，以充分降低董事和高管个人所面临的管理风险；最后，可以购买 D&O 保险，作为公司应对风险的最后屏障。

案例2 财务违规导致股价波动引起诉讼

一、案情事由

中国某 IT 公司向境内某保险公司投保董事及高级管理人员责任及公司补偿保险。责任限额为 1 000 万美元，免赔额为 50 万美元。

2005 年，该公司在美国上市的中国 IT 公司在美国遭到股东集团诉讼。集团诉讼的原告方由在 2004 年 11 月 4 日和 2005 年 1 月 14 日期间购买该公司股票的股东组成。上述集团诉讼指控该公司及其 3 名董事在美国预托证券的发行过程中有欺诈行为。诉讼大体相同，每条诉讼均指称该公司违反美国《证券交易法案》第十条第二款及细则第 10B－5；3 名董事违反美国 1934 年《证券交易法案》第二十条第一款。

二、法院意见

纽约南部地方法院法官合并上述集团诉讼，并确定由 Millberg Weiss Bershad & Schulman 担任上述集团诉讼的首席原告辩护律师。法官还下令，首席原告辩护律师应当在 2005 年 8 月 31 日前递交适当证明文件。被告方律师提出驳回请求。

2006 年 9 月 29 日，美国纽约地方法院法官批准驳回原告集团诉讼的请求，同时批准原告继续申诉的权利，但是具体条件要根据原告是否能够满足第十一条规定，也就是说，法官将批准原告，如果能提交修订诉请，原告可以在 2006 年 10 月 30 日前再次提起诉讼。11 月

17 日，纽约州地方法院法官已经发出指令，这起诉讼将不能再提出申诉。诉讼已被驳回且驳回诉讼的指令已被法庭记录在案。

三、综合评析

根据美国 1934 年《证券交易法案》的规定，财务文件中的不实陈述、虚假的前瞻性陈述以及财务违规行为导致的股价暴跌都可能成为集团诉讼的原因。上述集团诉讼案件就是一典型案例。

董事与高管人员责任保险就是对董事和高管在行使其公司职责时所产生的实际的或被指控的不当行为进行赔偿。当集团诉讼来临时，保险公司则将帮助被保险人以及被保险公司积极应对诉讼，并垫付数额不菲的律师费。不当行为的认定，则完全由法院法官根据事实判定或裁定，当然当事人双方亦可以友好地在庭外和解。

案例 3　被解职的前任高管要求公司雇用索赔

一、案情事由

2001 年 11 月，某中国制造企业的前任主席、总裁及首席执行官被免职时指出：该企业违背多项对其应尽的义务，即诚信义务和避免进行可能破坏雇用信任关系的行为。该前任首席执行官指称该企业及其董事的以下行为违背上述义务：

1. 2002 年 6 月 18 日召开董事会，撤销其主席、总裁及首席执行官职务；

2. 2002 年 7 月 27 日召开董事会，将其调任中国其他省区，负责清理公司外部债务；

3. 更改雇用合同，将其职务改为执行董事并降低薪酬。

2002 年 8 月 7 日，该前任首席执行官请香港的律师向该中国制造企业的所有董事每人发了一封投诉函，指出 2002 年 6 月 18 日召开的会议没有合理的通知，违反了有关公司规章和 1981 年《百慕大公司法》的规定。

二、法院意见

2002 年 10 月 31 日，该前任首席执行官向香港劳资审裁处起诉该中国制造企业。要求该企业对不当终止雇用合同和/或实质性解雇及单方面修改雇用合同作出赔偿，赔偿金额未定。

2003年1月28日，因该前任首席执行官缺席听证会，香港劳资审裁处驳回起诉。

2003年2月，该前任首席执行官进行上诉，申请将此案移交香港高等法院审理。

2003年7月，上诉得到高等法院支持，案件移交香港高等法院审理。该前任首席执行官提交了详细的索赔申请。2004年7月，他提交一份起诉书，指称该中国制造企业有不诚实行为，特别指出其以未说明的“经济犯罪”的名义对该前任首席执行官发出的逮捕令是别有居心。后在企业申请下，该前任首席执行官撤回起诉。

该前任首席执行官同时也在百慕大高等法院向该中国制造企业提起诉讼。企业作出回应，提出了诉讼驳回的请求，理由是百慕大法院对中国的制造企业无属地管辖权，因此不适合审理该案件。目前该案件处于未决状态。

三、综合评析

董事及高级管理人员责任及公司补偿保险中的雇用索赔包括被保险机构过去、现在或将来的雇员提出的与雇用关系或行为有关的各类索赔。其中包括基于对雇用歧视法律（包括工作场所及性骚扰）的违反，而向任何被保险个人提出的索赔。因此，此案例属于雇用索赔。承保范围包括起诉中作为被告的董事及高级管理人员。此案例的关键问题是该中国制造企业是否存在违背2000年8月21日签订的雇用合同，不当解除了该前任首席执行官的职务。该雇用合同含有大量难以解读的模糊条款。该前任首席执行官指称董事会的一系列证明有意违背雇用合同条款的行为包括：

1. 2002年6月18日通过了解除该前任首席执行官公司主席职务的决议；

2. 2002年7月27日通过了将该前任首席执行官从居住地调往中国其他省份任职的决议；

3. 2002年8月2日在雇用合同中将他的职务改为执行董事；

4. 2002年8月2日在雇用合同中将该前任首席执行官的年薪降

为 380 000 美元。

该中国制造企业和其董事的答辩主要基于聘用合同。并进一步辩称原告长期玩忽职守、不当处置公司股份，并在未经授权的情况下以公司名义签订协议。

经过审核，保险公司根据董事及高级管理人员责任及公司补偿保险中雇用索赔较低限额进行了赔付。目前该前任首席执行官向中国制造企业提出的诉讼程序仍处于未决状态，但 100 万美元的责任限额已用尽。

产品责任保险

（一）背景资料

当中国生产商开始出口产品到海外时，他们可能会发现在美国将遇到越来越多的法律诉讼。刚接触到美国法律体系的生产商们会发现这些诉讼是如此负担沉重并且花费昂贵，数以百万美元计的损失赔偿变为很平常的事，法院还常常判决生产商赔付那些由于消费者自己疏忽或使用不当而造成的伤害。即使某个生产商在法庭上为自己的产品赢得胜利，但因此而花费的时间以及金钱也将十分可观。

很明显，能够获得巨额损失赔偿是美国法院所具有的最主要的吸引力。然而，美国法律体系之所以吸引原告还有其他一些原因。首先，法律规定起诉方律师按风险代理机制收取费用，这使原告很容易就能请到律师。在这种收费机制下，原告不用付费给律师，直到打赢官司后律师将从赔偿金额中获得应得的报酬。如果赢了，律师就可以从赔偿总额中得到部分费用（通常相当于赔偿额的 30% ~40% 甚至更高）。其次，法律在审判前提供宽泛的查证权。原告可以取得生产商的产品记录复件，并让生产商的员工出庭作证。再次，法律规定使原告在起诉时不必去冒付费给其他方的风险，包括输掉官司付费给律师。最后，在美国法律下，因某产品而受伤害的消费者不必举证证明生产商的疏忽。如果陪审团认为某产品是有缺陷的，生产商就必须对由该产品而引起的伤害负责，不论他是否在设计与生产的过程中投入足够的重视。

频繁的产品责任诉讼与巨额的损失赔偿会让生产商付出巨大的代价。举例来说，一次美国航空工业的调查揭示了有一家小型私人飞机生产商曾在一次责任保险赔付中给每一架它所生产的飞机赔偿了7万美元。产品责任诉讼迫使许多公司根据市场反馈不断更新它们的产品，或者召回那些它们认为安全，然而却引起大量诉讼的产品。因此，中国生产商在开发美国市场前必须先熟悉美国的产品责任法，以便正确评估及控制风险。在遇到第一个法律诉讼以前，做到这一点非常重要，因为一个生产商在某一个案件中的不佳表现可能会使它失去很多在接下来的案件中应享有的权利。例如，一个陪审团发现一个产品有缺陷，完全可能导致这个生产商在未来所有的同类产品案件中败诉。

（二）典型案例

案例1 产品说明书设计的缺陷靠法律抗辩服务挽回损失

一、案情事由

某进出口企业为出售到美国的装载斜梯向保险公司投保产品责任保险，保险期间为2003年8月1日至2004年7月31日。2003年10月31日，美国某用户在使用该装载斜梯将其一台地面运动车辆运上一辆敞篷小型载货卡车，在运载过程中，该运动车辆滑下导致原告腰椎骨折，手术过程中摘除了第11根肋骨并将第11根和第12根胸椎融合，用户称术后有持续的背部和双下肢麻痹以及右颈部神经损伤，并起诉该企业的产品存在质量缺陷，对于可以预见的导致消费者损伤的危险没有足够的警示标志，因此索赔所有医疗费用、因受伤导致的丧失工作能力的补偿以及精神损失费等。

二、保险公司意见和法院意见

保险公司于2004年4月29日收到相关方面提供的原告的起诉状，然后立即展开调查取证和积极的辩护工作。为支持其主张，原告面临至少两个难题，一是要证明该产品存在缺陷，二是需要证明在装载过程中是按照用户手册的指示操作。

但是在产品的用户手册上，很清楚地提示正确地装载地面运动车辆的程序应该是：

1. 装载地面运动车辆时至少需要3个人同时进行；

2. 装载时在两边各有一人扶住把手和后架，另外一人在后部帮助推动；

3. 装载时确保该产品是洁净、无油污和任何细碎物品的，并使该产品和地面运动车辆的轮间距相匹配；

4. 保证地面运动车辆处于直立位等。

而且，公司在调查过程中了解到原告在运载过程中并没有保证该装载斜梯的水平位置，原告也承认其没有按照用户手册进行操作。

同时，因为保险公司承保的被保险人是该产品的经销商，该产品的制造商是某公司，而原告的律师的索赔理由是产品的制造缺陷，因此作为经销商的被保险人就不应该承担法律责任。保险公司联系到制造商的相关负责人，告知其该诉讼案件，希望能由他们直接应诉，或者由保险公司采取交叉起诉的方式要求制造商承担相应的责任。但因为原告并没有将该制造商列为被告之一，在初期接触进行一些反馈后，制造商以各种理由拒绝回应该要求。后因多方原因，保险公司没有继续要求制造商成为共同被告，而由保险公司律师积极辩护，但将保险公司与制造商联系的大量证据提交到法庭以证明制造商已经获知该诉讼案件但拒绝出庭的事实。

在开庭前调解过程中，原告律师提出983 658美元的要求，经过商讨后，主动降至65万～70万美元，保险公司律师给出17.5万美元的反馈，原告律师拒绝。第二轮谈判原告律师提出50万美元的要求，保险公司律师给出20万美元的反馈，仍不能达成一致意见。2005年10月28日，该案在美国圣地亚哥高级法院开庭审理，有12人组成的陪审团出庭，经过9个工作日的当庭辩论，最后以9票的绝对优势驳回了原告的所有诉讼请求。

由于保险公司的出色辩护，最终赢得该诉讼案件，被保险人无须支付任何赔款，但保险公司为此支付了20多万美元的律师费。

三、综合评析

从上述案例可以得出以下启发与思考：

第一，一个产品可能具有的缺陷不仅仅是制造缺陷，还包括设计缺陷和警示或说明上的缺陷。如果一个产品没有在其使用手册、说明书、包装盒、商标或广告牌上提供足够的可能由该产品引起的危险警示，或没有载明关于该产品安全使用的说明，这个产品就被认为具有警示或说明上的缺陷。在上述案例中，原告就以产品对于可以预见的导致消费者损伤的危险没有足够的警示标志而导致其受伤为由起诉被保险人承担赔偿责任。因此，中国生产商应高度重视其出口产品是否有足够的警示与说明，从而减少此类索赔事件发生的概率。

第二，中国生产商应对来自美国第三方的产品责任索赔积极进行抗辩，而不能消极对待，否则会产生更大的损失。在上述案例中，如果被保险人没有在保险公司的帮助下积极地调查取证与抗辩，从而证明原告受伤的原因是因为其疏忽与使用不当所致，法院最终的判决结果极有可能恰恰相反，即被保险人不仅要支付高额的诉讼费用与律师费，还要承担巨额的赔款，这是因为美国的陪审团出于同情受害方经常会作出不利于产品制造者与销售者的判决。

第三，中国生产商应保留好产品的销售文件与生产记录，特别是销售给海外经销商产品的相关序列号等，以便在接到第三方索赔时，快速确定涉案产品是否为自己的产品，也方便其保险公司快速确认是否为被保产品，从而使有关各方快速作出反应及展开调查取证，最终使其损失最大限度地减少到最小。

第四，中国生产商应提高投保出口产品责任保险的意识，同时更要选择合适的保险公司，只有在海外特别是在美国有营业机构的全球性保险商才有能力为中国生产商提供有效的法律抗辩服务，因为只有这样的保险商才熟悉美国的法律体制并且有足够的专业人员快速有效地为中国生产商提供产品责任的抗辩服务。

案例2　产品缺陷责任认定往往有利于消费者一方

一、案情事由

B（以下称原告）驾驶一辆由被告C公司生产制造的1988版L车以低速撞击在其前方行驶的另一辆车的尾部。撞击发生时，L车上装置的被动抑制安全气囊张开。B的手臂撞到了L车前挡风玻璃的顶部并撞碎，并且造成左手肘骨折而需要大量的治疗。

原告主张其所受的人身伤害是由于L车的设计缺陷造成的，包括安全气囊的运作以及前挡风玻璃的位置。原告运用在Barker v. Lull Engineering Co. [①] 案中提到的消费者期望理论。该理论表述：如果原告证明普通消费者在正常的或合理可预见的使用方式之下，该产品应该达到而未能达到使用安全标准，产品可能会被认定为有缺陷。[②] 同时，原告也提出在Barker案中的另一个理论，称为风险—利益（risk - benefit）理论。该理论认为：如果原告证明产品的设计导致他人身受伤害，并且被告不能在相关事实下，证明改变产品的现有设计所需成本超过因该种设计的内在缺陷所引起的风险，产品可能会被认定为设计存在缺陷。[③] 在Barker案中，风险—利益理论同时也引申出"一个产品可能会被认定为设计存在缺陷，即使能够满足普通消费者的期望，如果陪审团在事后发现产品的设计中存在超额的可以避免的危险"[④]。

二、法院意见

法庭审理前，原告主张单独以消费者期望理论进行审理，并提请陪审团，C公司的专家证言中所提出的关于安全气囊的风险—利益理论是间接的且与本案无关的。与此同时，C公司主张应用风险—利益理论，而非消费者期望理论进行审理，理由是，被动抑制安全气囊是

---

① Barkerv. Lull Engineering Co.（1978）20 Cal. 3d 413, 143 Cal. Rptr. 225, 573 P. 2d 443（Barker）.

② Barker supra pp. 429, 432; accord, p. 435.

③ Barker supra p. 432.

④ Barker supra p. 430.

一种基于新科技的产品，利用动力学原理，包括瞬时展开技术，如果一个普通消费者没有了解该产品的风险—利益，是不可能决定是否接受风险—利益理论的。

一审法庭并没有支持原告主张，陪审团未应用消费者期望理论而应用风险—利益理论。原告的律师指出原告所受的人身伤害是因为车内的缺陷导致，包括安全气囊及前挡风玻璃的位置，该伤害有身体的和证词的证明。他同时也提出："普通消费者不会期望这种所谓的安全装置引起这类伤害。" C公司主张驳回原告的诉讼请求，在风险—利益理论下，原告只有提出因果关系的证据才可提出无可争辩的责任诉讼，并且在该诉讼中，证明相关的产品缺陷的责任在被告，而原告未能也不会提供相关证据，故应支持C公司的请求。

上诉法庭认为驳回原告的诉讼请求不合理，并且即使是在风险—利益理论之下，原告的责任只是"证明产品的设计是引起其人身伤害最密切原因……"① 如前案情所述的原告的人身伤害是因为安全气囊以及方向盘上方过弯的前挡风玻璃，并且原告的专家证词指出，如果安全气囊展开，原告不会在低速碰撞中受伤。在该理论下，被告则要承担"证明改变产品的现有设计所需成本超过因该种设计的内在缺陷所引起的风险"。该举证责任与严格责任制学说的传统理念相一致。

C公司提出即使在Barker案中也指出了应用消费者期望理论的限制，如Wade教授所指出的，"但是，普通消费者的期望不能作为评估设计缺陷的唯一准绳，因为很多情况下，消费者不知道应期待什么，因为他不知道产品的安全程度"②。即便如此，法庭仍认为本案应用风险—利益理论不合适，不能仅仅由于所谓的高科技事物的说法来排除应用消费者期望理论的诉求，或者说仅仅由于可能需要专家的意见或证词来证明引起产品故障的原因或缺陷，而将消费者期望理论

① Barker supra p. 435.

② Wade, On the Nature of Strict Tort Liability for Products, 44 Miss. L. J. 828, 829.

排除在外。①

安全气囊在一场交通事故内，应保护车内人员免受伤害，这是普通消费者都可能期待的结果，而不是如同本案在低速追尾事故中，由于安全气囊的展开及前挡风玻璃在方向盘上过于弯曲，而使原告的左前臂受伤。C 公司不能够排除该案中消费者期望理论的应用，所有据此所提的证据也一并被排除。原告有权选择任一种理论支持自己的诉讼。但是，与产品设计与操作的风险利益有关的证据可以作为评估该产品安全性的证据。②

最终，法院判决 C 公司败诉，B 得到损害赔偿。

三、综合评析

该案中提出两种理论，即消费者期待理论及风险—利益理论。尽管两种理论都可以应用于本案，但由于被告 C 公司不能够成功地排除掉消费者期待理论，且上诉法院不支持驳回原告的诉讼请求，因而，原告可以用权利选择任一种理论支持其诉求。同时，在本案中，虽然所涉及的安全气囊张开时导致消费者的人身伤害与气囊的设计有关，属于新科技产品，不具有相关知识理论的普通消费者不能够决定排除设计缺陷与该产品的相关利益之间的差比，但消费者可以从安全气囊所提供的功能中期待一定的结果，即在交通事故中保证车内人员不受伤害，而非本案中原告手肘的骨折。故此，法官在该案中应用消费者期待理论，体现美国产品责任法中的严格责任制的最根本精神。

案例 3　生产商、销售商和原料供应商都有可能成为被告③

一、案情事由

聚丁烯管道系统是由 B 公司生产制造、A 公司销售的，S 公司、H 公司为其原料供应商。该系统由 S 公司提供的聚丁烯制造的管道和

---

① Soule v. General Motors Corp. (1994) 8 Cal. 4th 548, 571.

② Campbell v. General Motors (1982) 32 Cal. 3d at p. 127.

③ (1998) 63 Cal. App. 4th 1341, 74 Cal. Rptr. 2d 663.

C 公司提供的组件构成，台盆由 H 公司提供。B 公司将该种管道系统提供给房地产开发商。同时 A 公司也销售该种管道系统。

S 公司成为美国市场唯一的聚丁烯树脂的供应商，并且开发了一项市场计划，向开发商、管道公司、当地政府官员、建筑业的行政管理机构宣传该种原料。S 公司的市场计划中也包括了游说政府官员的一部分。相当一部分的演示是由 B 公司和 S 公司联名作的。同时 S 公司也为此计划出版杂志 *The Piper*，吹捧其产品。H 公司也同时与 S 公司、B 公司一道推动其市场的销售。

1998 年，安装在位于 B. P 小区居民家中的聚丁烯管道发生漏水。该地区房产由甲房产公司于 1982 年到 1983 年间开发，甲房产公司的建筑总监选定了该种管道而没使用传统的铜管道。完工后 1 年，41 户住户里 30 户漏水。居民遂向法院提起诉讼，称 H 公司、B 公司和 S 公司宣传其管道系统适合家居的冷热水系统，安装方便，并且使用持久，但证据显示，可直饮水中的氯会在该管道内堆积并使管道老化，尤其是在热水里这种情况会更严重，同时安装该管道也很困难。原告也提供证据证明被告知道以上情况，并且也知道在安装在 B. P 小区之前有过漏水问题。由此可证明 S 公司、H 公司、B 公司并没有在宣传中提到产品的缺陷。

二、法院意见

该案中法官引入了市场欺诈（fraud - on - the - market）学说①。法院并不支持被告的观点，指出在侵权法第二版② 533 条中相关理论表述为：尽管该虚假陈述不是直接传达给受害人而是直接传达给第三方的，但作出虚假陈述的人有理由并且有意图期待该种陈述可能会传达给他人，并且足以能够影响其行为。S 公司与 B 公司在其共同的市场开拓中，向消费者及房产开发公司隐瞒了产品缺陷，致使消费者遭受损失，法院未支持消费者的精神损害赔偿请求，但支持了他们关于律师诉讼费用的计算方式，即不以诉讼合同而以律师实际工作小时

① Mirkin v. Wasserman (1993) 5 Cal. 4th 1082.

② Restatement Second of Torts.

计算。

本案最终判决：生产商、销售商和原料提供商赔偿原告 B. P 小区的房主 316 977 美元。同时陪审团也判决向房主赔偿 317 000 美元的惩罚性赔款。

三、综合评析

本案是一次关于产品责任险的集体诉讼，被告是生产商、经销商与原料提供商，从中可以看出所有与生产、销售甚至是提供原材料给该产品的各方可能都会被牵涉进诉讼中成为被告，并承担向消费者赔偿的责任。该案中值得关注的是惩罚性赔款，它由陪审团作出，基于被告利用其在市场中与相关机构与官员的社会影响力，推广其原本就知道的有瑕疵的产品。被告的行为为故意行为，且在一定范围内造成相当规模的损失与影响，故而陪审团作出惩罚性赔款的判决。

案例 4　买保险可促进生产企业工艺改善

一、案情事由

被保险人是一家从事卫生洗浴附件生产的公司。该公司从事此项业务已经有几十年的历史。被保险产品是浴室内使用的相关产品。主要风险集中在滑倒所导致的人身伤害以及漏水造成的财产损失。考虑到被保险人之前没有任何产品责任方面的损失或索赔，且被保险销售额当中风险最高的北美地区的销售量只占到总量的 13%，保险公司最终决定承保，承保限额仅限于 100 万美元。

2005 年初，保险公司接到被保险人报案，据称其销售给北京某知名全装修住宅小区开发商的产品在安装后不久大范围发生爆裂，并导致小区多个单元内的财产因漏水而遭受损失。而且，由于事发时部分已交付使用的单元内家中无人，使得该些损失在事发多日后才被发现，并造成了损失的扩大。

二、保险公司意见

在接到被保险人报案的当天，保险公司立即和被保险人当地的代表以及索赔方取得联系，以了解损失的初步情况。在得知损失原因不明且报损范围较广的情况下，保险公司委托了公估行于当天下午赴损失现场进行查勘，了解损失的性质和程度，并在不承认保单责任的前提下协助被保险人参与维修方案的制订和实行，尽快确定损失程度，避免损失因时间延误而扩大。

同时，为了确定损失原因并判断被保险人是否对损失负有赔偿责任，保险公司将损失现场取得的产品样品送至被保险人和相关质量检验监督部门进行分析。经检测，损失原因系由产品控制部件的加工工艺不良所致。根据从各方了解并收集的信息和资料，结合保单的承保条件和条款，保险公司在确认保单责任的基础上迅速和索赔方进行协商，并快速达成了各方都认可和满意的赔付协议。

同时，通过该起赔案的处理，被保险人了解到其产品存在的问题，并积极改进了产品的加工工艺，避免了类似事故的再次发生。

三、综合评价

水管类或管件类产品导致第三方财产损失的主要原因是漏水。该案例就是由于产品本身控制部件的加工工艺出现了问题导致产品本身存在了一定的缺陷从而引致了大范围的爆裂，致使安装该产品的小区内多个单元遭受财产损失。在本次索赔案例中，保险公司迅速地加入到查勘的过程中，并在确认责任的情况下与被保险人快速达成了赔付协议。不仅如此，保险公司在处理该赔案的过程中还请相关质量检验监督部门对引致损失的产品进行了专业检测，该检测结果不仅对保险公司确认赔偿责任提供了帮助，还帮助被保险人了解到其产品存在的问题，从而促使被保险人进行必要的工艺改进，实现了保险公司和被保险人的双赢。

公众责任保险

案例1　外籍人士受伤送至国外治疗是否可保

一、案情事由

上海某学校于2005年1月1日向某保险公司投保公众责任险，保险期限1年。该学校的学制从幼儿园直到高中，在该校就读的学生有许多外籍学生。

2005 年 4 月 25 日，该校一名 7 岁外籍女生与同伴在校内玩耍，当时并无校方教职员工进行监护。玩耍过程中，该女生试图攀爬停放在教学楼一侧的折叠式舞台板（高 1.46 米/宽 1.96 米/重 170 公斤）并不慎致其倾覆，舞台板倾覆后直接击中女生头部。校方随即将受伤女童送至当地医院，经初步检查，女生头骨右侧挤压性骨折，范围自头骨前部经侧壁一直延伸至枕骨，情况非常严重。

接受急救手术后，女童脱离生命危险，但相关专家认为，本地医疗机构的硬件和软件环境尚不能满足后续治疗的要求，而能否得到全面、及时的后续治疗将直接影响伤者未来的康复程度。经反复研究后各方一致同意于 5 月中旬将该女生送回本国接受后续治疗。

二、保险公司意见

保险公司同某学校签订保险合同时，设定每次事故及累计赔偿限额为人民币 3 312 万元，并以附加条款的形式对第三者遭受人身伤害后适用的医疗机构范围作出如下约定：

“兹经双方同意，遭受意外伤害的第三者应当在中华人民共和国境内（但不包括香港、澳门和台湾）的医疗机构接受治疗……”

结合本案案情，保险公司内部形成了两种意见：

第一种意见认为：

既然保险合同中已经明确约定了遭受人身伤害的第三者应当在中国境内的医疗机构接受治疗，保险公司就可以只承担女童在本地医院的急救费用，而后续国外治疗所需的转院、运送以及治疗费用则无须进一步承担。

另外，之所以附加这个条款，就是为了在一定程度上控制医疗费用。因为通常来看，国内医疗机构的价格水平低于国外，如果与国外先进医疗机构相比，差距则更大。更进一步说，如果没有这个附加条款的限制，第三者将纷纷选取国际医疗机构，提高医疗和护理标准，从而浪费国内合格的医疗和护理资源。

第二种意见认为：

虽然保单对第三者适用的医疗机构范围进行了限定，但并不能简单对该案中涉及的境外医疗费用作出拒赔处理。

一方面，伤者之所以转移至国外治疗，是由于国内医疗机构的硬件和软件水平尚不能满足需要，而对于一个年仅7岁的幼童来说，及时、有效的康复性治疗对其今后的生活质量将产生重大影响。因此，国外治疗既是情势发展的必然结果，同时也是不可或缺的重要环节。这并不违背保险补偿的基本原则。

另一方面，对于被保险人来说，这一约定可以理解为一种建议，即“在条件允许的情况下，应当首先考虑在中国境内进行治疗”，但这并不等同于治疗必须发生在中国境内，尤其是在中国医疗水平已经不能满足要求的时候。

因此，保险公司不仅要承担国内发生的急救费用，也应当承担后续境外治疗的相关费用（包括转院和运送费用），当然，这些费用的总和不应超过每次事故赔偿限额。

上述两种观点都有一定的道理，甚至从中可以看出两种截然不同的理赔思路。第一种观点主要从保单条款本身出发，严格控制赔款程度并主动预防系统性道德风险，而第二种观点则更多地从被保险人及受伤第三者的角度出发，在不违反保单基本原则和主旨的基础上，试图为伤者争取更多的合理权益。

这一条款对第三方的行为限制是值得商榷的。从本质上来说，这一条款实际上是在保险公司和投保人（被保险人）双方签订的合同中对第三方的行为进行了限定，而这一限定并没有也不可能得到每个潜在第三方的同意和认可。在保单责任成立的基础上，制约最终赔款金额的标准应当是每次事故赔偿限额在此限额内，保险公司应当承担受伤女童的所有合理以及必要的各项费用，包括境内急救费用、转院和运送费用以及境外治疗费用。

三、综合评析

上海市政府近期发布的相关资料显示，目前上海有常住外籍人士30万名，每年海外入境游客超过300万人次。预计2010年世博会期间，将有1 000万名海外游客来沪旅游。与此同时，我国公民的医疗需求和健康需求也在不断提高，分享国际先进的医疗设施与服务已经不再是遥不可及的事情。

这对于中国境内的保险公司来说既是机遇也是挑战。一方面，部分人群（外籍人士、高收入者）的保险意识相对较强，对保险产品的认同度较高，是不可多得的优质客户和宣传媒介；另一方面，他们也会以被保险人/受害者的身份进入到理赔工作中来，并按照国际标准和惯例对中国境内保险公司的理赔服务提出更高要求。如何制定更加合理、更加人性化的保单条款，并在实践工作中充分考虑境内境外实际情况的差异性，切实做到以人为本、服务到位，是值得境内保险公司进一步思考的问题。

针对此类案例，保险公司对于责任险中境外医疗费用的赔偿问题可从以下几个方面加以控制：

首先，应确保限制性条款合理有效，约束对象适当。在本案中，保险公司和投保人（被保险人）在双方的保险合同中对第三方的行为进行限定，存在其不合理性。保险合同是双方合同，约束对象应当是保险公司和投保人（被保险人），因此限制性条款的制定也应针对保险合同当事双方的权利和义务，不能盲目扩展。

其次，应积极应对外籍人士赴境外治疗的需求。相对而言，国内医疗环境同国外尤其是发达国家仍有一定差距，在术后康复治疗方面差距更加明显，因此在国内医疗机构无法提供相应服务的情况下，外籍人士更倾向于境外治疗。另外，很多发达国家的医疗保障体系较为完善，外籍人士回国治疗在一定程度上反而有利于控制境内保险公司的赔付金额。因此，境内保险公司应积极应对这一实际需求，不能一味限制或规避境外医疗费用。与此同时，还应当尽快培养或聘请一些熟悉外国医疗环境的员工或顾问，以提高理赔质量，或者充分依靠自身在外国设立的机构网点，逐步建立跨越国界的服务跟踪网络。

最后，可通过细化赔偿限额来控制赔付规模。设置合理的赔偿限额是责任保险中控制赔付规模的有效手段。针对可能出现的境外医疗费用，主要可通过约定每人每次事故赔偿限额、设置不同项目的限额等方法来规避风险，而不是单纯地拒绝承担这些费用。每人每次事故赔偿限额应根据行业特点、承保的责任范围以及潜在第三方遭受严重伤害的可能性等众多因素综合考虑，并参考发达国家意外伤害医疗的案均赔款予以最终确定。

案例 2 超市坠楼事件与社会风险意识

一、案情事由

上海某大型超市向保险公司投保公众责任险，保险期限为 2003 年 1 月 1 日至 2003 年 12 月 31 日。同年 7 月上旬，该超市发生一起顾客坠楼事件，引发社会广泛争议。

7 月 7 日 19 点 45 分左右，某大学学生姜某（男性）同三位女同学在该超市购物，行至二楼通向一楼的下行自动扶梯入口处时，因其中一位女同学将一把牙刷掉落在自动扶梯右侧的人工绿色草坪上，姜某为帮助同学捡拾该牙刷，手撑不锈钢栏杆翻越跃入人工草坪，由于人工草坪下铺设材料为石膏板，不能承重，姜某遂直接坠落至一楼仓库地面而受伤，并最终导致高位截瘫。

姜某坠楼后，超市方立刻将其送至医院进行抢救，并在相关责任尚未确定的情况下先行垫付医疗费、住宿费、就餐费、交通费等共计 10 多万元。后当事双方无法就这一事故达成一致意见。

伤者姜某认为：超市在自动斜坡扶梯的侧面建造的绿色人工草坪带，由于铺设了人工草坪，造成安全假象，实际上毫无承重能力，足以使一个正常人作出错误的判断。超市方在这个存在高度安全隐患的场所，未作出相应的足以防止危害发生的明确警示，未尽到超市经营者的注意及告知义务，误导了姜某，致使其跃入人工草坪带。超市尽管在扶梯口设有不锈钢栏杆，但仍难以防范危险，超市的过错行为与姜某的坠落有必然的因果关系，故超市应对姜某的坠落受伤后果负全部责任。

超市方则认为：经营者的安全保证义务并非是一种无限扩大的义务，而应当是在一定的合理限度范围内，且应当以保障正常消费活动为前提。姜某坠入的区域并非是允许消费者行走的开放空间，该区域被金属栏杆隔开，足以有效阻止一个正常的消费者进入该区域。在金属栏杆一侧的立柱上，贴有“自动扶梯乘梯须知”，告知消费者如何正确乘坐扶梯，在扶梯入口的左侧墙面上，贴有“严禁攀爬”的警示标志。这些都足以反映超市方面已经尽了合理的安全保障义务，而姜某跳入此区域的行为并非超市方面在事发前应当预见和可以预见的。姜某作为一名大学生，应对事故现场有足够的判断能力，而且事发时，姜某还曾经阻止其他同学进入隔离带捡牙刷，足以说明其已经意识到自己行为本身存在一定的危险性，但因轻信能够避免而导致了悲剧。为此，姜某应为自己的行为承担全部的过错责任。

二、保险公司意见

此案的发生是一个不幸的事件。作为处理风险的专业性保险公司，保险公司认为：

第一，这件事情是在两个相对独立的原因共同作用下发生的，其一是超市方在不能承重的石膏板上铺设人工草坪，给人造成安全错觉；其二是姜某无视不锈钢栏杆、警示标志以及乘梯须知等避险提示，采取不恰当的方式进入禁行区域。这两个原因互相独立却缺一不可，正是在它们共同作用的情况下，才导致惨剧发生。因此从事件的成因来看，双方均存在过失。

第二，从避险的意识和实际作为来看，姜某的过错可能要大于超市。作为零售企业经营者，超市方在日常工作中已经考虑到了可能会发生的各类常见风险，并按照相关标准配备了人员和设施，如添加防护栏杆、张贴警示标志、安排巡逻人员、制订应急预案等，应该说，超市已经在相当程度上履行了警示、提醒义务。然而姜某却无视或者忽略上述警告，虽然已经意识到该行为存在较高风险，但却轻信自己可以成功化解，乃至一跃而入，造成终身遗憾。

这表明目前社会大众的风险意识普遍较为薄弱，缺乏自我保护意识，从而造成对各种设施和服务的安全要求近乎苛刻。从风险管理与控制的角度出发，公共场所的安全需要服务提供者和消费者双方共同的努力，才能取得良好效果。

三、法院意见

双方因无法就赔偿金额问题达成一致而起诉至法院。法院最后判决：从事社会经营活动的法人或其他社会组织应当对相关公众的人身安全负担合理的保障义务，对其能够控制的场所的建筑物、运输工具、配套设施、设备等的安全性亦负有安全保障义务。在本案中，一方面，超市二楼下行自动扶梯右侧的人工绿色草坪下铺设的石膏板承重能力极其微小，存在引发危险的可能。此种室内布置构成一种先危险行为，故其对于消费者负有危险防免义务。尽管超市称其在经营场所内已经尽到警示义务，并采取了预防措施，但这些警示和措施不足以将危险的存在及危险的程度明确告知消费者，以防止危险的发生。由于超市对其经营场所未尽到善良管理人的注意义务，自知危险源存在而未尽到明示及足够防范义务，致使姜某轻信商场环境已具有充分安全性而踩踏上人工草坪并受到人身伤害，因此存在过错，应承担民事赔偿责任。

另一方面，超市的人工草坪有不锈钢栏杆作相对封闭，一般成年人应当能够判断此区域非供人行走、滞留之用，姜某擅自跃入的行为有不当之处，存在过错。姜某的行为与其受损害结果之间亦具有因果关系。因此，根据过失相抵原则，应当适当减轻超市的民事赔偿责任。

根据双方的过错，法院最终判决超市承担80%的主要民事责任，姜某承担20%的次要民事责任。

四、综合分析

本案发生后，曾引起社会各方广泛讨论。从中可以看出，目前我国的风险管理事业还处于刚刚起步的阶段，风险管理的概念还没有深入人心，相关技术和检验标准还有待进一步发展。大部分的企业虽然建立了相关制度、配备了相应设施甚至安排了专门人员，但风险管理的水平以及实际效果依然较差。广大普通民众更是缺乏风险防范方面的教育和宣导，以至于风险来临的时候无法识别、无法规避甚至盲目自信，从而引发一场又一场不必要的悲剧。各保险公司应当充分发挥自身的独特功能和作用，为广大被保险人乃至整个社会提供更为全面、有效的风险管理服务，提出合理化建议，减少风险隐患以及同类事件的重复发生次数。

案例3 公众场所的安全保障问题不容忽视

一、案情事由

2004年4月27日，某购物中心员工使用顾客用电梯送购物筐由三层去二层，顾客王某也同时乘电梯由三层去二层，途中购物筐倒落，将王某砸伤，购物中心随即派员工将其送医院治疗。事后王某与购物中心协商赔偿事宜，因就赔偿金额王某与购物中心产生分歧，王某将购物中心告上法庭，要求购物中心赔偿后期医疗费和误工费等计10万余元。

二、法院意见和保险公司意见

庭审中，购物中心对王某所诉事实无异议，同意在合理的范围内给予赔偿。法院认为，公民的合法权益受法律保护，被告作为经营者负有对相关公众负有安全保障义务，违反安全保障义务，造成他人人身损害的，应承担相应的赔偿责任，因王某是在购物中心内被购物筐砸伤，购物中心应承担全部责任，最终法院依照《中华人民共和国民法通则》、《中华人民共和国消费者权益保护法》判决购物中心赔偿王某医疗费、护理费、误工费和治理器具费等计42 400余元。最后，保险公司根据保险合同的约定，按法院判决的金额，向购物中心支付了保险赔款。

三、综合评析

责任保险的承保标的主要是被保险人依法应承担的对受害第三方的民事赔偿责任。伤者王某在购物中心被砸伤，购物中心应承担民事侵权责任。我国《民法通则》第一百零六条中规定，“公民、法人由于过错侵害国家的、集体的财产，侵害他人财产、人身的，应当承担民事责任”。

根据公众责任险保险条款的约定，在保险期限内，被保险人在保单列明的范围内，因经营业务发生意外事故，造成第三者的人身伤亡和财产损失，依法应由被保险人承担的经济赔偿责任，保险公司按条款的约定负责赔偿。

随着公众法律意识和维权意识的提高，公众对经营者所提供的公共场所的安全保障程度也提出了较高的要求。一旦在经营者所提供的公共场所内发生安全事故，伤者通常都会向经营者提出索赔要求，而经营者为了转嫁此类风险，投保公众责任险是必需的。

校方责任保险

案例　未成年人权益保护可通过保险缓解

一、案情事由

2002年，上海市教委为其所属的中小学投保了校方责任险。在册学生1 867 842人，每次事故赔偿限额500万元，保险期限为2002年9月1日至2003年8月31日。

2002年10月17日，上海市教委传出消息，有9所小学爆发大面积群体食物中毒。中毒学生超过1 700人。

经上海市卫生局立案调查，这9所学校的学生均在10月16日中午食用了上海某食品有限公司提供的盒饭，并在留样食品中查出痢疾杆菌，确认这是一起因食用痢疾杆菌污染的盒饭引起的食物中毒事故。卫生局对上海某食品有限公司进行了行政处罚。

二、保险公司意见

事故发生后，保险公司迅速组成专项领导小组与工作小组，对该事故进行跟进。由于校方责任险条款第四条规定，“学校向学生提供的食品、饮用水不符合卫生标准的”，保险公司应予赔付。

为缓解校方经济压力，缩小社会影响，保险公司采取了如下措施：

1. 预付医疗金额112.7万元，分4次以支票形式支付给甲区和乙区教育局；

2. 在甲区教育局、乙区教育局组织下，立即对9所小学的事故处理教职工进行了保险理赔集训；

3. 与两区卫生局协调，要求收治医院以记账形式保障中毒儿童的及时治疗；

4. 分别走访每家医院，掌握患儿病况发展，采集单证。

通过以上工作，将本次事故的社会影响缩小到了最小范围。除了初发生报刊有报道外，此案从处理到结束，没有一名家长向媒体投诉。最终保险赔偿 1 597 465.02 元。

三、综合评析

儿童在校内的安全向来是社会各界的关注焦点，未成年人权益保护也是教委的工作重头，新闻媒体热衷于曝光校内伤害事故，使学校开展某些正常的教学活动也顾虑重重。

校方责任险的产生和近几年的运作，在学校和学生家长之间多了一条解决纠纷的途径。本案若没有保险，学校支付不起巨额赔款，1 700多名学生背后是 1 700 多个不满的家庭，将激起严重的群体矛盾。保险公司的及时赔付真正起到了减小损失、和谐社会的作用，为校方开展全方位素质教育保驾护航。

外来劳动力综合保险

（一）基本介绍

为了保障外来从业人员的合法权益，规范单位用工行为，逐步培育单位与单位之间、劳动者与劳动者之间公平竞争的环境，维护劳动力市场秩序，上海市于2002 年发布《上海市外来从业人员综合保险暂行办法》（2002 年 7 月 22 日上海市人民政府令第 123 号），并于2004 年进行修改。该办法规定，在上海市行政区域内，使用外来从业人员的国家机关、社会团体、企业（包括外地施工企业）、事业单位、民办非企业单位、个体经济组织都必须参加外来从业人员综合保险。具体包括工伤（或意外伤害）、住院医疗和老年补贴三项保险待遇。

（二）典型案例

案例 1　外来从业员工的合法权益不容侵犯

一、案情事由

2005 年 3 月 6 日，×区某单位员工张某在施工中不慎从 2 米高处坠落，即去宝山中心医院急诊，诊断为右桡骨茎突骨折、右第2掌骨基底骨折、T12锥体压缩性骨折而入院，入院后经局部石膏固定、抗炎消肿等对症治疗后该员工情况稳定、右腕活动无明显受限，双下肢感觉及运动正常，于2005年4月19日出院。2005年9月区劳动和社会保障局认定为工伤。2005年9月28日，单位向保险公司报案，申请理赔，该员工和用人单位认为伤情不甚严重，且恢复良好，自愿放弃伤残鉴定，并签署了放弃伤残鉴定声明。

二、保险公司意见

保险公司收到索赔材料后，根据相应的病史记录，对照《职工工伤与职业病致残程度鉴定》标准，认为该员工的伤情应能达到致残等级，即建议单位和员工申请劳动能力鉴定。2006年1月，所在区劳动能力鉴定委员会鉴定为因工致残程度九级。至市劳动和社会保障局核对工伤认定书和鉴定结论书后，计算本案赔付项目如下：

医药费：4 894.84元

鉴定费：350元

九级伤残金：20 000元

总赔付金额：25 244.84元

2006年3月，保险公司经办人员与受伤员工及单位联系人见面，核对员工身份并确认赔付金额，结案后由单位垫付的医药费和鉴定费划入单位账户，伤残赔偿金划入受伤员工个人银行账户。

三、综合评析

外来从业人员工伤保险是由上海市劳动和社会保障局牵头、强制推行的保险，旨在保护外来务工人员的合法权益，适应上海建设对外来劳动力的需求。

虽然保险公司是商业化运作，但十分注重此类保险的社会效益，注重被保险人的合法权益。本案即使员工和用人单位自愿放弃伤残鉴定，但保险公司根据其实际病情，建议其进行劳动能力鉴定，最终员工得到了应有的伤残待遇，其权益得到了最大程度的保障。员工与用人单位都十分满意，保险公司真正尽到了自己的社会义务。

案例2 保险公司全方位为外来务工人员提供保险服务

一、案情事由

2005年10月17日，×区某机械制造有限公司员工程某在驾驶叉车逆向（由北向南）行驶至钢材仓库门前时，因车速过快，驾驶者注意力不集中，叉车前端叉齿撞在停放在路边安全线内的一辆装载机的铲斗上，导致叉车向南侧翻倒，程某被甩出摔倒在地受伤。伤后其立即被送往上海市甲医院治疗，2005年10月18日至2005年11月7日在甲院住院治疗，诊断为：颈椎11~12关节脱位骨折，胸椎6~7关节脱位并伴截瘫，右肩胛骨骨折。其间于2005年10月26日行颈后路减压复位内固定、腰后路减压复位内固定术。2005年11月7日至2005年12月9日在上海市乙医院住院进行高压氧舱治疗。2005年12月9日至2006年5月12日在上海市丙医院住院进行改善脑代谢和高压氧舱等对症治疗。2006年1月区劳动和社会保障局认定为工伤，2006年4月区劳动能力鉴定委员会鉴定为因工致残程度一级，并确认需配置辅助器具颈托及轮椅各1副。

二、保险公司意见

单位于2006年5月26日向保险公司申请进行理赔，经保险公司审核，事故属实，出险人员程某在投保人员名单内，出险时间在保单期限内，出险的客观情况及其后果与劳动局出具的认定书内容相符，索赔损失属于保险条款约定项目，本次事故属保险责任范围，应依照保单约定给予赔付。至市劳动和社会保障局核对工伤认定书和鉴定结论书后，计算本案赔付948 136.53元。

考虑到员工伤情严重且生活完全不能自理，无法来保险公司确认金额，公司本着人性化的原则，特与员工的母亲见面，核实身份，告知其子的权益，同意由其代签相关文书。本案经快速通道快速处理结案，医药费、鉴定费及首次辅助器具配置费共计151 836.53元已由单位垫付，遂划入单位账户；员工可享受的一次性工伤伤残待遇金及辅助器具配置费共计796 300元划入员工个人账户。

三、综合评析

1. 要求理赔辅助器具配置费用者，必须提供劳动能力鉴定机构出具的“配置辅助器具确认书”及首次配置的发票。

2. 外来从业人员的辅助器具配置费用也与其他工伤待遇一起一次性支付。保险公司按照《关于实施〈上海市工伤保险实施办法〉若干问题的通知》规定的辅助器具项目和费用标准，根据平均年龄与工伤员工年龄之差计算出配置的次数和金额。首次辅助器具配置费用若为单位支付，则划入单位账户，今后辅助器具配置费用则划入员工个人账户。

3. 员工发生工伤后，用人单位应保证员工得到及时救治，医药费一般由单位支付，保险公司在理赔时会将单位支付的医药费和鉴定费划入单位账户。伤残一次性赔偿金为工伤员工个人应享受的赔偿，故该项费用直接划入员工个人账户。

从本案中可以看到，保险公司在其中不仅仅是给付赔款的作用，其服务内涵在不断扩大，包括风险查勘、上门服务、指导建议等，其最终目的在于使被保险人以最便捷的方法、最小的成本享受到最全面的理赔保障。比如本案中，伤者无法亲自办理索赔手续，保险公司安排查勘人员通过绿色通道为其取证，亲自辅导理赔并代办各项手续。这不仅满足了伤者及时治疗的需求，而且符合将来保险公司以服务优势参与市场竞争赢得客户的趋势。

物业责任保险

（一）基本介绍

2004年底，中央经济工作会议提出“坚持以人为本，努力构建社会主义和谐社会”，再次表明“和谐社会”已成为执政党进行社会建设的新理念。构建和谐社会是一个艰巨的目标。相比于传统社会主义观念，和谐社会是可以预期的，并且明确了构建和谐社区是最基础的目标和工作。随着市场经济的发展和经济社会转型的深入，过去以单位为工作和生活轴心的“单位人”也随之变成了“社区人”，社区已是城市的细胞，是城市管理的基本依托。和谐社区的标志就是实现社区内的安全文明、管理有序、服务完善、环境优美。物业管理工作由于涉及群众的切身利益和千家万户的安居乐业，在受到越来越多关注的同时，物业管理公司与业主的纠纷和矛盾也越发突出。

我国物业管理没有专门法律，现行的最高行政法规依据是《物业管理条例》（国务院令第504号，2007年8月26日修订），上海市还结合自身实际情况制定了《上海市住宅物业管理规定》（上海市人大常委会公告第40号，2004年8月），对一般情况下物业管理事宜作了比较具体的规定。目前物业管理工作中较为突出的几大问题主要表现在行政、企业和业主三个方面：

1. 行政方面的建管衔接问题：前期开发建设中许多矛盾和问题未得到及时有效解决，转嫁到后期物业管理活动中。

2. 企业方面的规范服务问题：部分物业管理企业履行合同不到位，诚信度较差，维修不及时、服务不到位等情况依然存在。

3. 业主方面的责任意识和自律意识问题：部分业主只享受权利，不履行义务，只顾个人利益，不讲小区利益，缺乏公共意识。

不断提高物业管理的水平，是加强社区建设和管理、构建和谐社会的“系统工程”，也是贯彻“三个代表”重要思想、惠及千万百姓的“民心工程”。

2005年，在上海市某区委、区政府的正确领导和大力支持下，在区财政、房地等有关部门和领导的直接参与和推动下，保险公司研发的物业责任保险得以顺利推广。该险种的保险责任主要为以下几点：

1. 因物业管理企业在管理上的疏忽或过失而发生意外事故造成第三者人身伤亡或财产损失，依法应由物业管理企业承担的经济赔偿责任。

2. 发生保险责任事故后，物业管理企业为缩小或减少对第三者人身伤亡或财产损失的赔偿责任所支付必要的、合理的费用，及事先经保险公司书面同意的诉讼费用。

3. 无过错责任：

（1）因高空坠物（如空调外机、玻璃幕墙、钢窗等坠落）造成的第三者财产损失或人身伤亡负责赔偿，每次事故财产损失赔偿限额1万元、每人人身伤亡赔偿限额1万元，累计赔偿限额为3万元。

（2）因居民家中遭遇盗窃、抢劫（以当地公安机关认定为准）所致的财产损失，保险负责赔偿，每次事故赔偿限额为2 000元，累计赔偿限额为3万元。

（3）因居民家中水管、暖气管意外突然爆裂导致邻居的财产损失，本保险负责赔偿，每次事故赔偿限额1 000元，累计赔偿限额为2万元。

（二）典型案例

案例1　小孩磕伤，保险公司负责埋单

一、案情事由

上海A物业管理有限公司（以下简称A公司）负责P小区的物业管理责任。2005年7月30日下午2点，由于P小区正在施工，且涉及地域未设置有效警示标志，造成学生Q放学不慎在施工点摔伤，两颗门牙摔坏。

二、保险公司意见

此案例中P小区施工地域在A公司实施物业管理的区域内，A公司此前曾在施工地域周围环绕了醒目的警示彩条，以告诫非施工单位人员禁止入内。但是由于2005年7月30日当天风大，将警示彩条吹走，学生Q放学时未见到警示彩条，不慎进入施工地点并将两颗门牙摔坏，该学生家长遂以A公司未能进行有效管理为由向A公司提出索赔。由于学生Q牙齿摔掉后需要重新种牙，历时较长，该家长提出希望得到一次性赔款并放弃日后索赔权。A公司向保险公司报案后，经核实情况后确定属于物业责任保险的常规责任，A公司过失造成第三者（学生Q）人员伤亡，属于物业责任保险条款的赔偿责任范围，经协商后各方对一次性赔款金额20 000元达成一致，保险公司遂给予赔付。

三、综合评析

物业责任保险的推动得到了政府的支持。2005年，该区投保物业责任保险的企业共计92家。其间，共有29家企业报案，报案总数44件、结案39件，保险公司支付的总赔款金额为30万元（部分报案未获赔付主要原因大致分为3种类型：损失低于免赔额、损失不属保险责任、业主不配合查勘）。从企业回馈的情况来看，对于该区已投保的物业企业来讲，由于事故发生后能得到保险公司的迅速救助和赔付处理，有效减少或缓解了与业主之间的民事赔偿纠纷，保证企业迅速恢复正常工作，企业切实地得到了保障，因此从心里认可并拥护物业管理责任保险；对于外区物业企业来讲，由于看到物业管理责任保险推广的实效，许多物业企业纷纷与保险公司联系，明确表示愿意投保该保险。这说明，保险的社会管理功能和经济补偿功能得到了体现。

案例2　水漫家中，物业该负责任

一、案情事由

上海B物业管理有限公司（以下简称B公司）负责X路Y弄的物业管理责任。2005年12月24日，由于该弄Z号楼顶水箱浮球失灵，水箱漫溢致楼内1801室住户家中进水财产受损。

二、保险公司意见

保险公司得到报案后确认，X路Y弄Z号在B公司实施物业管理的区域内，B公司具有定期检测并维护公共设备（含楼顶水箱）正常工作的义务。楼顶水箱浮球失灵，水箱漫溢导致住户家中进水财产受损，该住户以B公司管理失职为由向B公司提出索赔。经核实情况后确定属于物业责任保险的常规责任，B公司过失造成第三者（X路Y弄Z号1801室住户）财产损失，属于保险公司赔偿责任，经对受损现场查勘并协商后对赔款金额达成一致，保险公司给予赔付38 399元。

三、综合评析

虽然物业责任保险的项目总体上取得了成功，但是在推广过程中也发现了一些有待改善的问题，大致概括为以下几种类型：

1. 物业管理相关法律法规有待进一步细化：粗线条的管理规定时常导致事故发生时各方责任难以界定，保险公司在理赔过程中难以找到有力的法律依据，无疑为理赔工作增加了难度，也很可能由此导致客户的误解，引发“保险无用论”，不利于物业责任保险的推广和普及；

2. 投保规模有待提高：希望市、区各级物业管理主管部门出面召集区内有保险需求的企业一起投保物业管理责任保险，投保规模越大，企业能够享受到的优惠也越多；

3. 保险公司应力争在更深、更广的层面上参与物业管理工作：保险的作用不应仅限于发生保险事故后的理赔服务，如能在物业管理企业的日常管理工作中针对企业和居民提供一些保险方面的讲座或培训、在大灾来临前提供一些防灾防损建议等，无疑对于提高物业管理水平、全面推进物业管理工作有着更大、更深层次的推动作用。

总之，不断完善保险机制在物业管理中的作用，需要社会各方的共同努力。相信在多方共同努力下，一定能够实现政府、百姓、企业和保险公司多方共赢的目标。

旅游保险

案例1 责任保险和意外保险是不同的两类保险

一、案情事由

李先生于2004年初参加了某旅行社组团的新马泰旅游，旅行社给每一位旅游者投保了某保险公司的境外旅游意外伤害保险，保险费从团费中代扣。旅游途中，李先生发生了意外伤害，经鉴定属于保险范围内。

回国后李先生与旅行社就赔偿问题产生了纠纷。旅行社要求与李先生签署一份接受保险公司的赔款后不再向旅行社要求赔偿的协议书，否则拒绝向李先生支付保险赔款，此项要求被李先生拒绝。由于双方无法达成一致，李先生向法院提起了诉讼。经法院判决，由旅行社赔偿大部分医疗费用，李先生自己承担一小部分。与旅行社的官司虽然结束了，但李先生却依然未拿到根据保险合同自己应得的保险赔款。

后来经过多次询查，李先生得知了承办自己保险的保险公司，便来到保险公司，希望直接领取这笔赔款。但是李先生的请求遭到拒绝，办理人员认为旅行社是投保人，一切问题保险公司只与旅行社进行协商，建议李先生到旅行社交涉，同时拒绝提供保险公司填发的保险凭证、保险合同以及保险条款。

之后，李先生来到保险公司的客户服务中心进行书面反映，提供了相关的协议资料。协议由旅行社和李先生签订，其中注明“……旅游费为 3 400 元（1 人），包括费用：……保险费……”证明保险费是由李先生支付的，只是通过旅行社到保险公司购买了一份境外旅游意外伤害保险。李先生强烈要求保险公司制止旅行社的侵权行为，让其早日领到保险赔款。

二、保险公司意见

保险公司经过调查，查清了事件过程：2004 年 2 月，某旅行社出面为去新马泰旅游的 36 名游客投保了保险公司的境外旅游意外伤害保险。3 月，旅行社向保险公司提出了客户李先生的理赔申请，公司依据条款约定予以赔付，并已经将理赔款划至旅行社的账户上，请旅行社转交给保险金的受益人。

李先生声称因为与旅行社有诉讼，希望能直接从保险公司领取此笔赔款，保险公司答复可以带好有关证件来柜面领取。但之后李先生来到柜面领取时又遇到了麻烦。原来保险公司与旅行社联系这笔款项时，旅行社称已将此笔理赔款交给了李先生，而李先生否认已拿到了理赔款。目前，保险公司已让旅行社提供客户领取该案赔款的依据，并将酌情处理。

三、综合评析

本案的焦点是李先生和旅行社在此保险合同中的法律地位问题——谁是投保人？李先生是否直接从保险公司领取赔款？旅行社在保险合同的缔结中扮演怎样的角色？

（一）本案中保险合同当事人问题

保险合同主体包括保险合同当事人、保险合同关系人和保险合同辅助人。保险合同当事人包括投保人和保险人；保险合同关系人主要指受益人，存在于人身保险合同中；保险合同辅助人即通常所说的保险中介，包括保险代理人、保险经纪人和保险公估人。

1. 本案中谁是保险合同的投保人。根据我国《保险法》规定，投保人是指与保险人订立保险合同，并按照保险合同约定负有支付保险费义务的人。本案中，李先生和旅行社签订的协议中注明“……旅游费为3 400元（1人），包括费用：……保险费……”说明保险费是由李先生支付的，李先生通过旅行社与保险公司签订了一份意外伤害保险合同。因此在本案的保险合同关系中，李先生是投保人。作为投保人的李先生享有向保险公司提出理赔的权利。

2. 本案中旅行社在保险合同缔结过程中的地位和权限。本案中，旅行社是保险公司的兼业代理人，根据与保险公司之间的委托协议办理保险业务，其行为直接后果归于保险公司。保险公司是旅行社的被代理人，将部分自己的业务委托给旅行社，在委托范围内发生的保险责任由保险公司承担。李先生是投保人，通过旅行社的代理行为与保险公司建立了保险合同关系，保险事故发生后有权要求保险公司赔偿，保险公司应履行赔偿义务。旅行社私自截留保险公司的保险赔偿金违反了法律规定，李先生有权要求保险公司直接赔偿或旅行社向自己给付赔偿金。

（二）本案中李先生能否得到双重赔偿问题

李先生与旅行社之间因旅行合同而产生服务合同关系，李先生与保险公司之间因保险合同而产生保险合同关系，这是两个不同的法律关系。而且李先生与保险公司签订的人身意外伤害保险合同属于人身保险，不适用财产保险的损失补偿原则。因此李先生既可以依据保险合同向保险公司提出保险赔偿，亦可同时依据旅行合同向旅行社提出损害赔偿。保险公司和旅行社都不能以李先生已获得相应赔偿而拒绝履行自己的赔偿义务。本案中，旅行社以缴付保险赔款为条件要求李先生放弃对旅行社的索赔，是没有法律依据的。

（三）目前的旅游业务中，在保险兼业代理人问题上常出现的法律纠纷

1. 保费缴付的时间问题引发保险合同是否成立的纠纷。实践中，投保人在发生保险事故后向保险公司索赔时，常常会碰到保险公司以保险事故发生时未收到保费为由，主张保险合同尚未成立从而拒绝履行赔偿义务的情况。旅行社作为保险公司的代理人，根据保险公司的委托代为办理保险业务的行为，由保险人承担责任。因此对旅游者来说，将保费缴给作为兼业代理人的旅行社与直接交到保险公司效果是一样的，不影响保险合同的成立和生效。保险公司就不能以未收到保费为由拒绝履行赔偿义务。

2. 旅行社不具备《保险代理机构管理办法》规定的代理资格引发的保险理赔纠纷。有些旅行社未取得《保险代理机构管理办法》规定的经营保险代理业务许可证，或许可证因过期而失效。旅游者向这样的旅行社缴纳保费，在发生保险事故后，常常会因保险合同无效而出现得不到保险赔偿的情况。但旅游者得不到保险赔偿并不意味着得不到赔偿。如果旅行社在没有代理资格或营业执照的情况下即从事保险代理业务，保险公司未对旅行社的代理资格进行审核即盲目授予其代理权，二者的行为属重大过错，发生保险事故后，应对旅游者承担过错赔偿责任。

综上所述，旅游者应该加强自身的保险知识，保险公司也需要加强对兼业代理机构的管理和监督。

1. 旅游者应认清有关旅行的保险险种

随着旅游业的发展，人们越来越多地需要和旅行社打交道，和旅行保险打交道。有关旅行的保险，最普遍的是旅行意外伤害保险和旅行社责任保险。一般旅游者易对这两个险种区分不清。本案中，保险公司的办案人员将旅行社认为是投保人，很可能就是将旅行社责任险与旅行意外伤害保险混淆了。

旅行社责任险是责任保险的一种，是旅行社为自己投保，以自己为投保人、被保险人的保险。一旦因旅行社责任造成游客遭受人身和财产损失，依据保险合同由保险公司代旅行社承担赔偿责任，使旅行

社的责任风险得以转嫁。旅行意外伤害保险是人身险的一种，是旅游者以自己为投保人、被保险人，并指定受益人的保险。发生保险事故后，保险公司依据与旅游者之间的保险合同对旅游者进行赔偿。对于旅游者，在实际发生意外时，旅行社责任险保障的主要是旅行社对旅游者出游期间依法应承担的各种民事赔偿责任，而这种责任由法院或相关仲裁机构裁决。这意味着意外发生后，旅行社是不包揽一切的，它只承担自己根据相关合同应承担的责任（对于由于游客自身疾病、个人过错及在自由活动时间内发生的人身、财产损害，一般约定旅行社不承担赔偿责任），保险公司也只是对旅行社应承担的责任进行赔偿，且受到保险合同责任限额的限制。因此，为了获得更为全面的保障，旅游者出游时不要只依赖旅行社责任保险，应根据个人实际情况主动投保个人意外保险。

在实际案例中，有少数旅行社在广告宣传中故意含糊其辞，以"缴纳的旅游费用中包含保险费"误导旅游者，使旅游者以为旅行社已代为办理个人意外伤害保险。发生保险事故后，旅行社辩解其所说的保险费是指旅行社责任保险，给旅游者造成不必要的损失和麻烦。因此旅游者在与旅行社办理旅游业务时，对其代理的保险业务问题一定要询问清楚，要根据自身实际情况选择最佳险种和投保方式。

2. 保险公司应该加强对代理人的监管

保险公司应加强对代理人的管理，尤其应加强对兼业代理人的培训，使其更好地熟悉和掌握保险业务流程，提高其工作质量，尽量减少因代理人问题而产生的保险纠纷，维护保险公司的信誉。

案例2　旅行社责任归属是能否获得理赔的关键

一、案情事由

某旅行社投保了旅行社责任险，保险责任为在保险期间内，以被保险人的疏忽或过失造成被保险人接待的境内外旅游者遭受财产损失或人身伤害，依法应当由被保险人承担的经济赔偿责任，保险人负责赔偿。2005 年，张某与家人参加某旅行社组织的浙西大峡谷、小九寨沟等地的旅游。张某支付旅游费 232 元，其中包括旅行意外保险费人民币4元。当旅游车赶赴景点白马崖时，张某乘坐的车辆发生颠簸，从座位自下向上弹向车顶，当即腰部受伤，不能行动。次日，张某就医治疗，旅行社为其垫付了医疗费。后张某回上海甲医院和乙医院就诊。张某经鉴定为部分丧失劳动能力。张某认为旅行社具有过错，起诉至法院，要求赔偿后期医疗费和误工费、护理费、营养费、交通费等。在诉讼中，原告张某经法医鉴定，第一腰椎压缩性、粉碎性骨折，参照《道路交通事故受伤人员伤残评定》规定，构成九级伤残，可给予休息5~6个月、营养2个月、护理3个月。旅行社代理律师认为：对原告参加被告组织的旅游途中发生意外造成受伤并无异议，原告受伤系意外事件，被告并不存在过错，不同意赔偿，只能按照个人意外伤害保险的相关规定，协助原告向保险公司进行索赔。

二、保险公司意见

保险条款约定："因保险人的疏忽或过失造成被保险人接待的境内外旅游者遭受财产损失或人身伤害，依法应当由被保险人承担的经济赔偿责任，保险人负责赔偿。"法院判决认为"原告在旅游乘车途中受伤，并非原告自身原因造成，理应归咎于被告未充分履行保护旅游者安全的义务"。可认定被保险人存在疏忽或过失，依法承担赔偿责任，因此保险公司予以赔偿。但是在理赔过程中，有观点认为，法院判决依照合同关系，按照严格责任判决旅行社承担责任，但是旅行社并没有疏忽或者过失，不符合条款约定的责任范围。

三、法院意见

法院认为旅游者的合法权益受法律保护，旅游者因接受旅游经营者的服务受到人身、财产损害的，享有依法获得赔偿的权利。旅游经营者应当在旅行过程中履行保护旅游者人身、财产不受侵害的义务。本案原告在接受被告提供的旅游服务中，即原告在旅游乘车途中受伤，并非原告自身原因所造成，理应归咎于被告未充分履行保护旅游安全的义务，故被告应承担全部的民事赔偿责任。被告提出按个人旅游意外伤害保险的范围进行赔偿，因旅游意外伤害保险系旅游者与保险公司之间的保险法律关系，和旅行者与旅游经营者之间的旅游合同系两个法律关系，游客投保旅游意外伤害保险并不排除旅游经营者就损害赔偿的责任和范围，故被告的抗辩理赔不能成立。关于赔偿范围，按照《中华人民共和国民法通则》和《最高人民法院关于审理人身损害赔偿案件适用法律若干问题的解释》的有关规定，判决被告旅行社赔偿误工费、护理费、营养费、交通费、伤残赔偿金等共6万多元，并返还旅游费60元。

四、综合评析

由于旅行社的法律地位和法律责任不明确，给司法实践和保险理赔带来诸多争议。目前的司法实践中，法院认为“旅游者与旅行社签订旅游服务合同，旅行社具有保证旅游者人身和财产安全的义务”。由此，旅游者在旅行中所遭受的人身伤害，除自身的过错外，都由旅行社承担。有的法院甚至根据《中华人民共和国消费者权益保护法》进行判决。法院认为要求旅行社向旅游者提供全部旅游服务的法律责任，是为了保护旅游者的合法权益。我们认为，这种观点有待商榷。旅行社的经营活动在《旅行社管理条例实施细则》中有详细规定。其条款明确规定了旅行社的经营活动是为旅游者代理或代办相关旅游事务。这说明旅行社是一个中介机构，从事的是旅游专业咨询及代办旅游事务的服务，旅行社不是旅游服务的经营者或提供商而是旅游活动的代理人。在旅游活动中，有提供餐饮住宿服务的酒店或餐馆，提供旅游项目的景点，提供车辆服务的运输部门。

旅行社与旅游者的法律关系是代理人与被代理人、受托人与委托人的法律关系，美国联邦政府在20世纪70年代就定义了旅行社的信托性质，直到20世纪80年代旅行社被认为是消费者信赖的受信托者和旅游职业家。旅行社的法律责任是：处理旅游者委托的代理或代办的旅游事务的义务；旅行社提供的代理或者代办的旅游事务的服务标准不得低于国家标准或者行业标准；如果旅行社提供的代理或代办的旅游事务服务标准未达到合同约定的服务质量标准，或者未达到国家标准或行业标准，给旅游者造成损失的，旅行社应承担损害赔偿的义务。

目前在处理旅行社与旅游者之间的纠纷时，由于旅行社被错误地定位为旅游服务的提供商，因此要求旅行社对旅游活动涉及的所有服务甚至游客的意外伤害承担法律责任，这造成了旅行社不利的法律地位。与旅游服务商相比，旅行社的经济承受能力是最弱的。在旅游服务中，最常见的人身损害是交通事故，旅游者往往起诉旅行社，法院判决旅行社赔偿，对损失重大的案件，旅行社根本无赔偿能力；不少保险公司从风险角度和其他保险安排的角度等，将交通事故排除在旅行社责任保险之外，巨额的赔偿对旅行社来讲是灭顶之灾，法院的判决能否被执行大打折扣，最后旅游者的合法权益实际上没有得到保护。旅行社在法院判决其承担赔偿责任后，再向运输方进行追偿，增加了诉讼，浪费了社会资源。有些案件由于旅行社与运输方没有书面合同，旅行社在诉讼中处于不利的地位。因此，从一定意义上，把旅行社确定为旅游者的代理人或者受托人，将能更好地维护旅游者的合法权益，也为旅行社企业提供了一个宽松的法律环境，使旅行社能够控制企业的经营风险，这也是旅行社健康发展的一个基本保障，同时也有利于旅行社责任保险的发展。

案例3 理赔后保险公司可向责任人追偿

一、案情事由

某保险公司承保了上海市某旅行社旅行社责任险，保险期限为2001年9月1日至2002年8月31日，条款约定：在保险合同期限内，因被保险人的疏忽或过失造成被保险人接待的境内外旅游者下列财产损失或人身伤害，依法应由被保险人承担的经济赔偿责任，保险人负责赔偿：（1）因人身伤亡发生的经济损失、费用。（2）因人身伤亡发生的其他相关费用：医疗费；必要时近亲属探望的交通和食宿费、随行儿童或长者的运送费用，旅行社人员和医务人员前往处理的交通费、食宿费及补办证件的费用和因行程延误所导致的费用。（3）行李物品的丢失、损坏或被盗导致的费用。（4）事先经被保险人书面同意的诉讼费用。每人赔偿限额国内旅游每人15万元。2002年8月18日，双方达成一致延长保险期限至2002年12月31日。

2002年9月20日，上海某合资化工公司在×省举行业务会议，与该旅行社签订旅游合同。该旅行社委托该省某旅行社安排行程。10

月17日，该省某旅行社租用本地×汽车公司的大客车，该客车在行驶时，与道路左侧山体擦剐，驾驶员陈某向右校正时转向过猛，使车向右驶出路面，坠入道路右侧崖下，造成上海某合资化工公司2名员工死亡，驾驶员等16人受伤。

该旅行社向保险公司报案，要求保险公司协助处理事故。

保险公司接到旅行社的报案电话后，立即委托当地的保险分支机构到现场查勘。11月7日，保险公司派员到该省，告知该省某旅行社所要提供的相关索赔资料，并向警方要了遗失及损失行李的清单。8日，交警队开听证会，责任认定为驾驶员违规操作，负全责，并要追究驾驶员的刑事责任。

上海某合资化工公司与旅行社因赔偿金额协商不成，以旅游合同纠纷起诉至法院。

二、法院意见和公司意见

上海×区法院认为，被告应依约提供优质、安全的旅游服务，被告安排不当造成原告损失，但违约损失的责任范围以实际损失为限，判决该旅行社赔偿原告因2名旅游者死亡的各项损失60多万元。保险公司依照保险合同约定，赔偿了30万元（每人限额15万元）后，向该省某旅行社提起追偿。

本案在追偿中遇到了问题，保险公司向该省×市×区人民法院提起代位追偿诉讼，要求赔偿30万元。法院认为：（1）关于旅行社责任保险的性质、保险金的属性与份额。旅行社责任险包含人身保险与财产保险两部分。本案中，保险公司赔偿的30万元中人身保险金292 460.81元，财产保险金为7 539.19元。（2）关于责任划分与承担方式。对该省某旅行社申请追加×旅游汽车公司为本案诉讼第三人的请求不予支持，对其不是本案的适格被告、没有合同关系与直接侵权行为而不承担责任的主张予以支持。依据旅行社责任险包括人身保险与财产保险的特性和法理，保险公司对赔付保险金中的人身保险部分不享有追偿的权利，故判该省某旅行社支付保险公司7 539.19元。

保险公司认为该判决存在严重的错误：责任保险属于财产险范畴，作为保险标的的赔偿责任是一个确定的财产数额，不能人为地分为人身保险部分和财产保险部分，保险人对责任险享有追偿权。故提起上诉。

该省×市中级人民法院认为：该省某旅行社接受上海某旅行社的委托，其与旅游者的权利义务与上海该旅行社与旅游者的权利义务一致，上海某旅行社向旅游者承担的责任就是该省某旅行社向旅游者承担的责任。保险公司向上海某旅行社进行理赔后无权再向该省某旅行社索赔。我国《保险法》规定，代被保险人向造成保险事故的第三者请求赔偿，而造成保险事故发生的第三者是×汽车公司及其驾驶员，故保险公司以该省某旅行社作为被告起诉，被告主体资格不适格，撤销一审判决，发回重审。一审以“民事裁定书”驳回保险公司的起诉。无奈，保险公司只能再次对×汽车公司和驾驶员提起诉讼。

三、综合评析

旅行社责任险承保的是旅行社依法承担的赔偿责任。本案，上海×区法院判决上海某旅行社赔偿上海某合资化工公司后，保险公司在赔偿限额内进行了理赔，符合保险条款的约定。但是该省法院的判决是错误的。一审错误地理解了责任保险的性质，责任保险以被保险人依法承担的法律责任为保险标的，适用财产保险的补偿原则，具有可追偿性。我国《保险法》（2002 年修订）第四十五条①规定“因第三者对保险标的的损害而造成保险事故的，保险人自向被保险人赔偿保险金之日起，在赔偿金额范围内代位行使被保险人对第三者请求赔偿的权利。”“第三者”是指被保险人以外的，对保险事故承担损害赔偿的人，可以是侵权者或是违约方，而不是特指实际侵权人。本案中该省某旅行社与上海某旅行社之间存在委托关系，因受托人的原因造成委托人损失的，委托人可以要求受托人赔偿，因此，保险公司可以代位上海某旅行社向该省某旅行社提起诉讼。

这是一个典型的保险公司追偿不成的案例。保险公司在追偿时面临选择追偿对象的问题，此时保险公司代替了被保险人的法律地位，

① 我国《保险法》（2009 年修订）中对应的法条是第六十条。

可以选择以合同关系进行诉讼，也可以选择以侵权为由进行诉讼。但是由于法律没有明确“第三者”的概念，有的法院可能狭隘地理解为第三者是实际侵权人。本案一定程度上反映了法院对责任险和保险公司追偿权的不理解，这需要保险公司加强与法院的沟通。

从承保和理赔方面看，旅行社责任险发生频率较高和损失较大的风险是交通事故，所以有的旅行社责任险保单中明确约定交通事故是除外责任。因为这部分风险也可以由承运人责任险和机动车辆第三者责任险来补偿。从法律上看，旅游者参加旅行社组团发生交通事故，由旅行社承担赔偿责任，如果保单没有除外，则保险公司应当赔偿。保险公司赔偿后又面临追偿的风险。目前，旅行社责任险风险大、保费相对较低。建议在承保时剔除交通事故的风险，而建议旅行社通过购买车上人员责任险转嫁风险，或者要求旅行社自有的或租赁的旅游车一定要购买承运人责任险。

案例4 旅行社的责任到底有多大?

一、案情事由

2004 年 1 月 17 日，吴某一家三口参加某旅行社某地滑雪四日游。在从滑雪场返回途中，吴某一家三口乘坐的旅游车与其他车辆发生碰撞，造成吴某一家三口全部受伤，经过在当地的抢救，目前已返回上海继续治疗，因双方就事故责任和赔偿金额产生分歧，吴某一家对旅行社提起诉讼。

二、法院意见

法庭上，旅行社认为，事发后对吴某一家进行了救助，并未违反旅游合同，应属于全面履行了合同义务。交通事故客观上无法预计，并非履约不当，希望法院从本案实际情况出发，依法核定被告应承担的责任。法院经审理后认定，吴某等与旅行社签订国内旅游合同并已支付相应费用，双方旅游合同关系依法成立。作为组团旅行社理应保证旅游合同约定的服务质量标准，其中包含保障旅游者的人身安全。本案因旅行社的过失未达到合同约定的服务质量造成旅游者经济损失，应承担经济赔偿责任。事发地旅游车所属旅行社为其代理人代替向吴某履行义务，交通事故中旅游车司机负主要责任。因此当地旅行社违反上述合同的行为可视为上海某旅行社违反合同，应承担赔偿责任。

本案中重伤的吴某一家现经过治疗仍造成吴某左上肢丧失功能，其女下肢功能障碍，妻左下肢及右手指功能障碍等后果，根据医学鉴定，法院就其相应医药费、营养费、伤残赔偿金、护理费、交通费、误工费等赔偿请求予以支持。一审判决旅行社向吴某一家赔偿上述费用总计 84 万余元。

判决宣布后双方均不服皆上诉。二审法院经审理查明，伤者已完成伤残等级鉴定，表明伤病治疗终结，因此判定在对伤残赔偿金作出处理后对今后的康复治疗费及关节功能重建手术费予以驳回，精神赔偿无法律依据不予支持；对旅行社方面对于吴某夫妻收入证明的质疑及撤销误工费赔偿的请求也不予支持。因此二审驳回上诉，维持原判。

三、保险公司意见

保险公司参照法院判决，依据旅行社责任保险合同中，国内游每次事故每人赔偿限额的约定，向旅行社支付了吴某一家三口的赔偿款 27.6 万余元。

四、综合评析

旅行社责任保险保障的是旅行社在业务活动中过失造成的因旅游者人身伤亡、行李物品损失等引起的赔偿责任。

就旅游者而言，旅行社投保了旅行社责任保险，保证了其在旅游过程中，在受到意外伤害时能够得到有力的赔偿。另一方面，因各类情况复杂且不可控性，旅游企业面临的责任风险是巨大和复杂的，旅行社责任保险的存在也使得旅行社得到了风险分担，缓解了因为此类事故发生而造成的经济负担。

三、水险及陆上货运险

案例1　共同海损如何处理?

一、案情事由

（一）货物损失

某公司从越南进口袋装木薯片，用途是出售给某制药厂，在某保险公司投保了一切险（ICCA）。在常熟锚地卸货时，9时40分值班水手发现四舱有不明烟雾出现，立刻报告大副和船长，并立即拉响消防警报。大副初步判断四舱底舱有货物自燃现象。11时在船长的命令下船员开始释放固定二氧化碳系统，共释放100瓶，火势一度得到控制。18时船方发现货舱舱盖周围及通风口漏烟严重，认为火势已经加大，释放的二氧化碳未能一次性灭掉火种。经过协商船方决定在封舱的情况下向舱内注水。由于火势时强时弱，船方一直认为自己可以灭火，并不时向货舱注水。至次日凌晨1时，火势一度较大，船方申请代理联系外援。当日2时30分常熟海事处一巡逻艇抵达并使用一水枪协助火火。约3时30分一辆载有两台消防车的渡轮靠近船边，数名消防员登轮协助灭火。7时火被完全扑灭，外援全部撤离。

由于货物发生了火损、烟损和水损，药厂通过代理委托某检验公司进行了检验，发现“该轮四舱剩余货物2 053.75公吨发生火灾，用水灭火导致水湿，已基本霉变，舱内时有腐蚀气体逸出，无法用做原来用途”。所以该药厂向进口商（也就是投保人）提出全损赔偿要求（约20万美元）。进口商随即向保险公司提出索赔。

（二）共同海损

货物被浸泡后发生霉变和膨胀，常熟港无法卸货。船舶公司多方寻找终于在山东找到了可以卸货的港口。卸货的困难作业费和当地处理残值的费用正好相互抵消。在开往山东的路上船方发现船舶本身被膨胀的货物损坏，于是声明发生了共同海损①。

二、保险公司意见

（一）关于货物损失索赔

接到索赔后，关于保单责任和能否追偿，保险公司理赔部有两种意见。关于保单责任的认定，有的人认为保单责任不成立，因为船方和消防报告都指出起火原因是货物自燃，而自燃属于货物的自身属性，属于除外责任；另一些人认为该上述原因缺乏依据。关于追偿，有的人认为船方对火灾是免责的，所以不能追偿；另一些人认为船方在管理船舶时存在重大过失，导致二氧化碳不能灭火，免责事由不能成立。因此，此案的关键在于以下三点：（1）火灾原因是否是自燃，需要有确凿的证据和科学的判断；（2）追偿的可能性是否存在，宜通过专业的律师进行判断；（3）受损货物无法用于制药，能否用做他途？

根据以上意见，保险公司首先指定了国际火灾鉴定专家，对起火原因进行了调查。专家和船东一起从起火前期原因、漏油原因、二氧化碳释放失败原因和舱盖变形原因四个方面进行了详细的调查。该专家查明，木薯片本身不具备自燃属性，只有自热属性。所以起火应该

---

① 《中华人民共和国海商法》第一百九十三条规定："共同海损，是指在同一海上航程中，船舶，货物和其他财产遭遇共同危险，为了共同安全，有意地合理地采取措施所直接造成的特殊牺牲、支付的特殊费用。无论在航程中或者在航程结束后发生的船舶或者货物因延迟所造成的损失，包括船期损失和行市损失以及其他间接损失，均不得列入共同海损。"

《中华人民共和国海商法》第一百九十八条规定："船舶、货物和运费的共同海损牺牲的金额，依照下列规定确定：（一）船舶共同海损牺牲的金额，按照实际支付的修理费，减除合理的以新换旧的扣减额计算。船舶尚未修理的，按照牺牲造成的合理贬值计算，但是不得超过估计的修理费。船舶发生实际全损或者修理费用超过修复后的船舶价值的，共同海损牺牲金额按照该船舶在完好状态下的估计价值，减除不属于共同海损损坏的估计的修理费和该船舶受损后的价值的余额计算。（二）货物共同海损牺牲的金额，货物灭失的，按照货物在装船时的价值加保险费加运费，减除由于牺牲无需支付的运费计算。货物损坏，在就损坏程度达成协议前售出的，按照货物在装船时的价值加保险费加运费，与出售货物净得的差额计算。（三）运费共同海损牺牲的金额，按照货物遭受牺牲造成的运费的损失金额，减除为取得这笔运费本应支付，但是由于牺牲无需支付的营运费用计算。"

另有原因。经过进一步登轮调查，发现当时有船员在四舱口进行焊接作业，起火点距离舱口很近。所以最后的结论是："船员违规进行焊接作业导致火灾，由于船舶漏油和状况不好导致火势进一步扩大。"

基于以上结论，保险公司认为火灾的原因是船员的过失，属于保单责任，应当赔偿。随后保险公司赔偿了货物损失 22 万多美元。

（二）共同海损

共同海损理算人根据《1994 年约克·安特卫普规则》[①] 进行理算后，认定总损失为 26 万美元，由于船舶价值远高于货物价值，所以船壳保险人负担大部分损失。最后船壳保险人负担 19 万美元，货物保险人负担剩余的 7 万美元。

保险公司委托某香港律师事务所为保险公司进行追偿。随后保险公司律师也介入了共同海损的调查工作。最后由船东互保协会、船壳保险人和货物保险人三方共同分摊船舶和货物的损失和费用，最后保险公司净摊回约 13 万美元的损失。

---

① 《约克·安特卫普规则》是一个国际上广泛采用的共同海损理算规则，该规则最初是由英、美和一些欧洲大陆国家的理算、海运、贸易和保险等方面的代表于 1860 年在英国格拉斯哥召开会议共同制定的，称为《格拉斯哥决议》。这个决议在 1864 年英国约克城召开的会议上和 1877 年比利时安特卫普召开的会议上两次进行重大修改和补充，并于 1877 年正式定名为《约克·安特卫普规则》。此后，这项规则又经过多次修改，但仍保留原名称，只是在规则名称前冠以修改的年份，由于每次修改都不废止旧规则，如 1890 年、1924 年、1950 年和 1974 年的规则并存，供有关方面选择使用，但在实际业务中，在 1994 年前各国几乎都采用《1974 年约克·安特卫普规则》。《1974 年约克·安特卫普规则》（*The York Antwerp Rules* 1974）是由国际海事委员会（International Maritime Committee）于 1974 年 5 月修订的并从同年 7 月 1 日起生效。规则共 30 条，分为 3 组。第一组称为解释规则，对规则的适用范围作了规定。第二组对共同海损的定义、范围、补偿和分摊作了规定。由于它是按英文字母排列的，从 A 至 G 共 7 条，故又称为字母规则。第三组对处理共同海损理算的一些手续和计算方法作了规定。该规则属于一种国际贸易的惯例规则，适用范围较广。运载国际贸易商品的海轮发生共同海损事故，大多数都按该规则进行理算。中国国际经济贸易促进委员会海事仲裁委员会进行海损理算时，除可使用《北京理算规则》外，也可使用该规则。

三、综合评析

本案中火灾原因错综复杂，货损厘定、卸货、船舶维修困难重重。如果这些损失只由船东和货主承担，一定会给他们造成很大的负担，导致很严重的利益冲突。保险作为社会的稳定器，可以起到为企业的正常经营保驾护航的作用。本案中船壳保险人、船东互保协会（船东的责任保险人）和货物保险人一起妥善协商，积极沟通，共同处理了这一起海难。各方的损失通过共同海损的原则进行了分摊。

案例2　货物贬值如何定损?

一、案情事由

保险公司承保一批由C轮承运的自荷兰鹿特丹港运至中国上海港的进口苯酚。2005年7月29日，该轮船长为承保货物签发了4张清洁提单。2005年9月18日，船到上海港。卸货后，经某检验机构抽检发现苯酚色度不同程度超标，并有短量发生。涉案货物在鹿特丹装运港装运时有某独立检验人出具的检验报告，记载的苯酚色度分析指标小于5APHA。但在上海港由被保险人委托的某检验机构出具的检验报告显示色度超过了40APHA，并判定原因是货物在运输途中由于控制温度上升或运输船舱有部分其他物质混入引起色度变化，而船长在起运港签发的都是清洁提单。由于短量险和混杂、玷污险都在一切险的保单责任下，保险公司应承担赔偿责任。

保险公司经过与被保险人多次沟通，在贬值率核定的问题上与被保险人达成一致后进行了保险金赔付，现着手进行向承运人追偿事宜。

二、保险公司意见

在保险理赔中，对于货物的质损一般是按照受损程度或者按照维修费用予以赔付，如果选择修复，即便能够完全修复的保险标的，也应考虑一定的贬值率。确定贬值率大致有两种方法：一是评估，二是实际出售。本案中的苯酚色度超标情况并不严重，在操作中考虑用评估的方式，以货物销售时的市场价格和实际销售价格的差额结合其他方面的影响核定贬值率。

货物发生质量损失时，确定损失成数并非易事。通过实际出售的价格和市场完好价格之间的差额核算贬值率不失为一个好办法，但又存在几个问题：

1. 市场完好价在不同主体之间有不同理解，如零售价与批发价之间就存在着价格差，尽管两者都是市价。在选择时应以被保险人在投保时确定的价值标准为判断依据，也就是所谓的“如何保就如何赔”。同时基于保险理赔补偿性的特征，不允许被保险人通过保险得到额外利益，所以对出险货物的市场价格走势的分析和研判也是不可或缺的。

2. 在贬值率的计算方面可能受到多方面的影响，如商检报告、货物实际出售价格、被保险人期望值等，在此情况下要综合各方信息作出判断。商检作为受托方可能在报告中作出有利于申请人的估计，货物在出售时由于是受损货物同时货物的市场价格也在不断下跌，因此出于避免更大风险的目的，在价格上可能作出一定的让步。在具体判断时要尽量地收集上述相关的数据，扣除干扰因素造成的扩大损失，同时与被保险人进行积极的沟通也必不可少。

货物的市场价格一般以货物运抵目的地检验时的市价为准，如果受损货物在中途处理不再运往目的地，则可以处理地的市价为准。收集的资料显示，自2005年9月至11月期间，国内苯酚市场的平均价格一直在下跌，在11月上旬苯酚华东主流报价跌至年内最低，并对12月的行情的市场预期也是一片看淡。根据保险的原理，保险只能使被保险人的财产恢复到出险前的状态，被保险人不得通过保险赔偿获利，因此保险公司对市场跌落原因造成的被保险人损失无须进行补偿。经询价，2005年11月苯酚的市场完好报价为RMB9 100/公吨(9月为RMB9 700/公吨)。同时，检验人出具的检验报告中对货物的贬值率核定为6%～8%。鉴于苯酚的行情一路看跌，为减少可能的损失，保险公司与被保险人协商尽快出售受损货物，在实际销售中本批货物销售的平均价格为RMB8 709.89/公吨，以此价格计算出的贬值率为4.29%。根据通常经验，苯酚的色度指标一般以50PPM作为一个等级，一个等级的价差在RMB500左右，本案中的色度变化在

35左右，估计差价约在RMB300，同时考虑到苯酚市场的行情和出售时可能存在的压价行为，保险公司最后核定的贬值率为3%。经沟通，被保险人接受了这一贬值率。

三、综合评析

保险公司的定损方法还是比较可取的，尤其是对于变质货物的贬值率计算。因为在本案处理时，正逢市价跌落期间，市价下跌对消费者的心理预期会有很大的影响。在尽快地向市场询价的基础上，通过各种渠道将货物销售出去，再将变质货物的处理价格和同一产品在市场上的同一时期的售价进行比较，基本上保证了货物的贬值情况代表了货物的实际受损情况。

保险实务中，对于此类案件处理还有一些比较合理的方法：

1. 得知出险之后，如果可能损失较大，应立即安排扣船，以获得担保。从目前的情况来看，如果没有担保，则追偿难度要大得多。而且在卸货的时候扣船，风险会比较小。

2. 应尽力获得随船样品，以了解货物装船的状况。此类化工品在装港的时候一般都有随船样品，各相关方都有保存。实际操作的时候可以委托商检跟船方交涉，获得样品。

3. 掌握到货后的市场行情，了解被保险人的索赔心理。市价跌落对理赔的影响较大，会带来各种困难。

4. 在处理残损货物的过程中，每一重要的环节要知会承运人，最好获得其确认，如果无法得到其确认，也要明确告知对方，要受到处理结果的约束。同时，处理的时候要多方询价，采用招标等方式，选择最合适的报价，同时保留其他报价作为证据。

案例3 如何界定运输延迟造成的损失？

一、案情介绍

2004年4月28日，某公司为某轮船从巴西运载进口的57 750公吨大豆向某保险公司投保了海运货物一切险，保险金额为22 874 179.50美元。该货物于6月16日抵达湛江港，但被保险人却迟延于8月2日才办妥卸货手续，并于9月3日05：40卸货完毕。

在8月1日的时候，被保险人发现该轮所载货物霉变，立即通知了保险公司。经商检评估，该轮残损大豆损失净重为5 868.428公吨，扣除0.3%的免赔额后的价值达17 903 749.20元人民币，同时为处理该批残损大豆，被保险人垫付了检验费用172 530元人民币、额外包装材料费97 261.06元人民币、港口灌包费92 586.72元人民币、港口困难作业费80 850元人民币、额外人工费20 000元人民币、港口堆存保管费198 977.63元人民币、港口卸载残损货物费用205 394.98元人民币、困难作业引起船舶滞期费用1 681 668元人民币，所有合计20 453 017.59元人民币。10月28日，被保险人向保险公司提交了索赔申请和相关资料。保险公司认为，货损的原因是由于卸货迟延引起的，予以拒赔。被保险人随即向某海事法院起诉保险公司。

其他相关信息：

1. 2004年8月23日，被保险人对货运轮船上的航海日志等资料进行证据保全。8月25日，被保险人向法院申请扣押货运轮，要求该轮所有人提供500万美元的担保。保险公司为其提供反担保，并代其向法院缴纳了证据保全与财产保全的申请费及执行费共35 000元人民币。9月2日，某再保公司为该轮所有人向投保公司和保险公司提供了担保赔偿限额为400万美元的担保函。同日被保险人接受了上述担保函，并申请本院解除船舶扣押。

2. 保险公司委托某保险公估公司与某检验机构（以下简称检验公司）对受损货物进行检验，两公司所作的两份报告分别认为船舶停航期间的货损占全部货损的比例为78%与76.3%。

二、法院意见

判决书原文："原告向被告投保时在投保单上选择投保一切险等险别，但没有载明险别内容，这不能说明原告在投保时明确了解承保范围、除外责任等险别内容。双方当事人均为国内当事人，而被告向原告签发的保险单却以英文规定本保险不负责赔偿运输迟延所引起的损失和费用等除外责任，这可能不便于原告及时了解对其利益有重大影响的除外责任条款，以决定是否同意接受保险单的条款内容并订立保险合同。被告先签发保险单，再邮寄给原告接受，不是当面向原告签发保险单，不可能在签发保险单时面对面向原告说明除外责任条款。因此，仅依据原告选择了险别并接受了保险单，尚不能推定原告在接受保险单以前已明确了解保险单规定的除外责任条款，因而被告没有必要向原告明确说明；更不能推定被告在原告接受保险单以前已向原告明确说明了除外责任条款。被告没有举证证明其在原告接受保险单以前已向原告明确说明了保险除外责任条款，应认定被告在订立保险合同时没有向原告说明除外责任条款，保险单规定的除外责任条款不产生效力，被告无权依据保险单中的除外责任条款拒赔。”

在具体的货物损失原因方面，法院认为，保险合同约定“仓至仓”责任包括正常运输过程，不是仅限于正常运输，从而间接将运输迟延排除在保险期间之外。保险合同也没有直接排除运输迟延于保险期间之外的措辞，而是明确约定保险责任直至货物达到目的地仓库。只要货物尚未达到目的地仓库，“仓至仓”保险期间不应终止，运输迟延仍属于该保险期间。法律规定航行与交货迟延所造成的损失为保险除外责任，也不意味航行与交货迟延期间不属于保险期间。法律规定保险人可因航行与交货迟延而不负责赔偿的损失，是与航行与交货迟延有因果关系的损失。迟延期间所发生的损失不等于因迟延所造成的损失，因为在迟延期间可能存在外来原因造成被保险货物损失，也可能因迟延等其他因素或多种因素综合作用造成货损。因运输迟延属保险期间，在运输迟延中因承保风险所造成的损失，保险人仍应负责赔偿；如果在运输迟延中因承保风险与迟延等保险除外风险共同造成被保险货物损失，保险人仅可拒赔因迟延等保险除外风险所造成的损失，即与迟延等保险除外风险有因果关系的部分损失。法院还认为，由于保险公司无法举证区分由于运输迟延引起的损失和由于其他风险引起的损失，因此其应该承担举证不利的后果。

三、综合评析

（一）免责条款的效力问题

本案适用《中国人民保险公司海洋运输货物保险条款》（一切险）（1981 年 1 月 1 日修订），根据该条款第二条除外责任第四项的规定，“被保险货物的自然损耗、本质缺陷、特性以及市价跌落、运输迟延所引起的损失和费用”，保险人不承担赔偿责任。本案中，保险公司认为，本次货物损失的主要原因是在卸货港办理进口卸货手续的迟延，根据公估公司出具的检验报告，至少有78%的货损保险公司不应该承担赔偿责任。因此，关于免责条款的适用问题是本案的一个焦点。《中华人民共和国保险法》（2009年修订）第十七条规定："订立保险合同，采用保险人提供的格式条款的，保险人向投保人提供的投保单应当附格式条款，保险人应当向投保人说明合同的内容。对保险合同中免除保险人责任的条款，保险人在订立合同时应当在投保单、保险单或者其他保险凭证上作出足以引起投保人注意的提示，并对该条款的内容以书面或者口头形式向投保人作出明确说明；未作提示或者明确说明的，该条款不产生效力。”因此，被保险人认为，由于保险公司在保险合同订立时没有对免责条款的内容进行说明，因此免责条款不产生效力。而且从上面的法院观点来看，法院也认为本案中保单的免责条款不产生效力。这是一个值得保险公司引起重视的问题，保险公司必须要尽到必要的说明义务，否则，一旦引发纠纷就要承担法律上的不利后果。

（二）运输迟延造成的损失的定性问题

根据上面的论述，本案中没法引用除外责任中由于运输迟延引起的损失保险公司不予赔偿这一条抗辩。但是，《中华人民共和国海商法》第二百四十三条规定："除合同另有约定外，因下列原因之一造成货物损失的，保险人不负赔偿责任：（一）航行迟延、交货迟延或者行市变化……”。因此保险公司可以依据法律关于保险除外责任的规定对因航行与交货迟延所造成的货物损失不予赔偿。但是如何认定由于运输迟延造成的损失，这是一个问题。在本案中，根据相关的检验报告，货舱内通风不良，产生高温和舱汗是导致被保险货物霉变、烧伤热损的主要原因之一。其实对于这个问题，还要考虑什么是运输迟延。根据相关法律的规定，运输没有在合同约定或者合理的时间内完成即为运输迟延。目前的航运操作当中，承运人不可能会把预计抵达的时间印在提单上，什么叫“合理的时间”没有客观的判断标准，因此对于运输迟延的判断比较困难。有时候往往要用到相对的标准，即考虑同样航线一般的运输时间，如果超过的时间比较多，就可以推定为运输迟延。

法院在认定关于是否是运输迟延造成损失这一问题时，还以同港卸货的另外一个轮船作为参照。另外一个轮船的运输期间比本案的船舶长30天，但是货损却少得多，因此认为，卸货迟延并不是造成货损的主要原因。这种比较，在卸货港、卸货季节和天气、轮船载重量等客观参数都相当的情况下，还是很有说服力的。

案例4　如何确定保险利益——进口皮鞋湿损案

一、案情事由

2005年8月19日，某保险公司与某公司（下称被保险人）订立一份海上货物运输险，保险标的为皮鞋，起运地为香港，目的地为上海，承保条件为协会货物保险A条款1/1/82，买卖合同所适用的贸易术语为FOB。同年8月21日，该批货由香港起运上海，至上海港后被保险人开箱发现部分货物发生严重湿损（提单为清洁提单且出厂时开具的集装箱设备交接单无批注）。被保险人遂向保险公司索赔，保险公司在委托检验、现场查勘后结合相关法律规定和条款解释作出拒赔决定。

本案的主要争议点为：

1. 被保险人对涉案货物是否具有保险利益。根据涉案货物的买卖合同，付款方式为TT240，即买方（被保险人）在收货后的240天以内付款，而被保险人在向保险公司索赔时并未履行付款义务，是否可由此判断被保险人不具有保险标的所有权，进而对于保险标的不具有可保利益。

2. 损失发生时风险发生是否转移至被保险人。根据FOB术语的“舷到舷”标准，货物的灭失风险自保险标的越过船舷后转移给买方即本案的被保险人，但根据查勘结果，致损的湿损是在本港拆集装箱的运输过程中发生的，而此段区间不在“舷到舷”范围内，是否可以此确定损失发生时风险未转移到被保险人身上。

3. 是否可适用“包装不当”的除外责任。一般而言，集装箱有良好的密封性能。本案中集装箱外观和铅封都完好而货物却湿损（淡水湿）严重，箱底还有部分积水，推断是箱体本身或装货时包装不当所致且被保险人未能证明涉案集装箱非货主自备箱。保险公司可否据此以“包装不当”为由拒赔。

由于双方对上述案件各执一词无法达成和解，被保险人遂向法院提起诉讼，要求保险公司支付保险赔款并加付违约金及逾期利息。

二、保险公司意见

（一）有关保险利益的问题

如果出险是发生在装港堆场，根据相关的贸易术语，货物越过船舷之前的风险是在卖方，如果损失发生在装船之前，买方无须承担货损的风险，因此没有保险利益，不应该向保险公司索赔。不过，要援引这一条拒赔，保险公司要承担举证责任，否则要承担举证不利的后果。

如果买方没有付款，有没有保险利益的判定标准不应该是买方有没有付款，而应该是买方是不是要承担货损的风险，即是否需要付款。目前很多贸易当中付款是在到货以后或者到货以后的一定时间内，这是由付款方式等决定的。如果买方根据法律的规定是要支付货款的，即使其没有付款，也要承担货损的风险，有保险利益。

FOB、CIF、CFR几种贸易术语下，如果没有特别约定，货物的风险都是从越过船舷时转移。在这种情况下，卖方/发货人的风险如何保护？有的发货人的做法是，自己买一份从发货地到船舷的保险来承保自己区段的风险，这个通常没有什么争议。那么如果买卖合同约定由买方购买保险，承保“仓至仓”的风险，而货物在装船之前发生损失，买方可否把保单利益逆转让给发货人？保险公司的观点是，对这样的做法难以认同。理由是：（1）根据《中华人民共和国海商法》的规定，海上保险合同是指保险人按照约定，对被保险人遭受保险事故造成保险标的的损失和产生的责任负责赔偿，而由被保险人支付保险费的合同。从法律定义来看，保险合同是保险人与被保险人之间的合同，承保的也是被保险人的风险。（2）虽然贸易当中存在卖方将保险单转让给买方的情况，但这是卖方依据贸易方式（通常是 CIF）下，履行买卖合同义务的一种行为，而且，此保险合同可以视做附属合同与货物的物权和风险一起转让，不应该承认没有任何其他权利转让的情况下，保险利益的单独转让。（3）如果在卖方并没有购买保险的情况下，承认保单的单独逆转让会增加道德风险。

（二）包装责任问题

协会货物保险 A 条款 1/1/82 除外责任第 4.3 条规定保险人不承担因为“保险标的包装或准备不足或不当引起的损失、损害或费用”，同时规定在本款意义上，“包装”应视为包括集装箱或者托盘内的积载，但仅适用于此种积载是在本保险责任开始前进行或是由被保险人或其雇员进行。对于这个问题，目前争议较大的有这样几个问题：

1. 具体应该怎样包装，才算包装适当或者充分？

对于这个问题，我国的包装规范里只是规定了包装的测试标准，但是没有指示具体的货物应该怎样包装。也就是说，要按照标准测试才能确定包装是否得当，这显然与实际操作存在矛盾。因此，对于包装问题，目前就存在一个自由裁量的问题。这种做法，对于一般的包装问题不大。比如说，怕水的要防潮，易碎的要抗震，等等，但是对水密性和抗震程度又没有具体的标准。

2. 集装箱是否视为包装的问题？

根据协会货物保险 A 条款 1/1/82 的规定，当积载发生在保险期间开始之前的情况下，集装箱可以视为包装。业内有一种观点与这个规定稍有出入，即认为如果是货主自备箱（SOC），这种集装箱应该视为包装，如果是船东箱（COC）则不应该视为包装。处理赔案的时候，倾向于认为对于在发货人处装箱的整箱货，都应该视为是货物的包装。

三、法院意见

经某海事法院一审结案，法院基本支持了被保险人的诉讼请求，判决保险公司向被保险人支付保险赔偿金。法院据以判案的依据如下：

1. 被保险人对涉案货物具有保险利益。法院认为根据 FOB 术语，应由国际贸易合同的买方负责购买保险。被保险人作为合同买方对投保货物具有预期的可保利益，且该种利益不受付款方式或是风险转移约定的影响。

2. 涉案事故发生在保险责任期间。法院认为根据保单的记载，双方协议选择适用协会货物保险 A 条款 1/1/82 作为承保条件。依据该条款的规定，保险责任期间理解为 CY – CY 即“仓至仓”标准，即可以包括两端的内陆、内水和分段海上运的整个运送过程，直至到达保单载明的目的地交给收货人或其他最后仓库或储存处所。涉案保险合同载明的起运地为香港，目的地在上海。故保险责任期间应从香港发货人装货运输开始，终止于运抵上海收货人仓库。保险公司对于保险责任自涉案集装箱货物在码头堆场装船开始的主张与协会货物保险 A 条款 1/1/82 的规定不符。涉案货物遭损系在上海港拆箱之前的运输过程中有淡水进入集装箱所致，因而涉案保险事故当然发生在保险责任期间之内。

3. 本案不适用“包装不当”的除外责任。法院认为除外责任的举证义务在保险人一方，涉案保险事故系集装箱进水所致，保险人须证明该集装箱为货主自备箱才可能适用该除外责任。鉴于保险人至今未能提供有效的证明资料，故不得适用该除外责任。

4. 对被保险人提出的支付违约金及利息的要求不予支持。法院认为根据涉案贸易合同的约定，被保险人尚未支付合同项下的货款，故其按照逾期付款违约金的标准及依此计算的利息缺乏事实和法律依据，故不予支持。

四、综合评析

对于保险利益的问题，法院的观点还是比较符合目前国内法学理论界和实务界对保险利益的理解。值得一提的是，实务中，保险利益并非问题，往往和贸易术语、所有权转移情况等相联系，而且对于法院所持的预期利益问题，还是应该有所限定。否则的话，如果被保险人作为买家还可以依据贸易合同无偿获取卖方的补货，那么，被保险人通过货物运输合同实际可以得利，这就有违保险合同的初衷，也是任何一家保险公司所不愿意看到的。

案例5 代位追偿的运用

一、案情事由

1998年6月，某有色金属进出口合金公司（以下简称合金公司）将1吨钨粉卖给新加坡一家公司，委托中国某运输公司（以下简称运输公司）运输，运输公司签发了提单。提单记载：托运人为合金公司，承运船舶为H轮，第一程船为“海港X号”；起运港上海，中转港香港，卸货港新加坡，250桶桶装钨粉装于一个20英尺的集装箱内。合金公司就该批货物的运输向某保险公司投保，保险金额为180 000美元，保险条件为1981年1月1日修订的《中国人民保险公司海洋运输货物保险条款》（一切险）。“海港X号”转载货物后，在对船上装卸的集装箱进行调位作业时，由于集装箱移位导致船舶翻沉，集装箱掉进海里。合金公司出口的钨粉严重受损，贬值达到60%。事故发生后，保险公司赔偿了180 000美元，取得了残损货物和合金公司签署的权益转让书。权益转让书载明：本案保险事故造成损失108 000美元，应由第三方运输公司负责赔偿，现将追偿权转让给保险公司，并协助保险公司共同向第三方追偿。

二、保险公司意见

本案的争议焦点是：代位求偿权的第三人是否依权益转让书确定。

保险公司认为：运输公司是货物运输合同的主体，船务公司是该批货物受损时的实际承运人，共同造成货物的损害。保险人的代位求偿权是法定的权利，代位求偿的第三人不依权益转让书确定。因此，保险公司向法院提起诉讼，请求法院判令运输公司和“海港X号”轮船东广州某船务公司（以下简称船务公司）连带赔偿其损失。

船务公司认为：合金公司出具的权益转让书中仅将向运输公司索赔的权益转让给保险公司，依据该权益转让书，保险公司只能向运输公司进行追偿，不能向船务公司追偿。

三、法院意见

法院认为：保险公司依据保险合同赔偿了合金公司的货物损失，

依法取得了代位求偿权，有权向造成货损的第三人追偿。合金公司在出具权益转让书时，货损责任人没有完全确定。依照法律规定，合金公司向保险人转让的索赔权应当是针对所有对货损负有责任的人，而不是其中的部分人。确定货损责任人，应当依照货运运输合同和调整运输合同的法律，而不是依据权益转让书。船务公司作为本案货物的实际承运人，与作为承运人的运输公司对货损负有连带赔偿责任。

四、综合评析

本案涉及的法律问题是代位求偿权的性质。代位求偿权的性质是法定权利还是被保险人债权的转让是一个有争议的问题。有一种意见认为保险人的代位求偿权来源于被保险人的请求权，因此要根据被保险人的权益转让来确定。但是我国《保险法》（2009 年修订）第六十条规定，“因第三者对保险标的的损害而造成保险事故的，保险人自向被保险人赔偿保险金之日起，在赔偿金额范围内代位行使被保险人对第三者请求赔偿的权利”。该条明确了代位求偿权的法定性，即保险人进行了保险责任赔付后，无须得到被保险人的书面同意或者出具权益转让书，就依法享有了对第三方的债权。被保险人对保险人法定的代位求偿权是不可以任何形式进行处分的，否则保险人可以行使相关的救济，如扣除保险赔款、主张被保险人放弃追偿的行为无效等。本案的判决遵循了代位求偿权法定的原则，认为权益转让书不是请求权转移的必要条件和充分条件，代位求偿权的第三人不依权益转让书确定。

法定代位求偿权设立的目的是为了保护保险人的正当追偿权益，防止被保险人因损失而牟利，同时也是为了让造成被保险人损失的第三人承担最终责任，不使其因被保险人已得到补偿而脱离法律赔偿责任。如果不设立法定的代位求偿权，保险人虽然可以通过债权转移的方式在赔付后取得追偿权，但在债权转移前被保险人是可以自由处分追偿权的，在保险赔付后如因被保险人不同意、怠于将追偿的权益转让给保险人，那么也使保险人的追偿权益得不到有效保护，而被保险人却可能得到超过其损失的赔偿。通过保险事故获得额外利益，这与保险补偿原则相违背。

保险人的代位求偿权不受被保险人出具权益转让书的限制，那权益转让书在代位求偿中的意义何在？在国际保险理赔操作中，被保险人是可以通过权益转让书等债权书面转让的方式将享有的对第三方的债权转让给保险人，而不论保险人是否进行了保险赔付或保险赔付是否合理，被保险人转让给保险人的可以是所有的追偿权益（其中包括保险责任范围外的）。例如，英国的做法是不审查保险人是否进行了保险赔付，而只审查被保险人是否进行了债权转移。在这种理论基础上，权益转让书是证明保险人享有代位求偿权的重要依据。但就目前我国的司法实践而言，在保险人代位求偿案件中，法院审查代位求偿成立的条件是：（1）被保险人的损失在保险责任范围内；（2）保险人实际赔付；（3）在保险赔偿的范围内。因此，保险人是否持有权益转让书丝毫不影响其权利的取得和行使。

案例6　国外法院的判决是否可以在中国执行？

一、案情事由

2000 年 9 月 1 日，安徽省某技术进出口公司（以下简称技术进出口公司）向某保险公司投保一批从上海港运往阿尔及尔港的 14 寸黑白电视机，共计 11 393 箱，保险金额 231 110 美元，险别为海洋运输货物一切险。在出单时，保险公司将投保单和保险单的出单日期都倒签为 8 月 27 日。

实际上，这批货物于 8 月 29 日从上海港开航运往目的港。8 月 31 日，承运船舶在航行于上海到宁波海域时，受“碧丽丝”号强台风的影响，7 只装载该批货物的集装箱落海，另有 3 只集装箱内的电视机严重受损，估损金额 16. 5 万美元。

2001 年 3 月，被保险人正式提出索赔，保险公司就此与被保险人进行了多次谈判，最终由于双方的分歧过大，谈判未果。被保险人向法国马赛商事法院提起诉讼，要求保险公司赔偿其货物损失。

2001 年 10 月 22 日，保险公司接到北京市某中级人民法院的电话通知，告知有法国寄送的传票，委托其代为送达，受送达人是保险人。同时，北京市某中级人民法院在电话中称因传票为法文本，无中文译本，保险人可以拒收。保险公司经研究作出了拒收传票的决定。

2004 年 2 月 24 日，保险公司收到了法国马赛商事法院寄送的关于本案的判决：判令保险公司赔偿货物损失 179 192.79 美元、其他损失 27 733.71 欧元、利息及 5 000 欧元的律师费用。后经双方协商谈判，本案通过和解方式了结。

二、保险公司意见

本案的焦点在于：

1. 国外法院的判决与裁定在什么条件下可以得到承认与执行；

2. 本案保险人是否应当拒赔。

被保险人认为，在诉讼中，被告保险公司未作出任何抗辩，法国马赛商事法院已经对本案作出了生效判决，被告应当履行本案判决。保险公司认为，本案被保险人在保险事故发生后进行投保，违反诚实信用原则，保险人不应当作出赔付，同时，本案传票送达不符合规定程序，判决不应在国内得到承认与执行。

（一）本案判决在国内执行问题

1. 本案判决强制执行适用的程序法。国外法院判决、裁定的承认与执行属于司法协助问题，应当适用有关国际条约的规定。1987 年 5 月 4 日，我国与法国签署了《中华人民共和国和法兰西共和国关于民事、商事司法协助的协定》（以下简称协定），此协定于 1988 年 2 月 8 日正式生效。根据协定第二条的规定：司法协助的范围包括“承认和执行已经确定的民事、商事裁决以及仲裁裁决”。据此，本案判决在我国的承认和执行，应当适用协定。

2. 拒绝承认和执行本案判决的主要抗辩理由

（1）管辖权的问题。

根据协定第二十二条第一款的规定，“按照被请求一方法律有关管辖权的规则，裁决是由无管辖权的法院作出的”，该裁决不予承认和执行。因此，本案中法国法院的判决能否得到承认和执行，首先需要明确的是“根据我国法律有关管辖权的原则，法国法院是否对本案具有管辖权”的问题。

根据《最高人民法院关于适用〈中华人民共和国民事诉讼法〉

若干问题的意见》第二十五条的规定："因保险合同纠纷提起的诉讼，如果保险标的物是运输工具或者运输中的货物，由被告住所地或者运输工具登记注册地、运输目的地、保险事故发生地的人民法院管辖。"

在本案中，被告住所地和运输目的地分别为中国北京和阿尔及尔，保险事故发生在上海到宁波海域，上述地点都不在法国；本案的船舶注册地为英国伦敦，也不在法国境内。因此，根据《最高人民法院关于适用〈中华人民共和国民事诉讼法〉若干问题的意见》第二十五条的规定，本案法国法院没有管辖权。

（2）传票送达的问题。

根据协定第二十二条第四款的规定"败诉一方当事人未经合法传唤，因而没有出庭参加诉讼"作出的裁决，不予承认和执行。根据现有材料，本案出庭传票在送达时，主要存在下列问题：

根据协定第六条的规定，请求送达的司法文书和司法外文书应一式两份，并附有被请求一方文字的译本。另外，根据司法部、最高人民法院和外交部共同制定的《关于执行海牙送达公约的实施办法》第四条的规定，对于未附中文译本而附英、法文译本的文书，除双边条约中规定英、法文译本为可接受文字外，受送达人有权以未附中文译本为由拒收。

在本案中，法国马赛商事法院在送达出庭传票时，没有提供中文译本。在协定中，也没有约定法文为可接受的文字。因此，保险公司可以根据此条规定拒收该传票，不到庭参加诉讼。

总之，如果该法国判决一旦在国内提起强制执行之诉，保险公司可以法国法院没有管辖权或者传票未附中文文本、不构成有效送达为由作出抗辩。

（二）本案判决在英国执行的法律分析

由于该保险公司在英国有一定财产，被保险人可能要求英国法院执行法国法院的判决，执行其在英国的财产。

1. 英国法院执行法国判决应适用在布鲁塞尔签订的《关于民商事案件管辖权及判决执行的公约》的有关规定。1968 年，欧洲共同体六个原始成员国法国、联邦德国、比利时、意大利、卢森堡和荷兰在布鲁塞尔签订了《关于民商事案件管辖权及判决执行的公约》（以下简称公约）。英国加入欧盟后，也适用公约。本案被保险人如果请求英国法院承认并执行法国判决，英国法院将根据公约的规定处理。

2. 英国法院执行法国判决不需作出实质审查。公约第二十九条规定："在任何情况下，不能对外国判决的实质性问题，加以审查。"因此，如果本案被保险人申请英国法院执行保险公司在英国的财产，英国法院不会对原判决是否合理、保险人是否应该承担赔偿责任等实质性问题予以审查。

3. 保险人申请英国法院拒绝承认和执行法国法院判决存在较大的困难。同为欧盟成员国的英国和法国都是公约的缔约国，因此，法国判决在英国的强制执行应适用公约的规定，而公约关于缔约国的判决在另一缔约国的强制执行的规定是非常宽松的。

就本案来说，除非保险人能够证明存在公约第二十七条第二款规定的情况，否则，当事人只要在英国高等法院作一个简单的登记（registration），即可将本案判决转化为一个英国法院的判决，从而得到承认和执行，这一程序相对来说较为简单而且迅速。因此，为使法国法院的判决在英国得不到执行，保险人必须证明存在公约第二十七条第二款规定的情况。

公约第二十七条第二款规定，"下列判决不能予以承认：……（二）如果因被告由于未及时收到有关起诉的文件，使他不能有充分时间安排辩护，而作出的缺席判决"。另外，公约第四十六条规定，"要求承认或申请执行判决的当事人应提出：（一）符合认证所需条件的判决副本；（二）如系缺席判决，须提供已将传票送达缺席一方当事人的证明正本或证明无异的副本"。公约第四十八条规定，如未提出第四十六条第二项及第四十七条第二项规定的文件，法院可以要求其限期提交该文件或接受相当的文件，或如法院认为已有足够的证明，可以免予提交有关证明。

根据上述规定，结合材料表明：出庭传票送达时，保险人并未签收，因此，被保险人无法向法院提交保险人签收传票的证据。但是，在法国法院的判决中指出保险人的代理AACT公司曾经联系过保险人，而保险人没有回应，也没有到庭应诉。此情节极有可能会被英国法院认为已有足够的证明，从而免除对方提交证据的义务。

（三）关于本案保险责任的法律分析

如果被保险人在国内就本案重新起诉，并争取获得有利判决，那么也可以实现其目的。这就需要分析本案的实体责任问题。在倒签保单的问题上，现有证据对保险人并不十分有利，因为在投保单和保险单上显示的出单日期都为2000年8月27日，只有在保险人的电脑出单记录中显示该保险单实际为2000年9月1日15时49分出具。如果本案一旦在国内起诉，通过电脑记录推翻保险单上的出单日期的可能性很小。因为法院可能会认为电脑记录是可以更改的，而保险单上的日期却是实实在在打印在保单上的。

进一步说，即使保险人能够证明倒签保单的事实成立，为了豁免保险责任，保险人还必须证明投保人存在违反诚实信用原则的情况，也即保险人还必须证明投保人在投保时已经明知发生了保险事故并进行了恶意投保。但目前尚缺乏直接证据证明被保险人存在恶意投保的情况，有关被保险人违反诚实信用原则的观点源于推测。事实上，本次航程一共有3个公司投保，分别为甲公司、乙公司和被保险人。乙公司在遭遇台风的当天（8月31日）即知道了船舶出险的情况，并将其原本不准备办理保险的货物紧急办理了保险。因此，某保险公司认为既然乙公司能在出险的当天知道情况，则被保险人也同样应该知道该情况。另外，某保险公司还从法国买家以往从不办理保险的交易习惯等论证被保险人存在违反诚实信用原则的情况。

上述论证并不周密，所有的判断尽管有一定的道理，但并非是建立在直接证据的基础之上。就现有证据分析，保险人拒赔理由不充分。

（四）双方协商解决纠纷是较好的选择

1. 对于被保险人而言，在国内申请执行法国法院的判决存在管辖权、传票未有效送达等问题，可能无法得到法院的支持。

2. 对保险人而言，由于法国法院已经作出判决，且法国和英国都为公约缔约国，因此存在英国法院根据法国判决执行其在英国的财产的可能性；为了有效抗辩对方有可能在英国提起的强制执行申请，保险人还需支付大量的律师费用聘请法国律师调查 AACT 公司的情况、聘请英国律师提出抗辩，而本案标的也只有 20 多万美元，相比支出的律师费用，可能得不偿失；如果法国法院关于本案的判决在英国和中国都得不到执行，则被保险人有可能在国内再次起诉保险人，且根据现有证据，保险人胜诉的可能性不大。

三、综合评析

1. 随着涉外保险业务的增多，保险人的涉外诉讼会越来越多。在处理涉外诉讼有关事宜时，保险人应当结合我国法律和国际条约的规定，认真审查有关法律程序问题，维护自身权益。

2. 本案中，被保险人及法国法院在管辖法院、司法文书送达等问题上的错误，导致判决在国内无法得到承认与执行。但这并不意味着保险人可以忽视本案的实体责任问题。事实上，保险人直到法国法院作出判决后，也没有查明被保险人是否存在违反诚实信用的行为，也没有更充分的证据证明确实存在倒签保单日期的情况，保险人仅凭一些推测作为拒赔理由，严重缺乏证据支撑，使自己处于不利地位。如果对方或法国法院在有关程序问题上避免错误，则该判决可直接由国内法院执行，使保险人承担很大损失。在今后的涉外业务处理中，保险人应与处理国内业务一样，重视证据，切不可抱有幻想，认为外国法院无法在国内执行；一旦发生诉讼，保险人应当积极处理，根据情况决定协商和解或应诉抗辩，以免造成不必要的损失。

案例 7　一切险不是承保一切风险

一、案情事由

1995 年 11 月 28 日，被保险人在某保险公司投保了由“哈卡”轮所承运的自印度尼西亚杜迈港运至中国洋浦港的 4 999.85 吨桶装棕榈油，投保险别为海洋运输货物一切险，保险金额为 3 952 158 美元。

投保后，被保险人依约支付了保险费，保险公司出具了保险单。

该轮于1995年11月29日从杜迈港起航，之后并没有按期抵达中国洋浦港。经查，该轮承运人在承运上述货物后，以未收到租金为由将船上货物的一部分私自转运销售，随后更改船名，将其他货物走私至广东汕尾。后被保险人发现该轮在汕尾被广东边防局以涉嫌走私扣押。广东边防局同时扣押了剩余货物，并将该货物作为走私物品处理。

被保险人认为按照《中国人民保险公司海洋运输货物保险条款》（一切险）的规定，一切险承保范围包括平安险和水渍险的各项责任外，还“负责被保险货物在运输途中由于外来原因所致的全部或部分损失”。本案中被保险人依约收货已经不可能，该货已经实际全损，且该损失是由于其不能预测和控制的外来原因所致，因此保险公司对此应予赔付。但保险公司认为本案保险标的的损失是基于商业和社会风险，被保险人如欲获得保险保障则应投保特别约定险种，如交货不到险，本案原告的损失系政府行为和交货不到所致，不在一切险承保范围内。双方为此发生争议，被保险人于是向法院提起诉讼。

二、保险公司意见

保险公司认为，根据一切险条款的规定，一切险除负责“上述平安险和水渍险的各项责任外”，“还负责被保险货物在运输途中由于外来原因所致的全部或部分损失”，因此只有符合如下条件保险人才会予以赔付：保险标的必须有损失、必须是运输途中的损失、必须是外来原因所造成的损失。其中，对于“外来原因所致的全部或部分损失”如何理解，成为理解一切险责任范围的关键。

（一）一切险条款承保的绝对不是一切风险

从汉语的字面理解，一切就是所有，一切险就是所有风险。因此，有人认为，只要是因为外来原因所造成的损失，保险人都应当负责赔偿，除非条款明确除外。产生这种错误理解的根本原因，在于公众对保险这个特殊行业缺乏了解。一切险是保险上的专用名词，不能仅仅从字面理解该名词。

保险是以特定的风险为对象，因此，条款提及的外来原因所致的货损实际是指外来风险所导致的货损。作为保险所保的特定风险，需要具备以下几个因素：（1）危险发生与否不能确定，即危险的发生具有或然性；（2）危险发生的时间不能确定；（3）危险所导致的后果不能确定；（4）危险的发生对于被保险人而言必须是非故意的。

此外，如果保险条款没有特别加保，一切商业风险或者社会风险所导致的损失均不属于条款的责任范围。因为从保险原理来看，保险人一般只保纯粹风险（即风险发生的后果只有损失机会而没有获利机会的风险），而不保投机风险（即风险发生的后果既有损失机会又有获利可能的风险），如商业风险。《最高人民法院关于中国上海抽纱进出口公司与中国太平洋保险公司上海分公司海上货物运输保险合同纠纷请示的复函》（〔2000〕交他字第8号）也认为商业风险所造成的损失不属于一切险责任范围。此外，对于政府行为等社会行为所致的损失，因为无法通过大数法则进行评估和测算，通常不属于商业保险承保的范围，因此也不属于一切险的责任范围。

（二）两种主要观点分析

在排除保险人通常不保的上述风险之后，对于一切险条款所称“外来原因所致的全部或部分损失”的解释，实践中还存在狭义、广义两种不同的观点。

1. 狭义的观点：一切险条款的责任范围为平安险、水渍险以及11种一般附加险的总和。理由如下：

（1）一切险条款的制定和施行带有强制性。从我国海洋运输货物条款的演变历史可以看出，无论是1981年条款，还是1995年条款，都是当时国家金融保险行政主管机关制定的全国统一实行的外币保险条款，在一定程度上具有行政规章的属性。在1994年《中国人民银行关于下发外币保险业务类保险条款的通知》（银发〔1994〕328号）下发后，包括海洋运输货物保险条款在内的外币保险条款的行政规章属性更进一步得到确认和加强。它们作为银发〔1994〕328号文的附件，成为对所有保险公司具有普遍约束力和强制性的行政规章的组成部分。这表现在：该文及所附条款的发布者中国人民银行具有明确的法律授权，是其为履行《保险企业管理暂行条例》规定的“审定基本保险条款和保险费率”等职责而发布的；该文及所附条款发布的对象是当时市场上所有的保险公司，包括外资保险公司，具有普适性；该文及所附条款具有法律强制性，各保险公司都必须严格执行，不允许有任何变更，否则将受到行政处罚，该文还明确规定了处罚的方式和幅度。

可见，一切险条款是国家强制施行的行政规章，而非作为平等民事主体一方的保险人单方拟定的格式条款。这种法律属性决定了该条款的解释权只能归于中国人民银行。

为了指导各保险公司正确执行一切险条款，避免争议的发生，中国人民银行于 1997 年以《中国人民银行关于〈海洋运输货物保险“一切险”条款解释的请示〉的复函》（银函〔1997〕210 号）专门对一切险条款作出明确解释。该文明确指出，“一切险承保的范围是平安险、水渍险及被保险货物在运输途中由于外来原因所致的全部或部分损失。外来原因仅指偷窃、提货不着、淡水雨淋、短量、混杂、玷污、渗漏、碰损、破损、串味、受潮受热、钩损、包装破裂、锈损”。应该特别说明的是，该解释并非针对某一具体案件所作出，而是专门针对其以《中国人民银行关于下发外币保险业务类保险条款的通知》（银发〔1994〕328 号）颁布的海洋运输货物条款（一切险）所作的解释。

1998 年，中国人民银行以《中国人民银行关于对海洋运输货物保险条款解释的复函》（银条法〔1998〕70 号）的形式再次对一切险条款的责任范围作了相同的规定。

中国人民银行上述的两个文件更加明确地界定了海洋运输货物一切险的责任范围，是对《中国人民银行关于下发外币保险业务类保险条款的通知》（银发〔1994〕328 号）的解释和补充，任何对于一切险条款的理解都应依此进行。

此外，中国保险监督管理委员会保险中介监管部为保险公估人资格考试而编著的《保险理论与实务》一书中也阐明了同样的观点，继承了前任保险监管机关中国人民银行的观点。

（2）大多数专家学者支持这种观点。大多保险法专家赞成此种观点，如李嘉华主编的《涉外保险法》、曾立新编著的《海上保险学》、吴小平主编的《保险原理与实务》等书籍。另外，广州海事法院张贤伟法官的文章《论 PICC 货物“一切险”条款的承保范围》也支持此种观点。

(3) 有些法院判决也支持这种观点。海南省高级人民法院对海南“哈卡”轮案的判决以及广州海事法院对广东新亚油脂公司案的判决也与这种观点一致。

2. 广义的观点：一切险的责任范围为平安险、水渍险和 11 种一般附加险以及其他普通风险的总和。理由如下：

(1) 我国 1981 年海洋运输货物保险条款将平安险、水渍险和一切险合并规定在一个条款中。其中，对于平安险和水渍险的责任范围，条款采用分别列明具体承保危险的方式确定，而对于一切险的责任范围，条款规定除了包括平安险和水渍险的责任外，还包括外来原因造成的货物损失。与平安险和水渍险不同的是，条款并未明确指明外来原因具体包括哪些承保危险，因此，一切险承保的外来原因在性质上与平安险和水渍险承保的列明危险是不同的，外来原因并不是指列明危险，也不应限于列明危险。

(2) 根据我国《保险法》(2002 年修订) 第三十一条[①]，如果对保险合同条款的理解有争议，应当作有利于被保险人的解释。根据保险条款的措辞，被保险人主张一切险的外来原因不限于 11 种一般附加险所承保的危险也是合理的，法院应当作有利于被保险人的解释，认定外来原因应包括但不限于 11 种一般附加险所承保的危险。

(3) 中国人民银行对一切险责任范围的解释，仅是其作为主管机关对保险公司请示的答复，不具有法律效力，如果被保险人在订立合同时并不知道该解释，而且保险人也没有对被保险人予以说明，则该解释对被保险人并无约束力。

---

① 我国《保险法》(2009 年修订) 对应的法条为第三十条：采用保险人提供的格式条款订立的保险合同，保险人与投保人、被保险人或者受益人对合同条款有争议的，应当按照通常理解予以解释。对合同条款有两种以上解释的，人民法院或者仲裁机构应当作出有利于被保险人和受益人的解释。

可见，根据我国1981年海洋运输货物保险条款和现有法律规定，一切险的责任范围除包括平安险、水渍险和11种一般附加险所承保的危险造成的损失以外，还应当包括其他普通风险造成的货物损失，但保险人对条款中规定的除外责任造成的损失不负赔偿责任。

3. 我们倾向于用狭义的观点解释一切险的责任范围。上述两种观点都有各自的道理。由于我国法律缺乏相应法定除外责任的规定，如果按照广义的观点明确一切外来原因所致损失在一切险条款下都可以得到赔偿，尽管从表面上看与国际通用条款保持了一致，但在责任范围上却不同，导致我国条款的责任范围宽于国际通用条款的责任范围。另外，考虑到目前公众对保险原理的认知水平以及我国的司法水平，如果用广义的观点来理解一切险条款，法院在判案时可能作出五花八门的解释，反而容易引发更多的纠纷。

总体而言，保险公司更倾向于用狭义的观点来解释一切险条款的责任范围。

三、法院意见

（一）一审法院判决

一审法院查明被保险人在保险公司投保了由“哈卡”轮运输的自印度尼西亚杜迈港至中国洋浦港的桶装棕榈油，投保险别为海洋运输货物一切险。一切险的承保范围包括平安险、水渍险的各项责任以及外来原因所致的全部或部分损失。该条款还规定了5项除外责任。同时，法院还查明，该轮所载的棕榈油确系被走私盗卖。基于上述事实，法院认为，被保险人与保险公司之间订立的保险合同有效，双方的权利义务关系应受保险单及所附保险条款的约束与调整。本案保险标的的损失是由于“哈卡”轮船东的盗卖和走私行为造成的，属于原告所不能预测和控制的外来原因，应在一切险的责任范围之内，而保险公司所提出的本案保险标的的损失是基于商业和社会风险、属于一切险条款除外责任的主张，因在保险条款的除外责任中没有明确列明，也没有在订立保险合同时明确告知被保险人，因此法院不予支持。

1996年12月25日，一审法院判决保险公司赔偿被保险人

3 593 858.75美元；驳回被保险人的其他诉讼请求；诉讼费由双方分担。保险公司于是向当地省高级人民法院提起上诉。

（二）二审法院判决

二审法院认为，根据保险单所附的保险条款和保险行业惯例，一切险的责任范围包括平安险、水渍险和11种一般附加险。《中国人民银行关于〈海洋运输货物保险“一切险”条款解释的请示〉的复函》（银函〔1997〕210号）也作了相同的明确规定。可见，被上诉人保险标的的损失不属于一切险的责任范围。此外，鉴于上诉人与被上诉人有长期的保险业务关系，在本案纠纷发生前，双方曾多次签订保险合同，并且上诉人还做过一切险范围内的赔付，被上诉人对本案保险合同的主要内容、免责条款及一切险的责任范围应该是清楚的。因此原判以本案保险标的的损失属于一切险的责任范围及上诉人未尽说明义务为由判令上诉人承担赔偿责任不当。1997年10月27日，二审法院以判决书撤销了一审判决并驳回被上诉人的诉讼请求。

（三）最高人民法院再审判决

被保险人对二审判决不服向最高人民法院提起申诉。最高人民法院将申诉材料转到某高级人民法院。某高级人民法院于2001年12月3日以“驳回再审申请通知书”裁定被保险人的申诉理由不成立。

随后，被保险人继续向最高人民法院提出申诉。被保险人认为，本案投保货物不属于一切险的责任范围的认定明显超越本案所涉《中国人民保险公司海洋运输货物保险条款》（一切险）对除外责任的明确约定。《中国人民保险公司海洋运输货物保险条款》（一切险）并未书面约定一切险的责任范围包括平安险、水渍险和普通附加险，保险人及其保险业务代表根本没有向被保险人说明一切险的范围，更未说明提货不着险的责任范围。最高人民法院于2003年8月作出提审本案的裁定。

2004年7月，最高人民法院对本案作出再审判决。在该判决中最高人民法院认定：本案为国际海洋运输货物保险合同纠纷，被保险人、保险货物的目的港等均在中华人民共和国境内，原审以中华人民共和国法律作为解决本案纠纷的准据法正确，双方当事人亦无异议。

被保险人与保险公司之间订立的保险合同合法有效，双方的权利义务应受保险单及所附保险条款的约束。本案保险标的已经发生实际全损，对此发货人没有过错，也无证据证明被保险人存在故意或过失。保险标的的损失是由于“哈卡”轮船东与租船人之间发生租金纠纷，致使船东将船载货物运走销售和进行走私造成的。本案争议焦点在于如何理解涉案保险条款中一切险的责任范围。从本案保险条款的规定看，除5项除外责任的规定外，保险人应当承担包括平安险、水渍险以及被保险货物在运输过程中由于各种外来原因所造成的损失。何谓运输过程中的外来原因，属于对保险条款的解释，格式条款的提供方应对责任免除条款予以说明。保险公司不能证明其在签订保险合同时向被保险人说明因承运人的非法行为将整船货物盗卖或者走私造成的损失不属于保险责任范围，因此，应当按照合同约定承担赔偿责任。原审以保险公司与被保险人有长期业务关系为由，认定被保险人对责任范围是清楚的，在事实和法律上均无依据，应予以纠正。

另外，对于保险公司在原审中提供了中国人民银行给保险公司的复函，对一切险条款作出解释，以证明本案事故不属于保险责任范围。最高人民法院认为，根据我国《保险法》的规定，保险人应当在订立保险合同时向投保人说明保险合同条款的内容。中国人民银行作为当时保险行业的主管机关，在涉案保险事故发生之后对保险合同条款作出的解释，不应适用于本案。且从中国人民银行的复函看，亦不能得出本案事故不属于一切险责任范围的结论。

综上，最高人民法院认为，本案保险标的的损失不属于保险条款中规定的除外责任之列，应为收货人即被保险人无法控制的外来原因所致，故应认定本案保险事故属于一切险的责任范围。原审认为被保险人投保货物的损失不属于一切险的责任范围错误，应予以纠正。被保险人的再审申请理由依据充分，应予支持。判决撤销某高级人民法院民事判决书，维持一审法院民事判决。本案一、二审案件受理费各人民币184 674元，均由保险公司承担。该判决为终审判决。

四、综合评析

对于海洋运输货物一切险的责任范围问题引发的争议，保险人应当全面阐述自己的观点，以正本清源，明确是非，争取胜诉。同时，保险人可以与有关部门积极沟通，争取明确一切险的责任范围。另外，海洋货物运输保险条款应该内容明确，措辞准确，尽量避免产生争议，并且应与国际贸易、运输的实践相结合，真正起到为国际贸易、运输服务的作用，否则将可能导致被保险人对保险条款的信任危机。保险人也可以通过修改一切险条款的途径，与国际上的通常做法保持一致，这是避免争议的最佳方式。

案例 8　保险理赔中对提货不着的理解

一、案情事由

某抽纱公司与保险公司签订海洋运输货物保险合同，把从上海运往圣彼得堡的 9 127 箱玩具向保险公司投保了一切险和战争险，责任期间是“仓至仓”。某船务公司作为承运人公司的代理，为抽纱公司签发了上海至圣彼得堡的全程提单。货物运抵目的地后，由于客户迟迟不付货款，被保险人遂持正本提单到圣彼得堡提货，却提货不着。

被保险人抽纱公司认为提货不着是保险合同约定的一种风险，以此向保险公司索赔，但遭保险公司拒绝，遂向法院提起诉讼，请求判令被告按约定赔偿原告被保险人的货物损失 550 508 美元和延迟理赔期间的利息损失，诉讼费由被告负担。

二、保险公司意见

保险公司在接到报案后，结合案情与条款进行了分析，认为：

1. 所谓提货不着，是指“整件提货不着”，而且必须伴有偶然的、意外的保险事故发生，否则保险人无赔偿责任。本案货物已经运抵目的地并被收货人清关提走，去向是明确的。这个事实说明，不存在提货不着的问题。

2. 抽纱公司与保险公司签订的是海洋运输货物保险合同，责任期间是“仓至仓”。圣彼得堡没有抽纱公司的仓库或储存场所，只要货物运抵圣彼得堡的仓库或储存场所，就应当视为运抵指定的仓库或储存场所。收货人是在圣彼得堡的储存场所提走本案货物，提货时没有提出货物索赔。这个事实说明，本案货物安全运抵。海洋运输货物保险属于财产损失保险，保险标的是运输中的货物。只有货物本身在保险期间由于外来原因，造成形体上的损坏或发生了费用，才可以向保险人索赔。

3. 在本案中，收货人是凭填写着自己名称的二程海运正本提单和铁路运单提货，提取的是其购入并已支付了部分价款的货物，并通过正常渠道报关完税，不是非法提货。按海洋运输货物保险合同的“仓至仓”条款，只要是向合法的、贸易合同预定的任何一个收货人（包括买卖合同买方、提单或运单上指定的收货人、被保险人）安全、合法地交货，保险人的保险责任就终止了。

4. 作为收货人的买方提货后不付货款，是出口信用保险的承保范围，不属于海洋运输货物保险的承保范围。抽纱公司把买方提货后不付货款的商业信用风险当做海上货物运输风险向被告索赔，混淆了保险标的的类别，于法无据。

5. 无论是海上货物运输合同中的承运方擅自处分、违约交付货物，还是购销合同的买方提货后不付款，都不是海洋运输货物保险合同所指的“运输途中的外来原因”或者海上“保险事故”。特别是买方提货后不付货款，必然发生在货物运抵目的地仓库之后，不属于“仓至仓”责任期间。海洋运输货物保险合同的保险人对这些原因造成的损失，没有赔偿义务。

6. 根据《中华人民共和国民法通则》第七十二条第二款关于“财产所有权从财产交付时起转移”的规定和买卖双方约定的贸易条件，抽纱公司的货物在上海港装船时，所有权和风险均已从抽纱公司方转移给了买方，所以原告没有保险利益。

7. 没有证据证实本案中海上货物运输的代理人在中国合法注册，有权以自己的名义在中国承揽货运、签发提单。抽纱公司持有的这样一个无资格从事海上货物运输的人开出的提单，不具有物权凭证作用。

8. 抽纱公司在货物卸离海轮满60天，保险人的责任已终止后才第一次调查货物下落，又在货物被买方提走后2个多月才提货，提货不着后又没有及时申请检验人检验。抽纱公司作为被保险人不能正确履行合同义务，保险人有权拒绝承担赔偿责任。

三、法院意见

法院在调查后认为：

原告抽纱公司和被告保险公司签订的海洋运输货物保险合同依法成立，对双方当事人具有法律约束力。本案所涉海洋运输货物保险合同，使用的是中文偷窃、提货不着险条款，在保险合同订立时，没有对该条款作过其他解释或附加其他条件。应当认为，这是本案被告保险公司向原告抽纱公司承诺，只要被保险的货物“整件提货不着”，将按现有中文条款文义承担责任。《中华人民共和国海商法》第七十一条规定，“提单，是指用以证明海洋运输货物合同和货物已经由承运人接收或者装船，以及承运人保证据以交付货物的单证”。由此可以看出，提单代表着货物的所有权，是物权凭证。原告抽纱公司作为本案货物海运正本全程提单的持有人、海上货物运输保险合同的被保险人，持有提单却提货不着，既然保险合同已将偷窃、提货不着约定在风险责任范围内，则当这种事故发生时，保险公司理应承担赔偿责任。

双方当事人对本案存在着承运人无单放货和收货人无正本全程提单而提货的事实均无异议。在止本全程提单转让前，原告抽纱公司自己即是收货人，“仓至仓”条款所指的“目的地收货人的最后仓库或储存处所”，是指抽纱公司在目的地的最后仓库、储存处所。本案货物由不是正本全程提单持有人的人提走，因此即使提货时没有提出货物索赔，也不能说明本案货物已安全运抵、不存在形体上的损坏或发生了费用等问题。

合法、安全地交货，是指向正本提单持有人交货，并非向任何人交货都是安全的、合法的。原告抽纱公司持有正本全程提单，有权根据贸易合同的履行情况，通过控制提单而控制货物的所有权。抽纱公司既可以通过转让提单而实现向贸易对方交货，也可以自提，都是合法的、正常的贸易做法。买方无正本全程提单而提走了货物，即使经过清关，也不能认为货物被安全、合法地提走和未发生保险事故，保险人的“仓至仓”保险责任并未终止，抽纱公司有权凭正本全程提单向保险人索赔。

出口信用保险只适用于货物合法地交付给贸易买方而买方不付款的情况。本案的货物没有合法交付，致使原告抽纱公司持有正本全程提单却提货不着。抽纱公司遭受的这个损失，不在出口信用保险的承保范围。

根据国际贸易惯例，贸易条件或相关的价格术语只涉及货物风险的转移，并不涉及货物所有权的转移。本案货物按照商定的贸易条件装船，只是转移了货物风险，并不转移所有权；货物交到船上，只是交给承运人，而不是交给买方，货物所有权仍然在提单持有人手中，不存在《民法通则》第七十二条关于“财产所有权从财产交付时起转移”的问题。原告抽纱公司作为持有正本全程提单的被保险人，当然对货物享有所有权和保险利益。被告保险公司辩称抽纱公司对本案货物没有保险利益，是对法律的误解。

承运公司在本案所涉提单上的身份是国际货运代理人，可以从事包括海运在内的多式联运，从而具有承运人资格，并可签发全程提单。即使承运公司未在中国合法注册而在中国承运货物，也只是违反了行业管理和市场准入的行政管理规定，不能据此否定其在民事活动中签发的提单作为物权凭证的效力。被告保险公司的这一辩解，不能成立。

《中华人民共和国海商法》第二百一十六条第二款规定：“前款所称保险事故，是指保险人与被保险人约定的任何海上事故，包括与海上航行有关的发生于内河或者陆上的事故。”由于本案海洋运输货物保险合同约定的责任期间是“仓至仓”，而且承运人采用了海陆联运的方式承运货物，所以对合同中关于“如未抵达上述地点则到货物‘在最后卸载港全部卸离海轮后满60天为止’”的约定，应当理解为是指货物到达最后地点即圣彼得堡并全部卸离运输工具，不是指在东方港卸离海轮。在此期间，原告抽纱公司无论是自提还是向买方交货，都是允许的，不能认为没有及时提货。抽纱公司在被告保险公司负责的“仓至仓”期间内，因提货不着，向保险公司提交了索赔单据和涉案货物在圣彼得堡报关的材料，不能认为未履行保险条款约定的由被保险人提交货损证明、提交单证等义务，保险公司不能拒绝承担赔偿责任。

综上所述，原告抽纱公司诉请被告保险公司赔偿，有事实根据和法律依据，应予支持。

保险公司不服一审判决，提起上诉。

二审法院经审理，除确认了一审认定的全部事实以外，还查明：一切险的责任范围除包括平安险和水渍险的各项责任外，还包括被保险货物在运输途中由于外来原因所致的全部或部分损失，其中有偷窃、提货不着。

二审法院认为：

虽然本案保险单上没有明文将偷窃、提货不着约定为保险合同中应予赔偿的一种风险，但在上诉人保险公司的《主要险种条款汇编》一书中，已经将一切险解释为包括偷窃、提货不着险。鉴于被上诉人抽纱公司投保的是一切险和战争险，因此应当包括偷窃、提货不着险。

保险事故发生后，被保险人只要以所举证据证明保险事故客观存在，就完成了举证责任。至于被保险人从何处取得证据，法律没有特别规定。上诉人保险公司认为被上诉人抽纱公司必须提交责任方出具的证明才能索赔，其理由不能成立。

应当将海洋运输货物保险合同“仓至仓”条款的责任期间，理解为从货物在起运仓库起运开始，至抵达收货人仓库并向提单持有人合法交货时为止的期间。在此期间发生的保险事故，均属保险人承保范围。被上诉人抽纱公司在此期间提货不着，属于上诉人保险公司的责任范围。

提货不着虽然是本案海洋运输货物保险合同中约定的一种风险，但并非所有的提货不着都应当由保险人承担赔偿责任。海洋运输货物保险合同中的风险，一般是指货物在运输过程中因外来原因造成的风险，既包括自然因素造成的风险，也包括人为因素造成的风险。但是，凡海洋运输货物保险合同所指的风险，都应当具备不可预见性和责任人不确定性的特征。托运人、承运人、收货人等利用接触、控制保险货物的便利，故意毁损、丢弃或无单放行以致提货不着，是确定的责任人不正确履行职责而发生的可以预见的事故。本案是因承运人无单放货，造成持有正本提单的被上诉人抽纱公司提货不着。无单放货虽然能导致提货不着，但这种提货不着不具有海洋运输货物保险的风险特征，故不属于保险合同约定承保的风险。

承运人是被上诉人抽纱公司选定的，抽纱公司与其签订了海上货物运输合同。抽纱公司在选定承运人时，有责任审查承运人以及承运代理人的资格和信誉。当承运人故意违约无单放货时，抽纱公司应当根据海洋货物运输合同的约定，向这个确定的责任人追究违约责任。抽纱公司不去追究承运公司的违约责任，却以“提货不着是约定的风险”为由，起诉请求判令上诉人保险公司赔偿，致使应承担无单放货违约责任的承运公司免受追偿。抽纱公司的诉讼请求，不仅不符合承运人应该根据提单交货的国际惯例，有悖于海洋运输货物保险合同中保险风险系外来因素造成的特征，混淆了海上货物运输合同与海洋运输货物保险合同之间的法律关系与责任界定，也不符合公平、正义的法律原则。

综上所述，虽然本案的海洋运输货物保险合同中约定承保偷窃、提货不着险，但对承运人无单放货造成的提货不着，上诉人保险公司可不承担赔偿责任。原判从字义上对偷窃、提货不着险作出的解释，不符合保险合同只对外来原因造成的风险给予赔偿的本意，不当地扩大了保险人的义务。保险公司此一上诉理由成立，予以采纳。原审判决不当，应予纠正。

至此本案终结。

四、综合评析

1. 如何理解海洋运输货物保险中的提货不着险，是本案双方当事人争议的焦点。提货不着险条款，来源于英国海上保险中的 non－delivery（交货不能或没有交货）条款。但中文的提货不着，在文义上已经脱离了 non－delivery，即不仅包括 non－delivery 文义中因承运人交货不能所致的提货不着，还包括其他原因所致的提货不着，既可能是因货物本身形体的绝对损坏或灭失而造成的提货不着，也可能是像同条款的偷窃一样，因货物脱离所有人而造成的提货不着。

2. 在水险保险事故中，对于保险事故责任方的确定是重中之重，然后才是各方之间的利益关系的确定。联系到本案中，抽纱公司对于本次事故的第一责任方承运人的无单放货视而不见，一味对保险公司就本次事故进行索赔，搞乱了主次关系，造成了自身在本案中的被动。

3. 对于涉外的运输保险，特别是初次承保或初次运输，保险公司本着谨慎、负责的原则，有必要同被保险人对于承运人的选择、承运路线、承运方式的确定进行沟通，以避免诸如本案的非常规风险的发生。

案例9　公估报告的法律地位

一、案情事由

某船务公司于2004年5月9日与某保险公司签订修船责任保险协议书，保险期限自2004年5月9日0时起至2005年5月8日24时止，每次事故赔偿限额为500万元，累计赔偿限额为2 000万元，每次事故免赔5 000元或5%（以高者为准）。2004年6月12日10时许，发生火灾，造成NJ轮损失。

船务公司称，在维修该船时，工人在该船3号舱的左后部实行焊接作业，焊接的火花将附近的木制材料及绝热材料引燃，造成事故。经消防监督站据实认定：该火灾是因3号冷藏舱最上层小隔舱内点焊作业引燃附近泡沫绝热材料引起，属明火作业不慎引发火灾。保险公司聘请CS公估中心对此事故损失进行评估，认定损失金额为1 868 119元；与此同时，船务公司自行聘请HS公估公司也对NJ轮展开损失公估，认定损失金额为5 750 534元。

二、法院意见

由于数额相差巨大，双方多次协商无法达成一致，船务公司为此诉诸法院，请求法院判令保险公司依据保险合同赔付火灾损失500万元。同年12月2日，海事法院立案受理并指定TH公估公司进行第三次公估。TH公估公司根据诉讼双方所提供的材料及NK船级社验船师签发的检验报告，对该事故损失项目、修理金额重新审核，核定损失金额为4 003 164元。

法院对本案涉及的所有损失及事故原因、责任作出确定：

1. NJ轮损坏原因系火灾造成，火灾系船务公司员工明火作业不慎造成，符合修船责任保险条款第二条第一款之规定，属保险责任范围内事故；

2. NJ轮火灾损失金额为4 003 164元；

3. 该案事故免赔：4 003 164元×5% =200 158.2元；

4. 火灾施救费26 000元（消防药剂，食品级二氧化碳），由船务公司自行承担；

5. 法院诉讼案件受理费35 390元由船务公司自行承担。

经海事法院调解，诉讼双方友好协商达成一致，由保险公司承担该事故NJ轮火灾损坏赔偿3 798 000元及海事法院指定TH公估公司的公估费50 000元。

三、综合评析

保险公估报告在案件的审理过程中发挥了决定性的作用，是法官认定事实、适用法律的依据。保险公估报告在保险诉讼中的法律地位，一是取决于相关法律法规对保险公估机构的授权认可；二是取决于《民事诉讼法》及高级人民法院对评估机构备案及资质要求的规定。具体根据如下。

（一）保险公估机构资质的法律授予及相关规定

评估鉴定行业属于特殊行业，由于行业的技术性和知识的复合性较高，并且从事的主体必须承担相应的社会责任，因而对此行业国家采取特许授权的管理方式。

1. 《中华人民共和国行政许可法》对检验、鉴定机构行政许可的法律规定。《中华人民共和国行政许可法》第十二条第三款规定：“提供公众服务并且直接关系公共利益的职业、行业，需要确定具备特殊信誉、特殊条件或者特殊技能等资格、资质的事项。”对保险标的物检验鉴定评估工作涉及公众利益，对社会安定和谐具有重大作用，因而根据《行政许可法》的规定，国务院以法规的形式授权中国保险监督管理委员会具体实施行政许可。

2. 国务院以法规的形式对保险鉴定、评估设定了行政许可。2004年6月29日，国务院第412号令《国务院对确需保留的行政审批项目设定行政许可的决定》确定一批国家行政机关依法设置评估、鉴定等资质的行政许可审批权。具体到中国保监会，有关检验、鉴定评估方面的主要权限有保险公估机构的审批、保险公估从业人员资格的核准、保险公估机构高级管理人员任职资格的核准等5项权利。明确了中国保监会对保险公估机构进行监督管理的权限。

3.《保险公估机构管理规定》。2001年，中国保监会以部门规章的形式制定了《保险公估机构管理规定》，对公估机构的业务范围、设立、从业资格及因承担的法律责任都作了相应的规定，从而为保险公估工作进入规范化、标准化、公平公正地开展工作打下了坚实的基础。

（二）《保险法》中公估机构适用的相关规定

我国《保险法》（2009年修订）第一百二十九条规定："保险活动当事人可以委托保险公估机构等依法设立的独立评估机构或者具有相关专业知识的人员，对保险事故进行评估和鉴定。接受委托对保险事故进行评估和鉴定的机构和人员，应当依法、独立、客观、公正地进行评估和鉴定，任何单位和个人不得干涉。前款规定的机构和人员，因故意或者过失给保险人或者被保险人造成损失的，依法承担赔偿责任。"本条对公估机构适用条件及范围作出了明确规定。一是受聘进行保险事故评估和鉴定的机构必须是依法设立的独立的专业机构；二是受聘进行保险事故评估的评估人必须具有国家规定的专业资质；三是保险公估人对其过错行为应依法承担赔偿责任。

（三）保险诉讼中与鉴定机构相关的法律规定

1. 对鉴定证据的规定。2007年修订的《中华人民共和国民事诉讼法》第六十三条规定，证据有下列几种：书证、物证、视听资料、证人证言、当事人的陈述、鉴定结论、勘验笔录。

2．对专业鉴定机构资质的相关规定。最高人民法院《关于人民法院对外委托司法鉴定管理规定》第四条规定："自愿接受人民法院委托从事司法鉴定，申请进入人民法院司法鉴定人名册的社会鉴定、检测、评估机构，应当向人民法院司法鉴定机构提交申请书和以下材料：（一）企业或社团法人营业执照副本；（二）专业资质证书；（三）专业技术人员名单、执业资格和主要业绩；（四）年检文书；（五）其他必要的文件、资料。"《最高人民法院关于民事诉讼证据的若干规定》第二十六条规定："当事人申请鉴定经人民法院同意后，由双方当事人协商确定有鉴定资格的鉴定机构、鉴定人员，协商不成的，由人民法院指定。"以上两条明确指出了从事检验、鉴定机构主体资格标准及人员标准，是从事司法鉴定工作所必须具备的资质条件的硬性规定。

3．对证据效力的相关规定。《最高人民法院关于民事诉讼证据的若干规定》第七十七条规定："人民法院就数个证据对同一事实的证明力，可以依照下列原则认定：（一）国家机关、社会团体依职权制作的公文书证的证明力一般大于其他书证；（二）物证、档案、鉴定结论、勘验笔录或者经过公证、登记的书证，其证明力一般大于其他书证、视听资料和证人证言；（三）原始证据的证明力一般大于传来证据；（四）直接证据的证明力一般大于间接证据；（五）证人提供的对与其有亲属或者其他密切关系的当事人有利的证言，其证明力一般小于其他证人证言。"本规定对证据效力进行了排级，保险公估机构通过对案件现场的查勘、取证、标的物损失的检验而形成的公估报告书，是集人证、物证、书证、勘验笔录等综合证据形成的鉴定结论，在证据的效力上具有特殊的证明力。

在保险合同纠纷中，保险公估机构以独立的第三方身份，通过对案件现场查勘、检验及损失进行评估后所出具的公估报告，把各个证据之间的内在联系及其待证事实的联系有机结合起来，形成统一的有证明力的证据组合体，在保险诉讼中起着其他证据不可替代的重要作用。保险公估机构在保险诉讼中具有较高的、特殊的法律地位。

案例10　谨防保险合同漏洞风险

一、案情事由

2006年1月16日，某物流集团有限公司（以下简称某物流公司）与某保险公司签订国内货物运输责任预约保险合同，约定保险公司对某物流公司承运货物过程中遭受保险责任范围内的损失所承担的赔偿责任予以赔偿，保险期限自2006年1月17日0时起至2007年1月16日24时止，保险期限为1年。

合同第二条关于保险责任约定：承运的货物在下列事故中遭受损失时，保险公司负赔偿责任：（1）保险条款规定的各类事故；（2）公路全程运输货物盗抢险，即承运的货物在运输中遭到有明显外来盗抢痕迹所产生的损失（除整车盗抢外，其他盗抢事故免赔为1万元人民币或损失金额的10%，两者以高者为准）。

合同第三条约定，保险公司对在保险期限内承运的全部货物均按照货物实际价值的责任额度足额投保，保险货物遭受损失时均依照货物实际价值计算损失赔偿金额。鉴于本保险为预约保险，双方共同确定本保险期限内总保险金额为人民币10亿元整。保险公司不再对该保险金额进行核对和提出异议。

合同第七条关于保险责任起讫期的约定：在本合同的保险期限内，具体到每票货物的保险起讫期，是自某物流公司与客户签订运单时起至收货人验收并提取货物当日的24时终止。

合同第八条承保手续约定：在一般情况下保险公司不提供保险单证给某物流公司，某物流公司不需要对承运的每票货物都填制保险单证，但必须在每月初先向保险公司提供该月预计运输总量，保险公司以被保险人与其客户签订运单而自动承保，在月末时须再向保险公司提供该月实际合计的运输总量。如果某物流公司客户要求提供保险单证，保险公司根据某物流公司提供的情况及要求出具保险单证并传真或邮寄给某物流公司，保险公司不再另行收取邮寄费。

合同第十一条特别约定内容为：（1）每一运输车辆每次运输货物的保险金额在300万元以下的，某物流公司不需要事先通知保险公司，保险公司自动承保；每一运输车辆每次运输货物的保险金额在300万元以上的，某物流公司应当事先通知保险公司，经保险公司同意后保险责任方可生效。（2）某物流公司应要求其客户对托运货物配备适合公路运输方式的外包装。特殊情况下的货物（如机械设备、机床、家具等）可以没有外包装，仍在保险公司保险责任范围之内。

合同第十二条理赔处理约定：（1）运输货物出险后，某物流公司应当及时向保险公司报案……（6）保险事故发生后，保险公司同意某物流公司无须先行赔付给客户，某物流公司可以在没有赔付给客户的情况下直接要求保险公司承担保险赔偿责任；（7）某物流公司客户在托运货物时可以自愿选择保价运输或者非保价运输方式，但某物流公司已经对承运的全部货物按照实际价值足额投保，无论某物流公司客户选择何种运输方式，保险公司均依照货物实际价值计算赔偿金额。

合同签订后，某物流公司按照约定向保险公司支付了第一期保险费人民币20万元。2006年2月22日，某物流公司承运上海某公司的一批鞋子从上海运到大连，并委托辽31918号车实际承运。同月24日，该车运抵大连，在某物流公司卸车过程中发现托运的鞋子部分被盗，经清点确定共计被盗八种规格的鞋子39双，价值25 010元。

事故发生后，某物流公司及时向保险公司及当地公安机关报案。6月9日，某物流公司将全部理赔材料提交给保险公司，要求理赔25 010元。保险公司认为某物流公司对保险标的无保险利益，且未履行合同约定的承保手续，因此，保险合同未成立，某物流公司无索赔依据，作出了拒赔的决定。某物流公司不服，遂向法院提起诉讼。

二、法院意见

一审法院审理后认为：保险人依照法律规定和双方保险合同的约定承担相应的保险责任。本预约保险合同系双方当事人的真实意思表示，双方均应依约履行。原告作为物流企业，向被告投保的是承运货物过程中遭受保险责任范围内的保险事故所造成损失应承担的赔偿责任的责任保险，该责任保险利益系法律上承认的利益，被告提出的原告对保险标的不具有保险利益的抗辩不能成立。原告、被告双方合同中关于承保手续虽然有原告须在每月初先向被告提供该月预计运输总量及月末提供实际合计的运输总量的约定，但根据双方合同第七条及第十一条关于保险责任的起讫期的约定可以判断，原告是否向被告提供了运输总量并非保险责任生效的前提和要件，本次货物运输的保险责任自原告与客户签订运输合同即开始，故对于保险责任期间而发生的保险事故，被告应当依双方约定承担责任。因双方合同中对于理赔程序已有非常明确的约定，原告已及时向被告报案并提出了理赔所需的材料，被告理应及时予以审核并赔付。对于原告提出的本次被盗事故所造成的损失为25 010元，因为被告未提出合理的异议及反证，本院予以确认。但根据双方合同第二条第二款的约定，盗抢事故的免赔额为1万元，故对原告诉请扣除免赔额后的部分应当予以支持。据此，判决保险公司赔偿原告保险赔偿金15 010元，案件受理费1 010元，由被告负担710元。

三、保险公司意见

本案争议的焦点是原、被告签订的保险合同是否有效及原告的事故损失是否属于保险公司的理赔范围。一审法院在审理此案过程中，没有认真审核合同的性质，其作出的判决有进一步商榷的余地。

1. 案涉国内货物运输责任预约保险合同系货物运输预约保险合同，而非运输责任预约保险合同。某物流公司对于案涉保险标的无保险利益。

一审法院对案涉国内货物运输责任预约保险合同的性质认定错误，该预约保险合同应为货物运输预约保险合同，而非运输责任预约保险合同。

某物流公司与保险公司于2006年1月16日签订一份国内货物运输责任预约保险合同。该合同第二条保险责任约定："甲方承运的货物在下列事故中遭受损失时，乙方负保险赔偿责任：1.《××财产保险股份有限公司国内水路、陆路货物运输保险条款（综合险）》所规定的各类事故。2. 乙方扩展承保公路全程运输货物盗抢险，即甲方承运的货物在运输中遭到有明显外来盗抢痕迹所产生的损失，乙方负保险赔偿责任（除整车盗抢外，其他盗抢事故免赔1万元人民币或损失金额的10%，两者以高者为准）。甲方索赔时需提供公安机关的有关证明，但经甲方报案公安机关不予立案受理的除外。……”

因此，尽管该份预约保险合同的名称为国内货物运输责任预约保险合同，但依合同所约定的内容分析，该合同的性质明显为货物运输保险，而非运输责任保险。

该观点从该预约保险合同的其他条款处也可得到印证，例如：第一条“……但甲方承运的下列货物遭受的损失除外……”，第三条“甲方对在保险期限内承运的全部货物均按照货物实际价值的责任额度足额投保，保险货物遭受损失时均依照货物实际价值计算损失赔偿金额”，第七条“在本合同的保险期限内，具体到每票货物的保险起讫期，是自甲方与客户签订运单时起至收货人验收并提取货物当日的二十四时终止”，第八条“……甲方不需要对承运的每票货物都填制保险单证……如果甲方客户要求提供保险单证……”，第九条“……因轮渡或者渡船发生碰撞、搁浅、触礁、倾覆、沉没、火灾等事故致使保险货物遭受损失的……”，第十条“乙方对一般货物（本合同特别约定的货物按约定免赔率执行）设绝对免赔额……”，第十一条“1. 每一运输车辆每次运输货物的保险金额在3 000 000.00元人民币以下的……”，第十二条“1. 运输货物出险后，甲方应及时向乙方报案（以甲方打报案电话或传真给乙方的货物出险通知书为准）。……”

鉴于案涉预约保险合同系货物运输预约保险合同，故依据该预约保险合同而达成的保险合同的性质亦应当为货物运输保险合同。某物流公司只是争议所涉货物的承运人，对于争议所涉货物并无法律所承认的保险利益。因此，依据我国《保险法》（2002年修订）第十二条[1]之规定，某物流公司与保险公司就争议货物所订立的保险合同应属无效，保险公司无须就争议货物被盗向某物流公司理赔。

2. 假设案涉预约保险合同系运输责任预约保险合同，保险公司亦不应当负赔偿责任。

（1）案涉保险合同的投保人和被保险人并非某物流公司。

根据案涉预约保险合同的约定，该预约保险合同的投保人和被保险人为黑龙江省某物流集团有限公司及黑龙江省某物流集团有限公司设立的子公司、分支机构、关联企业，而在该预约保险合同中代表投保人和被保险人签字盖章的为黑龙江省某物流集团有限公司，故应当认为黑龙江省某物流集团有限公司系作为其设立的子公司、分支机构、关联企业的代理签署案涉预约保险合同。根据该预约保险合同的约定，应当按照实际运输业务中承运人为谁来确定每份具体保险合同中的投保人和被保险人。

本案所涉货物运输的承运人并非是黑龙江省某物流集团有限公司，因此案涉保险合同的投保人和被保险人均非黑龙江省某物流集团有限公司。因此，即使案涉保险合同系运输责任保险合同，有权就案涉运输责任进行投保并受益的主体也应是案涉运单之承运人。某物流公司对此无合法保险利益，故无权向保险公司投保并要求赔偿。

（2）假设某物流公司是投保人和被保险人，由于其未履行其在预约保险合同项下的义务，保险公司也不应向某物流公司进行赔偿。

某物流公司未依约履行承保手续，保险合同未成立，保险公司对案涉运输责任无须承担赔偿责任。

案涉预约保险合同第八条承保手续第一款规定："在一般情况下乙方不提供保险单证给甲方，甲方不需要对承运的每票货物都填制保

① 我国《保险法》（2009年修订）对应的法条为第十二条：人身保险的投保人在保险合同订立时，对被保险人应当具有保险利益。财产保险的被保险人在保险事故发生时，对保险标的应当具有保险利益。人身保险是以人的寿命和身体为保险标的的保险。财产保险是以财产及其有关利益为保险标的的保险。被保险人是指其财产或者人身受保险合同保障，享有保险金请求权的人。投保人可以为被保险人。保险利益是指投保人或者被保险人对保险标的具有的法律上承认的利益。

险单证，甲方必须在每月初先向乙方提供该月预计运输总量，乙方以甲方与其客户签订运单而自动承保，在月末时须再向乙方提供该月实际合计的运输总量。”

根据该款之规定，某物流公司在保险期间内每月初和月末向保险公司提供该月的预计运输总量和实际合计的运输总量系保险公司以某物流公司与其客户签订运单而自动承保的前提条件。因此只有在某物流公司实际如实履行了这两项前提条件的情况下，每票运输业务所涉及的具体保险合同才自动成立。这也正是出于保险公司对某物流公司的商业信任，才通过合同约定的方式免除了某物流公司本应依据保险行业预约保险的惯例，在每票业务实际发生之前向保险公司申报的义务。因此，如果某物流公司在某月如未实际如实履行这两项前提条件，则意味着某物流公司在该月未就任何一票运输业务所涉及的运输责任向保险公司投保，即保险公司与某物流公司在该月未达成任何一份具体的保险合同，保险公司因此无须就某物流公司在该月产生的运输责任向其承担任何赔偿责任。

本案中，某物流公司未提供任何证据证明其在案涉运输责任事故发生的当月，即 2006 年 2 月，向保险公司提供了该月初的预计运输总量和月末的实际合计的运输总量。因此，应当根据《最高人民法院关于民事诉讼证据的若干规定》之相关规定，由某物流公司承担举证不能的后果，即某物流公司在 2006 年 2 月未依案涉预约保险合同第八条第一款的规定向保险公司提供该月初的预计运输总量和月末的实际合计的运输总量。因此，依据案涉预约保险合同的规定，保险公司与某物流公司在 2006 年 2 月未达成任何一份具体的保险合同。保险公司对某物流公司无须就案涉运输责任予以赔偿。

即使运输责任保险合同成立，某物流公司在保险事故发生后未及时向保险公司报案，保险公司亦有权拒绝理赔。

本案中，某物流公司尽管早在 2006 年 2 月 24 日就已知道发生了案涉运输责任事故，但其直到同年 6 月 9 日才通过向保险公司递交赔案材料的方式告知保险公司。当中时隔近 4 个月，以致保险公司无法在保险事故发生后的第一时间内对保险事故进行调查，无法核定该运输事故发生的真实性及其原因以确定责任。

因此依据案涉预约保险合同第十二条理赔处理第一款的规定，“1. 运输货物出险后，甲方应及时向乙方报案（以甲方打报案电话或传真给乙方货物出险通知书为准）”，以及我国《保险法》（2002 年修订）第二十二条第一款①的规定，“投保人、被保险人或者受益人知道保险事故发生后，应当及时通知保险人”，即使运输责任保险合同成立，保险公司亦有权对此拒绝理赔。

但一审法院在某物流公司未提供任何证据证明其已履行“及时通知发生保险事故”义务的情况下，自行认定“原告已及时向被告报案”，显属对案件事实的认定错误。

（3）某物流公司尚未依法就案涉运输责任事故向客户予以赔偿，无权向保险公司要求赔偿。

如前所述，假设案涉预约保险合同的性质为运输责任预约保险合同，则依据其成立的保险合同的性质亦为运输责任保险合同，其本质属于财产保险中的责任保险范畴。

众所周知，我国《保险法》的一项基本原则就是所有赔偿性保险合同的保险理赔均应遵循赔偿原则，以避免被保险人可因保险事故而不当得利情形的出现。责任保险属于财产保险的一种，亦应当遵循该原则。这在我国《保险法》（2002 年修订）第五十条第二款②对责任保险的定义中可得以印证。

尽管案涉预约保险合同第十二条理赔处理第六款约定，“在保险事故发生后，乙方同意甲方无须先行赔付给客户，甲方可以在没有赔付给客户的情况下直接要求乙方承担保险赔偿责任”，但由于该款约定违反了运输责任保险合同理赔中的赔偿原则，该款应属无效条款。

本案中，某物流公司未举证证明客户就案涉货物失窃向其提出索赔，也未证明其已向客户依法进行了赔付，故应当认定某物流公司尚未赔付，即某物流公司尚未因案涉货物失窃事件而遭受损失。而且，

① 《保险法》（2009 年修订）对应的法条为第二十一条。

② 《保险法》（2009 年修订）对应的法条为第六十五条第四款。

上海市外商投资企业统一发票（该发票系由某物流公司提供）已表明托运人已收到案涉运单项下所有货物（包括失窃货物）的货款，托运人未因货物失窃而产生损失，因此即使某物流公司已就该事故向托运人进行赔偿，该赔偿行为也将因缺乏法律依据而被认定为无效。对于某物流公司无效的赔付行为所产生的损失，保险公司无任何义务向某物流公司进行赔偿。

故依据运输责任保险合同的性质和赔偿原则，保险公司无须对某物流公司进行赔偿。

四、综合评析

综上所述，本案焦点之一是合同的性质，双方在办理投保过程中均按照货运险承办，殊不知某物流公司已将保险公司提供的货运险预约协议更改为货物运输责任险协议。保险公司认为案涉保险合同为货物运输保险，某物流公司对其所称的失窃货物不具有保险利益，故保险公司无须对其承担赔偿的义务。即使案涉保险合同为运输责任保险合同，亦因某物流公司未完成案涉预约保险合同项下的先决条件，保险合同尚未成立，保险公司无须向某物流公司承担赔偿责任。即使保险合同成立，某物流公司也因非案涉保险合同的投保人和被保险人且违反保险合同义务，亦未证明已向合法的索赔人进行实际赔付而产生损失，保险公司无须向某物流公司承担赔偿的义务。本案保险公司在知道保险合同未成立后，未及时采取补救措施，以致事故发生后引起纠纷，增加讼累。总之，规范保险合同，谨防漏洞风险，对保险公司来说尤为重要。在展业过程中遇到类似问题时，应防患于未然，在事故发生前发现漏洞应及时修改合同；在纠纷发生后，也要勇敢拿起法律武器，积极维护自己的合法权益。

四、财产保险及大型商业保险

财产保险

（一）基本介绍

财产保险是指投保人根据合同约定，向保险人缴纳保险费，保险人按保险合同的约定对所承保的财产及其有关利益因自然灾害或意外事故造成的损失承担赔偿责任的保险。

损失补偿原则是财产保险的核心原则。它是指在财产保险中，当保险事故发生导致被保险人经济损失时，保险公司在保险限额内给予被保险人经济损失赔偿，使其恢复到遭受保险事故前的经济状况。

（二）典型案例

案例1　企财险承保时保险公司进行风险调查非常必要

一、案情事由

2003年6月27日，某公司为其机器设备、存货、办公用品、厂房等向保险公司投保了财产基本险，保险金额为2 255万元。保险期限自2003年6月28日0时至2004年6月27日24时止。承保时保险公司业务员已给过投保单和风险调查表，投保人盖好章将空白的投保单和风险调查表交给保险公司，保险公司签发了保单。2004年6月10日下午1时40分左右，投保人的厂房在生产过程中发生火灾后，造成严重损失。6月11日保险公司接到报案后，即赶到现场，当时估损达到1 300万元，保险公司聘请保险公估公司介入。6月11日《××晨报》发表文章，文中指出投保人3天前刚刚被消防部门责令停产整改，但火灾发生当日，该厂仍擅自生产。6 月 20 日投保人正式向保险公司提出索赔。

保险公司进行调查了解发现：

2003 年 7 月 11 日，消防部门向投保人发出了责令限期改正通知书，指出投保人存在“1. 生产车间未经消防审核擅自施工；2. 未经消防验收已竣工；3. 消防水源未满足要求；4. 生产车间的耐火等级不符要求；5. 防火分区不符合要求”等消防隐患，并要求在 2003 年 8 月 17 日前改正以上问题。

2003 年 8 月 19 日，消防部门对该公司进行复查时，发现以上问题仍未解决，于 2003 年 8 月 20 日再次向投保人发文，要求投保人尽快改正问题。

2003 年 10 月 17 日，消防部门发出行政处罚决定书，对投保人提出警告，并责令其停止施工，停止使用各项设备，未写明决定撤销时间。2004 年 6 月 8 日，安全生产监督部门向投保人发出安全生产监察指令书，指出投保人存在“消防设施贫瘠、安全隐患严重”等问题，并要求投保人“于 6 月 17 日前订出整改计划，采取切实措施，予以解决”。

2004 年 6 月 10 日，投保人厂房发生火灾。7 月 13 日，消防部门认定，火灾原因为打包机电气线路故障引燃可燃物并扩大成灾。

保险公司认为被保险人违反了国家有关安全生产和《保险法》的规定置保险财产的危险状态而不顾，根据保险条款中被保险人义务条款第二十二条“被保险人应当遵照国家有关部门指定的保护财产安全的各项规定，对安全检查中发现的各种灾害事故隐患，在接到安全主管部门或保险人提出的整改通知书后，必须认真付诸实施”，且投保人没有履行如实告知义务，保险公司于 2004 年 7 月 28 日对投保人出具了拒赔通知书。

2004 年 8 月 20 日，投保人向法院提起诉讼，要求保险公司赔偿损失。10 月 20 日，原告突然撤回起诉。2004 年 12 月 29 日，原告再次提起诉讼，本案由某公估公司进行司法评估，评估结论为建筑物部分的直接财产损失为 5 178 434. 71 元，加上之前保险公司委托公估公司评估的机器设备、办公用品和存货，共计 8 806 252.71 元。

二、法院意见

2006 年 1 月 25 日，一审法院判决保险公司拒赔理由不成立，理由是：保险合同是格式合同，对于保险合同中所约定的免责条款，保险人应该作出明确说明。本案中，投保单上“投保人声明”亦属于格式条款性质，不足以说明保险公司已经作了明确解释，免责条款不产生效力；火灾的发生与行政处罚针对的事项并无直接因果关系；原告确实违反相应行政管理法律规定，但《保险法》对被保险人未履行维护保险标的安全，只规定了保险人的解除合同权利，没有赋予保险人拒赔的权利；就保险标的的危险状况而言，消防行政管理部门及安全生产监督部门检查发现的情况与原告投保时基本相同，行政执法部门的行为未使保险标的增加额外风险，原告无须承担危险增加通知义务。

保险公司不服，提出上诉。

二审法院认为案件的争议是：（1）被保险人义务条款是否属于责任免除条款；（2）保险公司是否应当承担保险赔偿责任。二审法院认为：被保险人义务条款不属于责任免除条款；保险公司接受空白问询表并签发保单的行为表明已放弃了要求投保人在投保时就相关情况如实告知的权利，保险公司关于投保人违反如实告知义务的上诉理由不成立。本案火灾起因是由于打包机电气故障，与投保人未执行整改意见和处罚决定并无必然的关联，带有一定的偶然性，投保人的主观状态尚未达到纵容的严重程度，保险公司未尽审核义务，对投保人投保时已经客观存在的发生火灾的风险所造成的火灾损失部分应承担理赔责任。但是投保人的行为违反了安全维护义务和危险程度增加通知义务，故保险公司对因危险程度增加而导致火灾扩大的损失部分不应当承担赔偿责任。对火灾事故所造成的损失，二审法院酌情判处保险公司和投保人各半承担。

三、保险公司意见

一审法院扩大了对责任免除条款的解释。被保险人义务条款并非《保险法》上的免责条款，也不是《合同法》上的格式条款，保险人可以依据被保险人违反被保险人义务拒赔。（1）被保险人义务条款和免责条款是有区别的：首先，两者功能不同。免责条款的目的是用排除的方法缩小保险人承保的危险范围，而被保险人义务条款是保险人控制危险的方法，其真正的作用是要求保险事件发生时与缔结保险合同时的危险水平相当。其次，免责条款的适用具有绝对性，一旦发生免责条款列明的事项，保险人即不负赔偿责任。但是被保险人义务条款的适用是相对的，只有在被保险人的行为违反了被保险人义务条款的约定时，保险人根据双方在被保险人条款中的约定才能拒赔。再次，免责条款对应的是不同的保险产品，产生不同的保险费率。但是，被保险人义务条款和保险产品的设计没有关系。（2）被保险人义务条款也不是《合同法》上的格式条款。格式条款如存在免除或限制自身责任的情形，就应采取合理方式提请对方注意，并按照对方的要求，对该条款予以说明。格式条款一方免除其责任、加重对方责任或者排除对方主要权利的，该条款无效。本案中的被保险人义务条款直接来源于《保险法》，条款的规定没有超出法律规定的范围，其概念、内容和法律后果都非常明确、清楚，对保险合同双方均公平合理，不需要另作提示、解释或者说明。被保险人义务条款应当适用《保险法》的相关规定，而不能适用《合同法》关于格式条款的规定。

四、综合评析

此案对保险公司和被保险人而言，教训都是深刻的。这个案例反映了保险行业长期以来存在的一些问题。主要是：

1. 核保不严，流于形式。在本案中，保险公司未严格履行核保职责，增加了承担保险事故责任的风险。二审法院在终审判决中认为，保险公司接受空白问询表并签发保单的行为，表明其已放弃要求投保人在投保时就相关情况如实告知的权利，因此也就不能主张被保险人违反如实告知义务。

2. 忽视风险管理。在保险合同生效期间，保险公司未对保险标的危险程度增加的情况进行跟踪，未能及时督促投保人加强风险管理，也未能及时根据法律规定和保险合同约定，要求投保人增加保费或主张解除保险合同。由于没有尽到严格管理风险的义务，因此二审法院最终判决保险公司承担一半损失赔偿责任。

保险公司为广大投保人提供的不仅是保险产品，更应该是全面、专业的保险服务和风险管理服务。忽视保险服务和风险管理职能，一味以价格作为竞争手段，损害的不仅仅是投保人的利益，最终也将损害整个保险行业的持续、健康发展。

案例2 财产发生损失时保险公司如何定损?

一、案情事由

2005年冬日的某晚，某电池工厂的半成品仓库突然起火，火势借助风力迅速向整个工厂蔓延，邻近火源的成品仓库及主要生产车间直接过火，损失严重；火、热、烟尘等通过建筑物的顶部通道蔓延至工厂其他部位，导致各区域不同程度损失。消防部门经过5个小时的奋战，终于在次日凌晨将火势基本扑灭。

由于起火点损毁严重，消防部门认定这是常规生产堆放中引起的火灾，未对起火原因作出进一步判断。

二、保险公司意见

（一）事故原因是索赔的关键

《保险法》要求，被保险人应当向保险人提供其所能提供的与确认保险事故的性质、原因、损失程度等有关的证明和资料。但基于以上证据，无法解析事故的真实原因。

为明确事故原因、判定保险责任，第三方鉴定机构通过专业分析和实验、员工笔录调查等方式，确定事故原因是裸露的半成品由于漏液或倾斜引起短路，产生大量的热量，并因此引燃电池内的危险原料、引发爆炸和燃烧。

调阅被保险人的生产管理记录，并结合消防认定书和分析结果，最终排除人为纵火的可能，确定事故原因为意外火灾。所以保险责任成立。

（二）残值的确定

本次事故中，产成品、半成品、原材料等因直接过火、高温、烟尘、水淋等原因受损。公估人对被保险人申报的损失一一进行核查，现场清点数量、核实金额与索赔项目基本一致。但在确定损失物残值时，被保险人认为现场损失物中只有很少的废料价值，公估人在初期调查中，认为某些原材料可能存在变卖价值。

根据我国《保险法》的规定，保险公司对于因合同约定事故发生所造成的财产损失承担赔偿保险金责任；此外，财产一切险条款亦约定，保险公司按照受损财产的价值赔偿。所以，保险双方要求对此进一步调查。

经过深入调查发现，被保险人的专有技术导致其使用的原料和生产方式与同行业其他厂家有很大的差别；调查中，也没有找到其他途径能处置这些原材料。基于此，保险公司同意以废料价值确定存货的残值，并在赔款中予以扣除。

（三）存货保险价值的确定

被保险人在投保时为存货项目设定了保险金额，并与保险公司约定采取库存申报的方式按实际库存价值调整保险金额。事故发生后调查发现，被保险人并未按照约定申报库存价值，而且存货的实际价值与保险金额存在很大的差距。保险公司按照保险金额和保险价值的比例，对存货部分承担保险责任。

在计算保险价值时，发现其中一笔存货属于被保险人已付款但未收货的在途材料。该部分投保了货物运输保险。保险公司在计算保险价值时予以扣除。

我国《保险法》（2009 年修订）第五十五条第四款规定：“保险金额低于保险价值的，除合同另有约定外，保险人按照保险金额与保险价值的比例承担赔偿保险金的责任。”本案中被保险人未履行申报，所以保险人根据事先的约定，将期初设定的保险金额视为申报价值，并按照保险金额与保险价值的比例确定赔偿金额。

（四）设备保险价值的认定

本次事故中，各类精密设备因为过火、高温、烟尘、水淋等原因受损严重。保险双方通过各种途径的调查举证，对于损失金额基本达成一致。但对于保险价值的理解出现较大分歧。

受损设备大部分为国外进口的二手机器，经过修整、调试后，成为被保险人的主要生产设备。被保险人按照购入价格（二手）进口报关、财务入账并设定保险金额。

被保险人认为，事故发生时设备的实际价值，就是这些设备的购入金额，所以保险价值与保险金额相当，没有不足额投保的问题，而且投保时，保险公司并未说明这些设备应按照什么标准投保。

保险公司认为，按照保单约定，保险标的的价值是重置价值，即受损财产重新修复或重建所产生的费用，以二手设备金额投保显然存在不足额投保问题，而且承保时被保险人也没有说明设备的性质。

我国《保险法》（2002 年修订）第十七条[①]规定，“保险人应当向投保人说明保险合同的条款内容，并可以就保险标的或者被保险人的有关情况提出询问，投保人应当如实告知”。本案中，保险人未向投保人提出保险标的相关询问，所以不能认定投保人隐瞒或不履行告知义务。现实中，被保险人根据自己所掌握的价值信息，予以全额投保，主观上不存在低额投保的故意行为。

经过充分沟通，保险人承认被保险人全额投保的意图，并视做足额投保。同时被保险人也同意二手设备进行重置或修复时，其核损金额应扣除已使用年限的折旧。

三、综合评析

本案的关键在于如何定损，即如何确定被保险人的实际损失。财产保险作为一种经济补偿制度，以被保险人的实际损失为限，不能使其额外获利，因此保险公司坚持以被保险人遭受的实际损失、保险金额、保险利益为依据，在确认保险责任成立的基础上，扣除残值等确定保险价值。但是在认定设备保险价值时，双方因为对保险的理解不同而产生分歧。如前所述，保险人未向投保人提出保险标的相关询问，且被保险人根据自己所掌握的价值信息，予以全额投保，主观上不存在低额投保的故意行为，因此保险公司不能认定投保人隐瞒或不履行如实告知义务。最终，通过保险双方的努力，使得整个定损更贴

① 《保险法》（2009 年修订）对应的法条为第十六条第一款。

近客观事实、更符合法律及合同规定。

面临此类理赔纠纷，一方面保险公司要按照经济补偿原则合理控制风险，防止被保险人额外获利；另一方面保险人不能利用自身的专业优势，作出有利于自身的保险解释，使被保险人得不到应有的保障赔偿，妨害保险经济补偿功能的实现。由此，我们不难发现，在理赔过程中保险人和被保险人的沟通和协调至关重要，双方在充分协商交涉的基础上，科学合理定损、快速公正地处理理赔事宜，从而避免了不愉快的理赔难问题，使本案得以圆满解决。

案例3　施救时发生的合理费用可以得到保险公司赔偿

一、案情事由

一位保户投保了家庭财产保险，保单中列明的保险标的是VCD机和一套音响，保险金额为10 000元。在保险期限内发生了火灾，保险人在大火中抢救出了VCD机、电视机及音响，但大火烧毁了其他一些物品，约4 500元。被保险人事后及时通知了保险公司，并要求保险公司赔偿4 500元。

二、保险公司意见

对此索赔是否属保险范围（该火灾是保险事故引起的），保险公司内部有以下两种观点，一种认为受损物资不属于保险责任，应该拒赔；另一种认为应该通融赔付被保险人4 500元。最后保险公司是以通融赔付的方式赔付保险人4 500元。

根据家庭财产保险条款，保险人只负责必要合理的施救费以及施救行为造成的保险标的损失，而本案的受损财产既不是保险标的，也不应看做是施救费用，然笔者认为，保险人的处理不但无过错，而且还体现了保险人一切为保户着想的精神。该案不仅应该赔，而且还不应该只是通融赔付，之所以以这种方式解决是因为财产保险（本案例中仅指火灾和其他灾害事故保险）条款在对施救行为造成财产损失时一定有待商榷之处。

三、综合评析

发生灾害事故后被保险人有义务采取施救措施抢救保险标的，为鼓励这种行为，各国保险法都规定对发生的合理费用给予补偿。我国《保险法》也不例外，我国《保险法》（2009 年修订）第五十七条规定，“保险事故发生后，被保险人为防止或者减少保险标的的损失所支付的必要的、合理的费用，由保险人承担”。由此可见，对施救费用的支付没有太大的异议。但在实际的施救中，施救行为可能造成财产损失，受损的财产可能是保险财产也可能不是保险财产，保险人如何负责呢？对此，《保险法》没有明确的规定，而只能在有关的保险条款中找到。对因施救造成的保险财产的损失，财产保险条款中规定是属于保险责任范围的。例如，我国家庭财产保险条款的基本责任中规定，保险公司对在发生保险灾害事故时，为了防止灾害蔓延所采取的必要的施救而造成保险标的的损失和支付的合理费用负责赔偿；我国企业财产保险条款第五条第二款也有类似规定，保险公司对“在发生保险事故时，为抢救保险标的或防止灾害蔓延，采取合理的、必要的施救而造成保险标的的损失”负责赔偿。但此行为造成的非保险标的的损失，家庭财产保险条款中没有明确规定，企业财产保险条款中明确规定不属于责任范围，即对施救行为造成的非保险标的的损失不负责赔偿。

本案例中，如果被保险人抢救的是非保险标的，势必保险标的就要遭受损失，在这种情况下保险公司负责赔偿，可能赔偿的数额更大。而且被保险人的索赔理由也充分得多。在实务中这种情况经常发生，在保险财产和非保险财产同时遭受威胁时，被保险人会在施救过程中优先抢救非保险财产，而使保险财产没有受到好的保护。因此笔者认为，现行的财产保险条款，还不能充分鼓励被保险人抢救保险财产，应再加上因施救行为造成的非保险标的的合理必要的损失也负赔偿责任，该赔偿以获救财产的保险金额为限。由于保险合同是格式性合同，保险条款是由保险人事先拟定好的，投保人只能选择接受或不接受，因此保险人应本着公平的原则及时调整保险条款中不利于保险业务发展及显失公平的规定，以使保险条款更加完善、合理。

在实务中，对于非保险标的损失的赔偿也需遵循财产保险的理赔原则。例如，由于家庭财产保险采取的是第一损失赔偿方式，因此对施救行为造成的非保险标的损失不必考虑比例赔偿；对于企业财产保险就要考虑不足额投保情况，如保险金额小于保险价值，对非保险标的损失的赔偿也要按相应的比例计算。

增加这条规定似乎是增加了保险人的责任范围，但有一点必须明确，保险人也只负责赔偿因抢救保险财产导致的合理必要的非保险标的损失，并且还以获救保险标的的保险金额作为上限。这样看来，只有加上此规定才能进一步鼓励被保险人在发生灾害事故后及时抢救保险标的，同时也体现了公平的原则，达到财产保险的最终目的：补偿损失，恢复生产，最大限度地降低社会财富的损失。

案例4　重复保险能得到重复理赔吗？

一、案情事由

原告：A保险公司，B保险公司

被告：陈某

第三人：C保险公司

被告陈某拥有一套高档社区里价值200万元的复式套房。1996年1月23日，被告向原告A保险公司投保火灾险，保险金额为150万元，保险期间自1996年2月1日起至2001年1月31日止，保险费为5万元。1997年4月7日，被告再以此房向原告B保险公司投保火灾险，保险金额为150万元，保险期间为1997年5月1日起至2002年4月30日止，保险费为5万元。1997年6月10日，原告再以此房向第三方C保险公司投保火灾险，保险金额为100万元，保险期间为1997年7月1日起至2002年6月30日止，保险费为3.5万元。被告在上述投保时均未将3次投保之保险公司名称、保险金额以及保险事故等通知保险人。1998年9月10日，该保险标的因意外火灾导致全损。被告向3家保险公司请求支付保险金，3家公司因不知情均全额向被告支付赔偿金。1999年2月1日，3家保险公司发现被告重复保险的实情，均向被告要求退还赔款。被告将C公司100万元赔款全额退还，对B公司仅退还100万元，对A公司拒绝退还。于是，A、B公司将陈某告上法庭，要求其全额退还保险金。

二、保险公司意见

A、B两保险公司均认为，被告陈某违反了如实告知义务，在进行重复保险时未将重复保险的有关情况通知各保险人，其行为在于欺诈骗赔，谋求不当得利，因此被告与两原告订立的保险合同均无效。被告应该将领取的保险金及其利息如数归还两原告并负担本案的诉讼费。

我国《保险法》明确规定，重复保险的投保人应当将重复保险的有关情况通知各保险人。① 尽管法律没有明确规定投保人如果没有履行告知义务将承担何种法律后果，但这绝不意味着投保人无须承担任何法律后果，否则重复保险的如实告知义务将形同虚设。本案投保人明知重复保险的情况而故意不如实通知各保险人，其动机在于骗取超额保险金，牟取非法利益，基于投保人故意不履行如实告知义务，保险人对于保险合同解除前发生的保险事故，不承担赔偿责任或者给付保险金的责任，并不退还保险费。被告应将领取的保险金加算银行同期利息归还两原告。

三、法院意见

审理本案的法院法官认为：

重复保险是指投保人对同一保险标的、同一保险利益、同一保险事故分别与两个以上保险人订立保险合同的保险。② 本案所争议的3个保险合同已构成重复保险，其目的很明显，即是谋求不当得利。被保险人行为违反了保险补偿原则，尽管我国《保险法》未明确投保人故意不履行如实告知义务将导致保险合同无效，但此情况下，倘若承认保险合同的效力，势必造成投保人对超额保险持侥幸心理，而使保险人遭受巨大损失，有违民法上之公平原则与诚实信用原则。因此，应认定本案之保险合同均为无效。双方负有恢复原状、返还不当

① 我国《保险法》(2009年修订) 对应的法条为第五十六条。

② 我国《保险法》(2009年修订) 第五十六条对重复保险的定义作了修改："重复保险是指投保人对同一保险标的、同一保险利益、同一保险事故分别与两个以上保险人订立保险合同，且保险金额总和超过保险价值的保险。"

得利的义务。但由于本案被告对保险合同无效有过错，应承担不利的法律后果。

根据我国《合同法》、《保险法》等相关规定，法院判决如下：

1. 被告陈某与原告 A、B 保险公司、第三人 C 保险公司所订立的保险合同为无效合同。

2. 被告于判决生效之日起 10 日内归还受领的 150 万元保险金于 A 保险公司，归还受领的 50 万元保险金于 B 保险公司，并附加银行同期利息。

3. 原告 A 保险公司于判决生效之日内起 10 日内归还向被告收取的 5 万元保险费，原告 B 保险公司于判决生效之日内起 10 日内归还向被告收取的 5 万元保险费。

4. 本案诉讼费由被告承担。

四、综合评析

本案主要涉及重复保险问题。

所谓重复保险，根据我国《保险法》（2009 年修订）第五十六条第四款的规定，“重复保险是指投保人对同一保险标的、同一保险利益、同一保险事故分别与两个以上保险人订立保险合同，且保险金额总和超过保险价值的保险”。

一般来说，重复保险在构成上主要包含以下几个要件：

1. 须针对同一保险标的的同一保险利益。若投保人就不同的保险标的与数个保险人订立数个保险合同，当然不构成重复保险。但同一保险标的常具有不同的保险利益，却极易为人忽视。假如本案的案情是，陈某以其所有的房子投保火灾险，而该房子的抵押权人也以该房子投保火灾险，因保险利益不同，即使两者均全额投保，仍属于两个单保险而非重复保险。

2. 须针对同一保险事故。如不是针对同一保险事故，则不属于重复保险。

3. 须是投保人与数个保险人订立数份保险合同。重复保险中的保险人须是复数，保险合同亦为复数。如果投保人与同一保险人订立一个保险合同或者数个保险合同，则为单保险而非重复保险。如果数个保险人与投保人订立保险合同，则为上述的共同保险，而非重复保险。

关于重复保险的赔偿原则，归纳起来总共有以下几种方式：

1. 优先赔偿原则

第一，同时重复保险，各保险人依各自所承担的保险金额与保险金额总和的比例来确定应支付的保险金，彼此不承担连带责任。

第二，异时重复保险，按保险合同成立的先后顺序，依次负担保险金，后订立的保险合同超过保险标的价值部分无效，即后保险人只对不足额部分承担损失补偿责任。

2. 比例分担方式。在此种模式下，无论构成重复保险的各保险合同是否同时成立，各保险人仅按照其所保金额占总和的比例来分担赔偿。

3. 连带赔偿方式。在这种赔偿方式下，不管各保险合同成立的先后，保险合同均属有效，各保险人在其保险金额限度内附连带责任。保险人于给付保险金后，就各保险合同的保险金额与保险金额的总和的比例，得向其他保险人行使求偿权。

案例5　货物不见是否可推定为存在盗窃?

一、案例事由

某国际货运公司（以下简称货运公司）向保险公司投保财产险并附加盗窃险扩展条款，保险期限自2004年7月1日至2005年6月30日。

2004年11月23日，一批进口货物（共11箱）运抵货运公司仓库。次日，货运公司发现上述货物丢失1箱，损失价值约3.5万美元。6天后，货运公司向公安机关报案，公安机关受理后出具了接报回执单。同日，该货运公司又向保险公司提出索赔。

二、保险公司意见

保险公司接到索赔申请后，遂委托某第三方公估机构进行理算。公估公司经过数天调查后，发现以下事实：

1. 货物丢失事件发生后，现场没有留下任何痕迹。虽然有录像监视系统，但公安机关在进行影像分析后亦未得出任何结论。

2. 丢失货物的发现时间为2004年11月24日早上，系货运公司人员在正常交接班过程中进行对货时发现。

3. 2004年12月，货运公司向保险公司出具书面情况说明1份，载明“货运公司于2004年11月24日对空运进口仓库盘点时发现1箱货物遗失”。

4. 公安机关始终未出具任何刑侦报告，并没有认定有盗贼入室盗窃。

5. 货运公司投保时的存货价值仅为300万元人民币，但货物短缺当天，其实际存货价值达到6 100万元人民币。故其尚不能证明缺损货物是否已经进入保险范围。

随后，公估公司又根据货运公司与保险公司签订的保险合同，提出以下理算意见：

1. 保险合同中的盗窃险扩展条款中明确载明，“公司对加保盗窃险的财产，在保险期限内因被抢劫、偷窃或盗贼暴力侵入保险财产存放处所而造成的灭失或损坏负责赔偿”，公司对于“保险财产进行盘点时发现的短缺和损坏”，“不负赔偿责任”。

2. 公安机关在案发后始终未获得有效证据证明货物丢失是由于偷窃或盗窃造成，也不能排除其他原因的致损可能性。而且货运公司自认在盘点时才发现损失的事实亦符合盗窃险扩展条款中除外责任的约定。上述种种情况表明，本次丢失事件尚不符合保单约定的赔付条件，故保险公司对本次事件无须承担赔偿责任。

货运公司对此理算意见不服，在同保险公司协商无效的情况下，将保险公司诉至法院。

三、法院意见

货运公司诉称：

公安机关经初步调查后出具了接报回执单并加盖案件受理专用章，随后，公安机关进行了实质侦查。受理案件并组织侦查可以说明已经有盗窃的事实存在，处于盗窃案件的侦查过程中尚没有破案，并不代表没有发生盗窃的事实。上述接报回执单以及公安机关的实际侦查行为可以被视为已经发生了保险合同中所承保的盗窃保险事故，因此保险公司应当予以赔偿。保险公司不顾上述事实，依据公估公司所指出的盘点除外条款提出免责完全属于滥用免责条款。

保险公司称：

尽管货运公司在事发后向公安机关报案，但其目前所提供的所有证据均不能证明其投保的货物是被盗的，在公安机关未就本次货物损失出具刑侦报告并认定有盗贼入室偷窃或盗窃的情况下，应根据保单的规定，认定本次货物损失是发生于对保险财产进行盘点时，此种情形应属于保险公司的免责范围。另外被保险人投保金额严重不足，即使保险责任成立也应当按照比例赔付。

法院审理后认为：

货运公司在向保险公司出具的情况说明中，明确其货物的遗失系在盘点中发现，属于保险条款约定的责任免除情形，保险公司可依约不负赔偿损失的责任。货运公司认为客观上货物是因盗窃发生丢失，公安机关也已立案并在侦查之中，因原告是在发现货物遗失 6 天后才向公安机关报案，公安机关只是基于原告的报案及初查而以盗窃案件立案侦查，在案件尚未侦破之前，目前证据不能排除引发货物丢失的其他情况存在，也不足以推翻原告对货物盘点丢失的自认。根据证据规则的相关规定，因证据的证明力无法判断导致争议事实难以认定的，法院依据举证责任分配的规则作出裁判。就本案而言，货运公司应对盗窃事实的存在承担举证责任，但现有证据不足以对该事实作出认定，故应由货运公司承担由此产生的不利后果。保险公司对此次货物丢失事件不负赔偿责任。

四、综合评析

在本例中，争议的焦点主要集中在盗窃事实是否成立，另外，“日常交接对货是否属于盘点”也是被多次提及的问题。笔者认为，法院在本案的审判过程中，对盗窃事实是否成立作出了正确的判断，但对于盘点问题着力太轻，没有更深入地分析下去。

保险公司承保盗窃险，尤其是涉及仓储物品的盗窃险，往往容易引发争议。被保险人普遍认为，只要是投保的货物不见了，而且报过案了，就应该得到赔偿，而保险公司则强调必须有直接的证据（如第三方证人、防盗监控录像、现场破坏侵入痕迹、公安机关定性文件等）证明盗窃事实确已发生，才能够履行赔偿义务，以尽量避免道德风险和盘点失误。

本案中，物品丢失事件发生6天后，货运公司才向公安机关和保险公司报案，此时，保护现场已经无从谈起，而货运公司自己的防盗监视系统也没有记录下事情的发生经过，更没有找到任何偷窃或盗窃痕迹，致使货运公司缺乏有效证据证明盗窃发生事实，最终败诉。法院认定事实清楚，裁定正确。

至于盘点，通俗来说就是点数，对货物进行的任何周期性、阶段性、需记录在案的清点均可以认定为盘点。盘点中发生的损失是数字上的误差，它说明存在账实不符的情况，但并不能认定货物消失的真正原因。造成盘点损失的原因很多，如货物流转已实际发生但尚未记录、货物未被放入指定地点或临时移位、正常货损、内盗或外盗、盘点计数误差等。在本案中，保险公司将“盘点时发生的损失不予赔付”作为答辩的另一论据是依照损失发生时的实际情况作出的，而并不是单纯因为货运公司的情况说明中提到了“盘点”字样。保险公司并不希望通过文字游戏来减轻自己的责任。

从该案例中得到的启示和建议：

中国现代物流业正处在快速兴起的阶段，大量流转和仓储货物需要寻求保险保障，尤其是对盗窃险的需求将更加旺盛。因此，无论是保险公司还是被保险人，都应当加强对保险合同的研究和理解，使之发挥更有效的保障作用。对此，笔者有以下几点建议供参考：

1. 被保险人投保后仍应注重风险防范。许多被保险人投保盗窃险后，思想上出现放松、麻痹的现象，认为只要东西丢失就可以得到赔偿，这种想法是错误的。保险只是一种经济补偿手段，它不能代替企业在日常工作中应当履行的风险防范义务，管理混乱、缺乏监督机制和保安力量，只能使企业蒙受更大的损失。

2. 应注意足额投保或及时通报仓储金额变动情况。存货的流动性较大，仓库内货物总量也处于不断变动之中，投保金额同实际金额出现偏差是十分正常的。保险双方应尽量避免偏差额过大，一方面，在确定投保金额时，应充分估计投保年度中的货物流转情况，另一方面，被保险人也应当定期向保险公司通报重大金额变动情况。

3. 被保险人应注意收集相关证据。保险事故发生后，被保险人应尽快通知保险公司，对于需要政府职能部门介入的事故，亦应当尽快通报。在条件允许的情况下，应保护事故现场，注意收集相关证据，避免给今后的索赔带来被动。

4. 保险公司应加强同被保险人的沟通。保险公司应进一步强化服务意识，深入到被保险人的生产、工作现场协助客户辨别和规避风险，同时应将理赔过程中的注意事项进行事前宣导和培训，切实从客户的角度出发，提出合理有效的解决方案，而不是仅仅扮演事后诸葛亮的角色。

案例6 市场价格无法确定时应如何评估受损财产价值?

一、案情事由

某电焊机制造公司分3批对其房屋建筑向保险公司投保财产综合险，保险金额共计6 188万元，受益人均为××银行。

2005年3月，某估价公司对被保险人厂区内所有房屋建筑重新进行评估，并出具房地产估价报告：被保险人的总建筑面积约30 000平方米，评估总价为6 188万元。

2004年底，被保险人与××银行签订高额抵押合同，被保险人将其厂区内部分建筑物估价向银行办理抵押，并向保险公司投保财产综合险，保险金额总额为6 188万元。

2005年10月28日下午，保险公司接到报案，被保险人车间发生火灾。经现场查勘发现，大火已经被扑灭，受损厂房位于厂区南侧，建筑面积约10 000平方米，火灾造成该厂房倒塌将近5 000平方米，其余5 000平方米彩钢板屋面及大量钢柱、钢梁变形，钢结构表面防火涂料脱落。

被保险人分两次报损，索赔总金额约1 000万元。

二、保险公司意见

保险公司接到报案后，立即立案并开展理赔工作，包括保单责任认定和事故损失确定。

一是保单责任认定。经核对保单，本次事故出险日期在保险期限内，出险地址为保单所录地址，受损标的为投保财产。

根据消防部门出具的火灾原因认定书，火灾原因为电气线路故障。根据保险公司财产综合险责任范围，此次火灾属于保险责任，且无除外责任适用，故保险公司可予赔付。

二是事故损失确定。此阶段为本次事故理算工作的重点和难点。

此次火灾受损厂房主体面积约为 10 000 平方米。受损厂房倒塌面积近总受损面积的 50%，且其余部分严重过火。

为了确定厂房未倒塌部分的受损情况及其修复的可能性，保险公司与被保险人商定共同委托某建筑研究院对被保险人因此次火灾受损主厂房受损程度进行检测。

该建筑研究院于 2006 年 1 月出具了检测报告，结论为：主体结构发生屈曲，支撑系统和维护结构损伤，不适于继续承载；屋面板、维护墙体损伤并无法达到原设计维护效果；该厂房主体结构、维护结构损伤范围大且严重，修复困难，基本无修复价值，建议拆除重建。

根据厂房损坏情况和该建筑科学研究院有限公司的检测报告，以及结合某大学教授的意见，受损厂房的修复几乎等同于将其拆除重建，且修复费用将远远超过新建造价。故保险公司对受损厂房推定全损。

保险公司根据受损厂房重建报价和安装费用报价，定损约 400 万元。

电子车间、物流平台、围墙等厂房附属项目、电气工程等，由于被保险人无法提供建造图纸，保险公司会同被保险人共同查勘，绘制图纸，按照现行人工和材料价格、机械台班耗用量以及建筑安装定额编制预算确定定损金额。

三、综合评析

本案争议重点：本次事故中主要的损失为主厂房。由于严重火灾，根据建筑研究院的检测报告，该建筑损毁。此次火灾受损厂房主体由美国某公司设计并定制、供应建筑材料，某建筑工程公司完成安装，由于美国公司的设计及工艺标准均由其自行开发、设定，建筑工程公司为美国公司指定安装单位之一，美国公司和建筑工程公司的报价均无市场可比性，这给保险公司定损理算工作带来很大难度。同时，美国公司的工艺虽然有部分单位可以仿造，但是由于设计差异、原材料进货价格和管理水平的不同，建筑物质量远远达不到美国公司水平，最终造价也高于美国公司的报价。最后，为了得出准确科学的定损金额，保险公司根据市场上现行人工和材料价格、机械台班耗用量以及建筑安装定额编制预算确定人工和机械耗用量，最终计算出造价。对比美国公司的报价，该造价合理。

案例7　火灾发生后存货和固定资产如何理赔?

一、案情事由

某生化厂于2005年2月向保险公司投保财产综合险，保险项目为固定资产、存货，固定资产保额500万元，存货500万元，总保险金额为1 000万元。

2005年4月20日，由于受该生化厂的委托负责装修防盗栅，电焊工姚某在原材料仓库东侧的房间内进行焊接工作。姚某在焊接过程中不慎造成高温金属熔融物飞溅到原材料包装袋上，引燃原材料包装物，从而扩大成灾。受损仓库约1 400平方米，屋顶彩钢板成片塌陷，造成其原材料基本全部被烧毁，仓库内成片的原材料处于熔融状态，大量原材料融化并形成流体四处流溢。被保险人依据仓库账向保险公司提出索赔4 737 414.85元。

经过消防分析，该起火灾原因为电焊操作工违章进行电焊作业时，高温金属熔融物溅落到化工原料包装袋上起火后并扩大成灾。事故原因为火灾，属于保险公司承保风险，保险责任成立。

二、保险公司意见

保险公司理赔人员在确定存货数量时依据现场和仓库账结合确定，经核对现场和仓库账，数量相一致，单价分别依据其账面余额和账面数量之比而定，涉及成品依据其生产成本而定，损失程度依据实际受损情况而定。将数量、单价和损失程度分项相乘，总金额为3 658 931.36元。再将其仓库账与财务账相核对，发现受损存货认定金额中尚有1 062 605.15元尚未入账，剔除该部分，故存货损失为2 596 326.21元。受损的固定资产为原材料仓库，依据财务账面原值扣除折旧和残值而定，损失为174 724.39元。合计总损失金额为2 771 050.60元。

保险公司理赔人员又查阅相关财务资料，显示出险时存货账面余额为29 938 345.90元，而保额为500万元，为不足额投保，故赔偿金额为：2 596 326.21 ×（5 000 000/29 938 345.90）=433 612.17（元）。

另固定资产应保金额为3 000万元，而保额为500万元，故固定资产赔偿金额为：174 724.39 ×（5 000 000/30 000 000）= 29 120.73（元）。

本保单无免赔额约定，故总赔偿金额为462 732.90元。

三、综合评价

1. 在理赔火灾赔案时，特别需要掌握企业财务知识尤其是存货部分的知识：一是数量依据现场和仓库账结合确定，单价依据其账面余额和账面数量之比获得最为准确，尤其涉案金额较大时不能仅仅凭一张发票而认定单价，涉及成品依据其生产成本而定单价，具体损失程度依据实际情况结合厂家常规处理而定。二是注意审核其仓库账与财务账，剔除出险时尚未入账部分；若存在已出售但未提货的情况，出险后应在保险范围内予以剔除。三是对于是否存在比例赔付的问题，一般可借助上月末或本月事故发生时点的资产负债表，而对于涉案金额比较大的索赔案，往往需要明确出险当时的存货账面情况，如本案，出险时账面余额 = 上月末账面余额 + 本月原材料借方余额 - 本月已发生销售对应的生产成本。

2. 对于火灾案，特别讲究及时性。出险后，应尽可能早查阅（对于涉案金额巨大和道德风险很高的，甚至需要封存）被保险人的财务账册，及早确定相关事项。如本案，涉案金额约400万元，但前期查勘清点和财务资料收集汇总工作基本在2天内完成。

3. 对于事故由第三方引起的，注意保留相关证据，提醒和督促被保险人向第三方索赔。

案例8 投保企财险时应注意有不同的条款版本

一、案情事由

2008年初，我国南方普降大雪。上海此次雪灾重大赔案主要集中在企财险。由于大雪把厂房、仓库的屋顶压塌，很多企业损失严重。某家具厂向某保险公司报案称由于积雪把厂房屋顶压塌，致使家具受损，要求保险公司理赔。该家具厂投保的是企财险涉外条款，保险责任是雪崩。

二、保险公司意见

对于财产保险条款（通常称为涉外条款），保险条款里保险责任范围只涉及雪崩，不包含雪灾，保险公司对雪灾有明确的定义："降雪量超过国家规定的荷载标准，积雪在物体上结成冰块，重量和下垂拉力加大。"雪崩在气象学上则完全是另外一个概念。因此，雪灾对于财产保险条款是除外责任，保险公司认为可以拒赔。

三、综合评析

目前，企财险有四种通行的条款：（1）对于企业投保了基本险的，明确了基本险中雪灾是除外责任。（2）对于企业投保了综合险的，明确了综合险中雪灾是保险责任。（3）对于一切险，条款中责任范围虽只列明了雪崩，但是还有"其他人力不可抗拒的破坏力强大的自然现象"。因此，雪灾可以看成是"其他人力不可抗拒的破坏力强大的自然现象"而作为一切险的责任范围。（4）对于财产保险条款，保险条款里保险责任范围只涉及雪崩，不包含雪灾。这四个条款因保险责任不同，投保时费率不同。基本险最便宜，但另外加保费可以附加雪灾等附加险种。因此，投保人在投保企财险时应注意有不同的条款版本，而保险公司也应做好相应的条款解释工作，协助投保人选择最适合自身需求的保险产品进行投保。

大型商业保险

（一）基本介绍

大型商业保险，是指针对大型工商企业的保险。其标准为：中国加入世贸组织时企业年保费超过 80 万元人民币，而且投资额超过 2 亿元人民币；加入世贸组织后 1 年，企业年保费超过 60 万元人民币，而且投资额超过 1.8 亿元人民币；加入世贸组织后 2 年，企业年保费超过 40 万元人民币，而且投资额超过 1.5 亿元人民币。

建立大型商业风险（奥运场馆、地铁、公路等）及巨灾风险的保障措施，有利于转移巨额风险，分担政府责任，维持社会稳定。

（二）典型案例

案例 1　试车费用的确定——乙烯工程事故

一、案情事由

A 公司将其位于化学工业园区的 90 万吨乙烯工程向保险公司投保安装工程一切险。由多家保险公司组成的保险共保体承保。保险金额约为 14 亿美元，保险期限为 2003 年 6 月至 2007 年 3 月，每次事故绝对免赔额为 50 万美元，保单约定了指定理算人。

2005 年 3 月 23 日，被保险人报案称：2005 年 3 月 19 日 9 时 20 分，其位于化学工业园区的 90 万吨乙烯工程发生意外事故，驱动端报警并显示有泄漏，导致压缩机连锁停车。经现场查勘发现，气体输送管道内被碳粉末覆盖。因此，此次事故原因为管道或过滤器不清洁造成。保险公司随后委托指定理算人对此次事故受损标的进行查勘理算。

这次事故发生故障的设备为裂解气压缩机。经检查，被保险人确认此次泄漏事故是由于密封气体输送管道内不清洁造成。生产商曾建议被保险人拆除密封进行检查，但被保险人为了减低损失且该管道仍可正常运作，所以被保险人重新启动了该压缩机。

乙烯裂解装置正式开始试生产物料的时间为2005年3月18日15时45分；合格乙烯正式产出的时间为2005年3月19日2时00分；事故发生时间为2005年3月19日9时20分。压缩机重新开动时间为2005年3月20日19时30分，合格产品再次产出时间为2005年3月21日0时。从事故发生到合格品产出，恢复时间共计38小时40分钟。

A公司因此次意外事故向共保体索赔2 000多万元人民币。

二、保险公司意见

本案理赔工作分为两个阶段：保单责任认定和事故损失确定。

（一）保单责任认定

本次事故出险日期在保险期限内，出险地址为保单所录地址，受损标的为投保财产，出险原因为过滤器阻塞等原因造成密封损坏，属不可预料的且被保险人无法控制的突发性事故，符合意外事故定义。根据安装工程一切险责任范围："保险财产在列明的地址内，因自然灾害或意外事故造成的物质损坏或灭失，由保险公司负责赔偿"，且无除外责任适用，故应予赔付。

（二）事故损失确定

此阶段为本次事故理算工作的重点和难点。

事故中主要的损失为试生产期间物料的损失。本案的争议首先在于解释保单中的"试车费用"投保金额的构成，即保额构成表中是否包含试车物料、试车过程中其他所有原材料及各项费用价值。如被保险人及经纪人无法提供其他相反意见的支持性文件，受损物料将不是保险标的，将无法得到赔偿。

经过共保体、公估人以及化工专家的分析，结合经纪人提供的被保险人投保依据，综合来看，可以明确保额构成表中包含试车物料，也应包括试车过程中其他所有原材料及各项费用价值。所以受损的试车物料属于保险标的，可以得到赔偿。

事故发生后虽然下游生产会中断，但重物料生产部分不能停止。如果重物料生产部分停止，将导致重物料凝结在设备中导致更大损失。因此，事故发生后重物料生产部分需减低至最低负荷继续维持运行，而裂解气只能排放并燃烧。所以，现场不可能发现任何受损的原材料、半成品或产成品的痕迹。此次事故恢复时间共持续 38 小时 40 分钟，而且在裂解气排放口均无计量表，所以此次事故损失只能通过投入物料价值与所产出产品价值的差额来确定。

对此，共保体各保险公司以及公估人多次开会进行讨论，最终确定方案：将此次事故损失分为两个阶段进行理算：第一阶段为事故发生到压缩机重新开动；第二阶段为压缩机重开到合格产品产出。

第一阶段只有重油物料可回收，时间段为 3 月 19 日 9 时 20 分至 3 月 20 日 19 时 30 分。第二阶段时间段为 3 月 20 日 19 时 30 分至 3 月 21 日 0 时。经核定，总损失金额为 1 800 多万元人民币。

综上，此次事故被保险人损失共计 1 800 多万元人民币；扣除免赔额 50 万美元后，此次事故最终赔付金额为 1 400 多万元人民币。

三、综合评析

本案争议重点：

首先，本次事故中主要的损失为试生产期间物料的损失，本案的争议在于保单中的“试车费用”投保金额的构成。经过共保体、公估人以及化工专家的分析，结合经纪人提供的被保险人投保依据，综合来看，可以明确保额构成表中包含试车物料，也应包括试车过程中其他所有原材料及各项费用价值。所以受损的试车物料属于保险标的，可以得到赔偿。

其次，本次赔案的难度在于共保体对化工行业新工艺所产生特殊情况的处理。此次事故被保险人的装置为 90 万吨乙烯工程，该设备在国内甚至国际都属于先进设备。但是出险后，处置方法为放火炬，即将受损的物料排空。共保体和公估人到达现场，只可以看到熊熊烈火，但是无法对其损失情况进行计量。这给最终确定损失数量带来了巨大的挑战，完全不同于常规的查勘定损程序。在处理过程中，共保体咨询相关行业专家，结合具体实际情况，通过考虑被保险人设备的设计思路、理论结合实际生产工艺以及相关设备的生产数据，最终完成了定损工作。

案例2 保险安排对上海地铁四号线事故发生后的修复发挥了重要作用

一、案情事由

上海轨道交通明珠线二期（简称地铁四号线）是上海市轨道交通环线的东南半环，全长22公里，上下行隧道在南浦大桥附近穿越黄浦江。

该建设工程的项目方向保险人投保了建筑安装工程一切险及第三者责任险，由多家保险公司组成保险共保体进行承保。该保单建筑工程部分总保额为56.46亿元，按约定项目的工程概算价格投保；第三者责任部分每次事故总赔偿限额为5 000万元，适用震动、移动及减弱支撑条款项下的赔偿限额为2 500万元。保险期限为2000年12月16日至2004年底工程项目竣工验收之日止，同时保单扩展交叉责任条款、清理残骸费用条款、专业费用条款等附加条款。

2003年7月1日凌晨，建设中的地铁四号线浦东南路——中山南路站区间段旁通道施工现场突发事故，掘进面开凿过程中承压水冲破土层，大量流沙的突涌造成剧烈的土体扰动。现场施工单位虽然采取了紧急施救措施，但由于出险地区地质复杂，事发突然，险情仍然迅速加剧。数小时内，大量流沙涌入施工中的风井及主隧道内，隧道开始变形塌陷，严重的水土流失造成事故现场周边地面迅速沉降，距离出险位置不足30米的黄浦江防汛墙也开始倒塌，江水涌入风井，进一步加剧了地面下沉。事故现场附近的音像市场、鸿宇楼、文庙泵站等建筑在短时间内也发生倾斜并开始局部倒塌，现场附近的临江大厦、土产大厦等高层建筑出现了地基下沉。隧道报废、大厦坍塌、黄埔江水涌入市区的严重后果顷刻间显现。

事故发生前，位于浦东南路和南浦大桥之间的隧道区间施工已经完成，中间竖直风井箱式结构和连接主隧道的横向旁通道开始施工。

事故发生后，上海市政府迅速召集多名中科院院士组成专家组以及施工抢险队伍，通过对事故原因的细致分析，对现场的详细勘查和数据监控，制订了周密的事故抢险方案。采取的措施包括：封堵隧道并灌水以保持隧道内外压力平衡；拆除部分楼房以减少地面荷载，防止对地面的冲击震动；抢修江边围堰以阻止江水涌入加剧隧道损坏；稳定土体以减少土体扰动并补充地层损失。经过20余天惊心动魄的紧张施工，至7月底，抢险工程宣告结束，险情得到控制。

二、保险公司意见

面对如此重大事故以及伴随着国内最大金额的工程保险索赔，共保体理赔工作小组第一时间派出最资深的理赔人员赶赴现场，配合事故抢险领导小组开展抢险工作，并立即着手展开保险理赔工作。鉴于类似工程事故的调查、抢险以及事后的修复工程举世瞩目，共保体各方在承保时均向国际再保险市场分出业务，在该事故保险理赔时，完全按照国际惯例，引入保险公估公司担任此次事故理赔的公估人。在与被保险人进行充分沟通后，共保体聘请了国际知名的保险公估公司担任本次事故的公估人。保险人和公估人从事故伊始就全面介入事故调查和取证工作，在国内工程重大事故处理中也开了先河。

整个地铁四号线保险理赔工作分成三个阶段：

第一阶段为事故发生时至2003年9月末。主要工作是配合政府事故抢险领导小组，组织事故抢险、原因调查，着手汇总损失项目及损失金额。8月中旬，共保体得到了事故调查组出具的事故调查和处理报告。理赔工作小组和公估公司结合事故调查和处理报告并独立调查取证后，对事故原因作出了保险意义上的责任分析，认定本事故系由于不利的地质条件、现场施工组织失误、冷冻机故障等多方面因素造成。其中，直接导致事故发生的冻结法施工在国际和国内地下施工中早已工艺成熟，设计本身不存在过多缺陷，保单除外责任中的“故意行为或重大过失”和“工艺不善”条款均不适用。在此基础上，理赔工作小组认定保险责任成立，经上报各共保体总公司同意，理赔工作小组向主要再保人及时通报理赔进展，并在最短时间内得到了再保人对保单责任成立的书面确认，为后续理赔工作的顺利进行打下了扎实的基础。

理赔工作小组和公估人分成多个专业定损小组，与受到损失以及参与抢险的多达80多家单位开展损失核定工作。收集到大量基础性资料后，定损小组开始核实各项报损的真实性及合理性，经过反复的核查及谈判工作，距事故发生时不到 3 个月，即 2003 年 9 月底，共保体及时向被保险人支付了第一笔预付赔款，用于保单项下的第三者责任和相关施救费用的赔偿。这笔巨款对于及时稳定受灾单位的不安情绪、尽快恢复个人和企业的正常生产生活起到了极为关键的作用。

第二阶段为 2003 年 10 月始至 2004 年末。主要工作是根据保险合同确定主条款和各附加条款的适用问题。理赔工作小组与被保险人在修复工程的准备阶段，经过一段时间的磨合，共同制订了“区间修复工程保险理赔工作方案”，对今后的理赔工作进程作出了明确的安排，并对各方的工作职责作出了具体分工，明确由公估人依据保单约定确定理赔原则，由保险人和公估人共同参与修复工程方案的讨论，并核实各项修复工程的计量计价工作，由此得出最终的理算结果。该方案作为一份最具指导意义的文件，贯穿于整个事故理赔的全过程，并为确定最终赔付结果提供了重要依据。

经汇集国内外行业内顶尖专家的权威意见并反复斟酌优化后，业主及事故处理领导小组最终确定实施原位修复的总体修复方案。理赔工作小组和公估人在此期间参与了有关方案论证会议，对修复工程施工组织和方案选型提出了有益的建议。为加速理赔工作进展，并回应再保人对这起国内最大工程险赔案的关切，共保体决定改变往常结案后向再保人提供资料的惯例，从理赔初期就采取开放、合作的态度与再保人积极合作，经过一段时间的磨合，再保人在保单责任的确认、预付赔款摊回等关键问题上都及时作出了书面确认。同时，再保人通过合作看到了国内保险公司的专业、务实及高效，对理赔工作小组的钻研精神、求实的工作态度也赞赏不已。

第三阶段从 2005 年初始至 2005 年 9 月底。理赔工作小组、公估人与被保险人围绕各修复工程项目和费用的认定进行了深入探讨。由于本次事故的修复方案技术难度之高、维修费用之巨是前所未有的，且在诸多方面都对国内保险行业的常规操作提出了新的挑战，每一个工程项目是否可纳入赔偿范围都关系到保险双方的高额经济利益，围绕赔偿项目和赔偿金额展开的激烈讨论历时一年多，形成的会议纪要近

20份，各种文件多达数万页。对于每一笔投入的工程款项，最后都分别按照工程修复、三责、施救及保单除外等项目作出了明确界定。

2005年7月，经过保险各方以及与国际再保人的多次正式会议，各方终于就一次性解决所有赔偿问题达成一致意见，并确定了最终赔偿金额。

2005年10月12日，保险各方正式签署最终赔偿协议，标志地铁四号线事故保险理赔的顺利结束。至2005年底，共保体向国际再保人摊回赔款的工作也顺利结束。

至此，举世瞩目的上海地铁四号线“7·1”涌水事故的保险理赔工作画上了圆满的句号。

三、综合评析

建筑和安装工程保险发展历程较短，在国际上只有不到80年的历史，国内也仅仅是最近10年才得到蓬勃发展。工程险的技术复杂程度称得上是财产险各险种之最，它的特点是风险相对集中、损失金额巨大、保单条款众多且复杂、相关建筑领域专业知识水平要求高。随着国内工程建设项目的飞速发展，以及与国际建筑市场作业模式的迅速接轨，工程保险在国内的应用和发展潜力极为巨大。

上海地铁四号线事故是国内工程保险历史上赔偿金额最大、技术最复杂的理赔案例，该事故的善后处理及保险理赔不仅在国内造成广泛社会影响，在国际工程界和保险界更是引发极大关注。地铁四号线地面沉降和塌陷事故发生后，国际再保人对国内的轨道交通建设项目更为关注，不仅参与了轨道交通工程项目的实地查勘，更为重要的是，将国际上轨道交通项目的风险管理经验和理念传输给国内保险人，并在工程建设的关键节点进行现场评估，提出风险管理建议。地铁四号线事故后，国内保险人及轨道工程施工相关方也对轨道交通工程的风险管控更为重视，由之前的静态风险管理模式变更为目前的将风险分析与控制贯穿于整个项目的生命周期当中的动态风险管理模式，在工程每个时期内对每一个关键节点都进行风险查勘、评估及管理。如何安全、经济地完成修复工程，考验着地铁施工团队的技术水平，也成为衡量国内保险业综合水平的试金石。

案例3 保险责任中意外事故的界定

一、案情事由

某环保技术公司向保险公司投保安装工程一切险，承保标的为某纸业公司的废水厌氧处理系统，安装工程期限为2004年11月5日至2005年3月31日，保额为975万元。

工程业主为纸业公司，废水厌氧处理系统工程承包人为环保技术公司（即被保险人）。

2005年1月19日，保险公司接到被保险人报案称，1月18日，处于收尾阶段的设备安装工程厌氧反应器A罐突然发生火灾，火灾迅速蔓延，将整个罐体以及罐内已安装完毕的部件全部烧损，造成重大财产损失，被保险人立即向保险公司提出索赔要求。

保险公司接到报案后，随即委托当地分支机构对事故进行现场勘查。查勘人员来电告知，整个罐体过火严重变形，被保险人告知损失金额在450万元左右。保险公司按照理赔制度，上报总公司理赔部，同时，鉴于被保险人报损金额较大、受损专利设备定损难度较高，保险公司聘请公估公司担任本次事故的公估人。

二、保险公司意见

根据保险公司理赔人员和公估人对事故的查勘和取证，事故经过如下：

2005年1月18日16时30分，工人看见A罐顶部冒出黑烟，立即叫喊“着火”，工人们提水往上救火，稍后，厂部消防车至现场救火。约17时15分，三辆外部消防车赶到灭火。约18时，火势突然变大，罐内金属结构件烧曲变形脱落，顶部两个漩流汽液分离器从顶部掉落，整个罐体表面烧红，消防车往后退，周围人群亦被命令后退，大约19时，大火被扑灭。

保险理赔人员和公估人先向对被保险人派驻现场的工程师、分包商施工人员、业主代表、监理工程师进行询问并作笔录，并走访当地消防队，对火灾的原因进行深入分析，认为现场有较严格施工管理，没有发现工人吸烟，现场也没有进行电焊动火作业。截至2005年12

月，消防部门仍未能确定火灾的真正原因。

保险公司与主管消防部门对火灾的起因进行了多次探讨，认为虽然由于技术原因未能找到火灾的起因，但可以判断火灾起因属意外事故，并排除了人为纵火和材料自燃的可能。当地公安消防大队对此次火灾出具了一份正式证明材料。

保险公司和公估人共同认定，本次事故原因为火灾，且无保单除外责任适用。

事故发生后，被保险人提出450余万元的索赔，经过与保险人对各项索赔项目进行数次分析和讨论后，被保险人最终将索赔金额调整为411万元。

本次火灾造成即将完工的厌氧反应器A罐严重受损，被保险人从质量标准、安装精度、修复耗费等角度出发，认为厌氧反应器A罐已无修理价值，并提出重置方案和索赔金额。

公估人认为，无论是从技术还是从施工工艺角度分析，修复罐体并恢复到原设计规范要求已不可能，即使勉强修理，修复的安全性亦得不到保证，实际且经济的处理方法只能是拆除已报废的罐体，并且重置新的罐体。保险公司参考公估人的意见，在查阅相关技术规范，并向消防部门进行了解后，同意按公估人的意见确定赔偿范围。

事故发生前，安装工程实际施工的进度是整个罐体和内部主体结构都已完工。公估人对被保险人提出的索赔项目逐一根据相关单证和实际耗费进行核损，总计定损379万元。根据被保险人提供的相关图纸和说明，核算出事故中所有烧毁的罐体、罐体内的支撑钢梁和其他报废金属件的总重量约为80吨。按当地废钢市场价格每吨2 500元计算，废钢的残值总价约为20万元。

保险人最终赔付金额为359万元。

三、综合评述

安装工程保险责任范围分为物质损失和第三者责任两大部分。物质损失即投保工程项目自身的损失，第三者责任即指保险人与被保险人以外的第三方财产或人身受到的损失。物质损失部分的赔偿责任为除外责任以外的自然灾害或意外事故造成工程本身的损失，第三者责任部分的赔偿责任为与工程直接相关的意外事故造成的第三方损失。

（一）火灾原因和保单责任

经过消防部门近一年的调查，未能找到火灾的真正起因。但经过消防部门和保险人的共同调查，认定现场作业人员没有吸烟引燃可燃物的情况，现场也没有发现引燃物的痕迹，同时排除了人为纵火的可能。经过技术分析，现场安装的塑料件没有发生自燃的可能。

安装工程保险条款规定，因保险除外责任以外的任何自然灾害和意外事故造成的工程财产损失属于保险赔偿责任。

意外事故定义为：不可预料的以及被保险人无法控制并造成物质损失或人身伤亡的突发性事件，包括火灾和爆炸。

保单将“自燃”和“被保险人故意或重大过失”列为火灾的除外责任。在本次事故理赔的责任认定中，虽然没有发现火灾的确切原因，但已经可以排除保单除外责任，并符合意外事故的定义，因此，可以认定保险责任成立。

（二）保单是否足额投保的问题

经查，业主与被保险人签订的安装合同的价格为 1 448 万元而保额为 975 万元。公估人认为，差异是因为被保险人从工程合同总价中剔除其国外总部收取的总部管理费用，以成本价值投保，认可为足额投保。

保险人在审核保单和销售合同及其附件后，作如下分析：

1 套反应器合同金额为 638 万元，火灾时尚未完成的工程如漆装、检测等费用在 15 万元左右，剔除该笔费用，出险前，该反应器在工程合同中价值约为 623 万元。在保险合同中，其保险价值为 623 ×（975/1 448）=419 万元。该价值与被保险人报损重置到受损前状态的费用 411 万元基本一致，印证被保险人确实以成本价值投保。保险人认为公估人的理算思路和结果合理。

案例 4　以合作模式进行大型能源行业保险

一、案情事由

2000 年 10 月 15 日及 11 月 14 日，保险公司承保的某油气田营运项目发现输油管发生2处断裂，造成财产损失、营业中断损失及产生第三者责任赔偿。由于预估损失巨大，估计损失金额超过1 500万美元，保险公司决定聘请公估人进行责任认定和损失理算。

整理保单内容如下：

被保险人：某石油天然气公司

保险标的：某石油开发作业

保险内容：财产一切险、利润损失险、第三者综合责任险

保险期限：2000年1月1日至2000年12月31日

保险金额：原油输送管线：57 623 200美元

利润损失：104 000 000美元，12个月赔偿期

第三者责任：每次事故50 000 000美元

免赔额：财产损失：每次事故50 000美元

利润损失：每次事故14天等待期限

第三者责任：每次事故10 000美元

出险后，被保险人当即对事故现场进行了排摸，确定了事故发生的位置，并进行了紧急处理，包括临时修理、加固作业，设立临时储油罐等；同时通过市政府与第三者（受油地）进行交涉、磋商，临时进行紧急物资调配，尽最大可能将损失控制在最小范围内。

二、保险公司意见

保险公司会同公估人对事故发生的原因进行了分析、取证工作，并初步估计了损失程度。公估人于2001年3月22日和2001年7月18日出具了两份临时报告，在这两份报告中，对事故发生时的天气情况、事故发生地的海床情况、出险管线的铺设情况、出险管路材质分别进行了专业分析，并得出结论：

2000年8月至9月影响出油管线所处海域的3次台风（2000年8号、12号、14号台风）中的2次台风引起的强烈水流对海床的冲刷造成断裂油管下的支撑海床掏空，2处断裂油管悬跨长度分别达64米和55米，超过设计允许范围，同时台风引起油管底部海床的油污积累，造成油污对油管的逐渐侵蚀，最终使油管无法承受重量而断裂。根据事故发生的时间，将事故发生次数定为2次，即2000年10

月 15 日事故及 2000 年 11 月 14 日事故。

接下来被保险人会同保险公司及公估人共同确定了对受损管道的修复方案并大致框定损失范围。应被保险人要求，2001 年 9 月 4 日及 12 月 28 日保险公司先就财产一切险支付预借赔款 1 080 万元人民币。后随着修复施工的不断进行，根据公估报告保险公司分 3 期支付了本次事故的赔款。最终支付赔款金额共计为：

财产损失：376.9 万美元

第三者责任：47.1 万美元

利润损失：283.1 万美元

折合人民币共计：5 854.9 万元

本案最终结案。

三、综合分析

本保险协议开创了以合作模式进行大型能源行业保险的先河，在承保、理赔过程中充分发挥了各家保险公司的优势，为今后大型项目合作保险提供了较好的借鉴。本案的处理过程及结果，充分体现了保险在涉及千万普通百姓生活的基础工业中的重大的、积极的作用。在事故发生后，保险公司第一时间协助被保险人进行抢修及恢复工作；为了尽量减少对广大市民的用气影响，保险人以最快的速度对事故进行预借赔款处理，在很大程度上支持了受损项目的恢复，保障了市民的正常生活。

五、出口信用保险

（一）基本介绍

出口信用保险是国家为推动外贸出口，保障出口企业收汇安全而制定的一项由国家财政提供保险准备金的非营利的政策性保险业务。中国出口信用保险公司及各地分支机构是开展该业务的唯一单位。出口企业由于个人能力有限，对出口买方及其国家的信息掌握不够，容易导致收汇风险。如果进行详细的调查，其成本相对也很高。出口信用保险机构由于长期关注国际市场情况，能够运用其丰富的信息资源为出口企业提供信息服务，提高出口企业的风险管理水平。目前，我国出口信用保险的种类主要包括短期出口信用综合险、出口买方信贷保险、海外投资保险等险种，其责任范围主要包括信用风险和政治风险，可以为外贸企业面临的主要收汇风险提供保险保障。货物出运后如遇国外进口商无力偿还货款或宣告破产或由于进口国发生政治或经济突发性事件而导致出口方收不到货款，这时由保险公司给予赔偿。从而使出口企业面临的巨大外贸风险转化成确定的保费支出，能够有效缓解外贸企业的压力、保障收汇、促进出口贸易的发展。

（二）典型案例

案例1　国际债务发生问题可以由保险公司护航

一、案情事由

某出口企业（下称A公司）2001年9月至2002年1月，按照销售合同向巴西某公司（下称B公司）出口化学药品，同时向信保公司投保出口信用保险，并获得信用限额D/P150天40万美元和OA150天30万美元。B公司是巴西国内医药行业较大的分销商，与

A公司合作5年期间年均订单量在150万美元左右，双方一直采取D/P90天的付款方式，还款比较正常，亦未出现过质量争议。但从2001年底开始，B公司以种种原因累计拖欠货款达695 117.50美元。A公司曾多次通过函电催讨欠款，并聘请巴西律师与B公司进行协商，但最终因无法接受B公司提出的还款协议而未能取得实质性进展。2002年4月10日，A公司向信保公司通报了可能损失情况，并将全部贸易单证和往来函电提交信保公司，于4月26日正式委托信保公司进行追讨。

二、信保公司意见

信保公司在巴西的合作律师接到该案后，立即与B公司取得联系，B公司对拖欠事实和金额无任何异议，但提出因内部人员工作失职，超额订货导致库存过量、资金周转困难，要求在全部货款扣减12%后分10期逐月还款，既而又以质量缺陷为由（提供了当地实验室的检验报告）要求扣款18 215美元。为尽快收回欠款，有效控制汇率及债务人信用风险，A公司和信保公司同意接受此还款协议。于是，按照保单条款规定，信保公司于2002年7月16日向A公司支付赔款，A公司书面同意将赔款相应的权益转让给信保公司。在律师安排签署具有法律效力的还款协议过程中，因巴西中央银行对进口付款给非贸易合同当事人有繁琐的法律程序要求，为加快还款协议的实施进度，信保公司同意B公司直接还款给A公司。在律师的监督下，还款协议如期顺利执行，最终于2003年10月偿清全部欠款593 488.40美元。同时，A公司也能够恪尽被保险人义务，在收到每期追回款后及时通告信保公司，并与信保公司分摊追回款和向其支付追讨佣金。

三、综合评析

本案是信保公司短期险追偿业务在南美地区的一次重大突破。追偿工作的顺利进行，不仅得益于合作律师的专业技术和勤奋工作，也充分体现了保险双方建立在诚信原则上的积极配合和共同努力才是维护共同利益的有力武器，对今后加强多方协作开展追讨工作有借鉴意义。

1. 被保险人重视应收账款管理、尽早委托保险人追讨，是提高追讨成功率的基础。国外追账公司的大量案例统计（见图5－1）表明，影响追讨成功率的第一大因素便是应收账款的账龄。

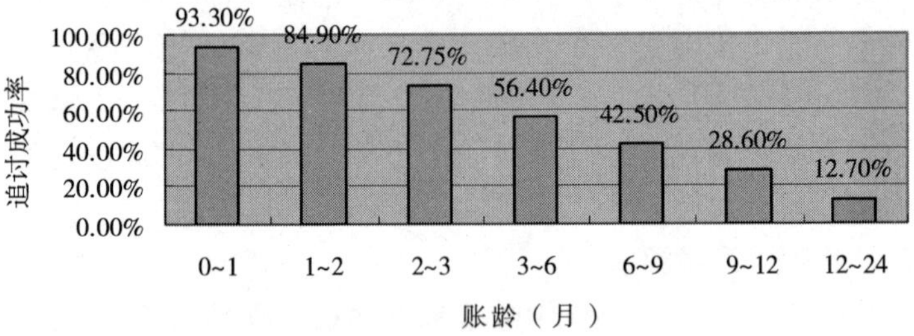

图5－1　应收账款追讨成功率

该案被保险人在发生拖欠后，迅速采取催讨措施，在无法自行协商解决的情况下，尽早委托信保公司对外追讨，并将获得的全部信息及时、真实地告知信保公司，使信保公司在开始追讨时便能知己知彼，有备而来。信保公司在业务实践中了解到，被保险人不愿委托保险公司追讨的原因有多种，其中主要原因是：（1）担心保险公司的介入会破坏贸易关系，使其丧失现有的客户。在完全的市场经济条件下，维持客户来源的决定因素应该是客户对产品的需求。在卖方市场的情况下，出口商占有谈判优势，较容易争取到优惠的还款条件；在买方市场的形势下，出口商处于先天的竞争劣势，如果再对买家的拖欠行为采取含糊态度或一味让步，只会导致进口商变本加厉，乘机拖延，而进口商因明知在不解决拖欠货款问题之前无法继续合作，更会极力躲避出口商，到头来出口商既遭受了损失，也丢掉了客户。相反，出口商对应收账款表现出严肃积极的态度，一方面能够体现其专业、严谨的管理素质，另一方面对于那些因资金紧张或市场波动等客观原因而拖欠货款的诚实的债务人也大有裨益，其可以通过协商获得适当的债务减免和宽限，甚至可能从濒临破产的困境中起死回生，从而使科学的应收账款管理成为出口商淘汰劣质客户、优化客户结构的有效手段。(2) 被保险人希望通过自己解决而节省追讨佣金。从图5-1可以看出，随着账龄的老化，追讨成功率呈加速递减趋势，且追账经验显示，在一个比较短的时间（1~2个月）内，债权人本身的追讨影响力就会明显减弱甚至丧失，如此下去，应收账款有可能在杳无音信中拖延到债务人倒闭破产或溜之大吉，结果是芝麻没捡到，反丢了西瓜。另外，出口商与其投入大量的非专职、非专业的人力、物力处理逾期账款，倒不如将重心放在开拓新市场、扩大业务量方面，将这个问题交给保险人专职的追偿人员，从而提高其综合经营效益。

2. 被保险人要向保险人提供真实、齐全的文件和信息，并在追讨过程中与保险人紧密配合，彼此信任。被保险人作为贸易当事人，了解贸易背景和真相，掌握债务人信用风险的第一手信息。被保险人的故意隐瞒或误报不仅可能使保险人或追账机构浪费时间，失去追讨时机，甚至可能给保险人或追账机构的声誉和利益造成损失。在委托保险人追讨后，未经保险人同意，被保险人不应继续与债务人直接谈判，而应积极协助保险人准备必要的文件，回答与其有关的问题。通常债务人对正式的律师函或信保公司的催讨函都不会掉以轻心，因而企望通过向被保险人提出有吸引力的还款计划而破坏被保险人对保险人的信任，从而摆脱保险人的催讨压力，而一旦债务人感觉到这种压力的减弱，还款计划很可能成为一纸空文。本案在签署还款协议的过程中，被保险人按照法律规定和律师要求，积极协助信保公司办理各种法律手续，并调动收汇银行给予配合；在还款计划执行过程中，被保险人及时支付追讨佣金并与信保公司分摊追回款，有力地保障了还款协议的顺利执行。

案例2　中间商引发的合同风险[①]

一、案情事由

① 参考资料：《国际商报》、《国际结算》（苏宗祥主编）、《国际货物买卖合同》（赵承壁著）、《进出口贸易实务教程》（吴百福主编）、《风险管理与保险》（[美] 特瑞斯·普雷切特等著）。

被保险人中国A公司从2001年7月开始，以OA60天付款方式向欧洲B公司出口盐渍牛肝菌。同时，A公司向信保公司投保了出口信用保险，信保公司对B公司批准限额为OA60天150万美元。2001年7月至10月，A公司向B公司发货共计199万美元，B公司已支付85万美元，尚欠货款114万美元。因B公司逾期没有付款，A公司于次年2月就上述拖欠货款向信保公司报可损，并委托信保公司代为追讨。

交易过程和当事人关系复杂。贸易合同签字人的资格不明确，给B公司否认付款义务以可乘之机。

A公司与C公司签订销售合同，C公司是一家与B公司无任何资金关联的海外注册公司，其中国代表处出示的B公司致中国供应商的函中明确该代表处具有监控质量、安排出运的权利，同时有权安排在中国的全部采购，但未明确其是否具有以自己的名义在采购合同上签字的权利；

A公司向B公司发货；

A公司商业发票上的抬头人为在香港注册的D公司；

收汇水单中付款人为另外一家香港公司E公司。

资信报告显示，香港D公司和E公司的注册地址和负责人相同，两公司均是注册资本不足1 000美元的一人公司，无实际履约付款能力。B公司与D公司和E公司合作是为了避税。同时，根据国内同业出口商反映，C公司虽然在账面上与B公司无关系，但二者存在密切的私人交往，且B公司对C公司拥有实际控制权。

基于上述交易关系，B公司以贸易合同不是其签署的和相关商业单据均未规定B公司义务为由，拒绝承担付款义务，甚至全盘否认交易事实。

二、信保公司意见

本案中，信保公司承保的是B公司的信用风险，买方信用限额也是批复给B公司的。但是，从合同的形式上看，B公司没有在合同上签字，贸易合同存在严重瑕疵。事实上B公司也否认与A公司有贸易往来。而且，A公司和B公司对货物重量存有争议。鉴于此，按照保单中有关贸易纠纷的规定，信保公司要求保户按贸易合同仲裁条款，提交中国贸促会仲裁委员会仲裁。待贸易纠纷解决后，方可定损核赔。

因出口货物仅有1年的保质期，为最大限度减少损失，信保公司允许保户继续与买家谈判，尽快处理剩余货物。

三、综合评析

1. 出口商须以审慎的态度进行商务谈判，签订贸易合同。贸易合同是贸易双方明确履约内容的基准，亦是日后解决纠纷的依据。由于国际贸易是隶属于不同地域的交易伙伴所进行的买卖行为，双方素乏认识，所以严密的贸易合同至关重要。近年来，我国大部分出口贸易均有中介人的参与，这些中介人可能是买方/卖方的代理人或独立的中间商。当合同签字人与买家法定代表人不同时，就需要严格审查签约人的权利和资格，不仅要求其提供实际买家真实的授权书，而且要仔细分析授权的范围和时限，针对具体合同判定授权的有效性和充分性。本案涉及100多万美元的交易，但A公司却没有严格审查C公司的签约资格。B公司给C公司的授权明确了C公司有监控质量和安排出运的权利，并没有明确C公司有代表B公司与A公司签订合同的权利。所以，B公司认为自己没有与A公司签合同，当然也没有付款的义务。

2. 出口商应善于使用货权保留条款。就国际贸易合同而言，尤其是付款条件对出口商较为不利（如OA）的大宗贸易合同，出口商应争取规定货权保留条款，即在未全部收回货款之前，出口商保留对货物的所有权。由于各国法律不同，确立出口商的货权保留权利的程序也有很大差异。比如，德国法律规定以贸易合同中约定的货权保留条款为准；意大利要求经法院注册方可确立货权保留权利；西班牙要求以公证书的形式明确此项权利；等等。因此，出口企业需熟悉有关法律知识和国际贸易惯例，积极、多角度地进行贸易谈判，准确、严谨地制定合同条款。规范出口合同，有效防范风险。

案例3 灵活运用非诉讼方式解决质量争议

一、案情事由

2001年9月至11月，国内A公司按照销售合同向德国B公司出口15寸电脑显示器，总价值为1 770 549.11美元。A公司就此交易向信保公司投保出口信用保险，并获得了足额有效信用限额。买家如期收货，但仅还款387 490.85美元，尚有拖欠货款共计1 383 058.26美元。次年3月，A公司向信保公司提出索赔，并委托信保公司代为追讨。

二、信保公司意见

信保公司接受A公司委托后，即将此案送至德国一律师事务所进行调查。经查发现，本案买卖双方争议焦点为出口产品的技术标准：

1. B公司提出，A公司出口的产品不符合欧洲合格认证（CE认证）技术标准，无法在欧盟市场销售。因此，买家要求将全部货物退回。

2. A公司表示，产品包装上的CE和TCO95标签只是按照买家要求的外包装图样制作的，买家并未要求产品通过上述技术检验，且双方合作多年，对货物的实际质量早有默契，以现有合同约定价格根本无法达到上述标准。

信保公司针对本案所涉及技术标准认证即CE认证，进行了调查。CE是法语CONFORMITE EUROPEENNE（欧洲合格认证）的简称；它既是他国产品进入欧盟国家及欧盟自由贸易协会国家市场的通行证，同时又为各国产品在欧洲市场销售的统一最低技术标准。CE的检测认证必须由欧盟成员国批准的认证机构（如德国莱茵技术监督协会TüVRheinland驻中国实验室）进行。在普遍采用CE认证标准的欧洲市场，法律上要求厂商在产品包装及文字说明上显示CE标记。CE标记表明厂商对外宣称产品符合认证标准。就国际贸易而言，一旦发生产品质量纠纷，无CE认证的处理后果，必将使产品的生产商或卖方处于非常被动的地位，甚至遭到不堪负重的反索赔；反之，若获得 CE 认证，生产商或卖方可在产品质量争端解决中，将 CE 作为公认的技术合格证据，维护自己的合法权利。

本案中，可以采取以下三种方法解决问题：

1. 将货物运回转卖。这无疑是保户最不愿意接受的结果，也是最不经济的办法。因此，信保公司指示追账律师，尽一切可能阻止买家强行退货。

2. 利用买家已承兑的汇票向德国法院申请快速诉讼程序，强制 B 公司履行承兑汇票项下的付款义务。此方法虽在理论上可行，但根据德国法律规定，若 B 公司以质量问题或其他理由对此程序提出抗辩，此程序将被中止。只有在争议解决后，法院才对付款责任作出最终判决。从此案看来，A 公司承认只是样品经过 CE 标准检测，若对出口产品进行抽样检测，则其对检测结果毫无把握。反观 B 公司则曾处理过多起类似质量争议，且均以 CE 认证在法庭上获得有利判决而告终。在所有涉及 CE 认证案例中，B 公司所承担的最高偿还责任也仅为原货款总价值的 60%。因此，若将此案提交法庭，A 公司的法律地位明显处于劣势，并有可能面临损失全部货款甚至承担高额反索赔的风险。

3. 通过律师介入，买卖双方以合理的金额，友好协商解决债务纠纷。B 公司接受货物的前提条件是：A 公司必须就全部欠款给予 15% 折扣，B 公司将在 1 年内按月分 12 期还清 85% 拖欠款。在 A 公司的积极配合下，追账律师利用其专业的法律技能和在当地有关政府机构的关系，经过数轮谈判，最终迫使买家接受 80% 折扣，在 10 个月内分期偿还全部本金，并按 7.34% 的利率支付延期付款利息。

在权衡本案如上解决途径利弊后，信保公司采取了第三种方法，圆满解决了此贸易纠纷。

三、综合评析

1. 出口商应密切关注国际贸易法律和技术标准的发展动态，在合理规避技术壁垒的同时，严格遵守有关技术法规和通行消费习惯。贸易自由化虽为国际经济发展的大趋势，如关税壁垒和配额限制等有形贸易障碍呈现降低或减少的趋势，但无形贸易壁垒如绿色壁垒、反倾销或技术性限制在国际贸易中的障碍越来越突出，无形贸易壁垒需引起出口企业及出口信用保险从业人员的关注。就技术性贸易障碍产生原因而言，或者是不同的技术规格，或者是不同的消费习惯，但更多的则是某个经济体集团所制定的法规，就不同产品所要求的最基本技术标准或确定产品无危害条件。为方便商检机构执行市场监督，许多国家都规定了强制性的合格标志，如欧洲的 CE 和 E－Mark、美国的 FCC 和 FDA、日本的 T－Mark、我国的 CCIB 和长城标志以及俄国的 GOST－R 等。欧洲、美、日和俄罗斯市场是全球最大的消费品市场，也是我国发展出口的目标市场。熟悉并严格遵守国际技术认证规则和标准，既是争取准入、开拓市场的推动器，也是参与竞争、抵抗风险的有力保障。

2. 充分发挥金融票据在保障债权及追讨欠款中不可忽视的优先作用。尽管此案最终通过友好协商方式解决了债务纠纷，但 A 公司所获得的 B 公司已承兑汇票，从法律上确立了 A 公司的债权地位和 B 公司所应承担的第一付款人责任；承兑汇票使在当地法院申请快速强制执行程序成为可能。在个别欧洲国家，针对 D/A 国际贸易结算方式，一些买方为减少票据的印花税支出，以担保函方式作为承兑证明，要求银行放单。这种看似相同的操作方式，实际上不但大大增加了出口商的收汇风险，而且也为出险后的追讨和必要的诉讼程序增加了难度和不确定性。建议出口商应阻止国外买方采用该种结算方式。同样，在很多国家，如意大利、西班牙和智利等，金融票据，包括承兑汇票、本票、银行支票在追讨欠款时都具有优先于商业发票、合同、委托书等商业单证的法律地位。建议出口商在国际贸易中最好采用金融票据进行结算，尤其是在欧洲国家，这样便于出口商在主张债权时获得有利地位。

案例 4　尽早介入追账，快速赔付保户

一、案情事由

2002 年 8 月，国内 A 公司向 B 公司出运两票货物，合同金额 10 万美元，支付条件为 T/T90 天。2002 年底，第一票货物的货款已逾

期近1个月，B公司仍未付款。A公司一方面加紧向B公司催讨货款，另一方面及时向信保公司书面通报了可能损失情况。

收到A公司上报的可能损失通知书后，虽然风险事件尚未发生（国际通行界定的拖欠风险为买方超过付款期限4个月以上仍未支付货款），但信保公司考虑到B公司拖欠时间并不长，追偿时机比较有利，立即发函建议保户委托信保公司进行海外调查追讨。然而，保户当时坚持自行追讨，理由有三：（1）虽然该买家以前有过拖欠行为，但最终都能较快还款；（2）顾虑追账机构的介入会影响买卖双方以后的合作；（3）买家已口头答应分期还款，并承诺将公司的厂房和仓库抵押给银行，以筹资归还欠款。

二、信保公司意见

在充分尊重保户意见的前提下，信保公司一方面同意暂由保户自行追讨，另一方面紧密跟踪保户的追讨情况，同时对保户提出两点建议：（1）买家曾口头承诺还款，应趁热打铁令其出具书面还款协议；（2）第二票货物如买家还未收货，应力争控制货权，以减少损失。

2003年1月中旬，通过跟踪保户自追情况，信保公司了解到，经保户努力，买家已签署了分期还款协议，但迟迟未按日程表付出货款，并且买家的财务状况开始恶化，甚至有破产的可能性。在这种情况下，信保公司再次向保户解释由专业追偿机构及早介入的必要性，并建议其委托信保公司追讨。2003年1月23日，保户填写委托代理协议书，并提供了相关的贸易单证委托信保公司进行海外追讨。

通过对此案的调查，信保公司发现买家公司财务状况恶化，负债累累。买家抵押房产以筹资还款的承诺只不过是缓兵之计，根本不可能实现，因为这些房产早已抵押给银行。最初买家对信保公司的追讨采取回避态度，追偿工作一时很难展开。不久，海外追偿机构通知信保公司，债务人公司进入了销售旺季，资金紧张情况可能会有所缓解。信保公司立即指示追偿机构抓住时机，催收货款。经过努力，追偿机构终于在2003年2月底联络到买家，由于保户事先已接受信保公司的建议与买家签订了书面还款协议，面对自己签署的文件，债务人无从狡辩。趁债务人公司产品销售旺季，海外追偿机构在信保公司的指示下，严密监督还款计划的执行，执行情况良好，已归还欠款。

在进行海外追讨的同时，2003 年 3 月 2 日，信保公司收到保户提出的索赔申请书及包括保险合同文件、贸易单证、证明损失原因及金额的文件、双方往来函电、与买家签署的还款协议、已收汇证明等全套索赔单证。经审核，该案单证齐全、案情清晰，被保险人已履行其应尽义务，损失属于信保公司承保责任，2003 年 3 月 5 日，信保公司向保户 A 公司发出了赔付通知。

三、综合评析

在对外展业或处理索赔案的过程中，经常会遇到这样的问题：出险后，保险公司何时能够赔付？信保公司对各种情况下的赔偿等待期作出了明确的规定，并承诺在赔偿等待期满后，尽快赔付。但保险人尽快赔付是以被保险人履行保单规定义务为前提条件的。

本案从接到可能损失通知书到赔付完毕，历时不过 3 个月，时间表如下：

2002 年 12 月 27 日收到可能损失通知书。

2003 年 1 月 23 日保户委托信保公司追讨并提供相关贸易单证。

2003 年 3 月 2 日收到索赔申请书及全套提赔单证。

2003 年 3 月 5 日信保公司按保单规定对保户 A 公司予以赔付。

由于保户的积极配合，信保公司得以及时介入海外追讨，查明了案情，在被保险人提赔后，在最短的时间予以赔付。该保户在本案中的一些做法值得广大被保险人借鉴。（1）风险意识强，报损及时；（2）果断委托保险人追讨；（3）提交的单证合规、齐全、准确、清楚。

通过本案，不难看出，保险人尽早介入海外追讨有利于尽快查明案情并作出赔付决定。在单证齐全、被保险人按保单规定履行了应尽义务的前提下，如果经海外调查证明损失属于承保责任范围，保险公司会以最快的速度予以赔付。高效率的理赔工作需要被保险人的积极配合，希望本案 A 公司的做法能给广大被保险人一些有益的启发。

案例5 风险评估的实质是为客户度身制订解决方案

一、案情事由

信保公司一保户2003年与德国一家中间商（以下简称买家）在谈一个出口某一特定电子产品的大型贸易合同，买家主要从事电子、音响等产品的进口，因其下家都是德国的大型超市，故全年待执行合同金额近5 000万美元。

二、信保公司意见

鉴于如此大的限额申请在短险业务中确实不多见，信保公司获悉这一情况后马上了解项目背景、收集相关资料，与保户交流对该项目执行的一些看法，开始着手为保户制订风险解决方案。

（一）完善项目操作流程

针对当前中间商因自身信用实力不足以授予大额信用而不能满足保户出运需要的矛盾，信保公司建议保户和买家协商，将最终买家拉进合同中来，共同签署一个贸易合同，然后申请最终买家的限额，这样一方面可以解决限额不足的问题，同时可以确保交易过程的安全。具体方案为：贸易合同的买方为德国的最终买家，共同的卖方为保户和中间商，从最终用户处拿到的订单抬头上必须同时出现保户和中间商的名称。在发票上注明保户是唯一的收款人和受益人，同时将发票交给保户，由保户会同其他的单据一起交给最终买家。相应开设一个保户和中间商为共同开户人的共同账户，要求最终买家将合同货款汇到该共同账户上，然后由保户支付给中间商佣金，在合同中三方规定保户是唯一的收款人和受益人。上述流程的设计，可以确立保户和最终买家之间的债权债务关系，确保了交易的安全。

（二）分析进口国商业市场及产品需求

针对产品出口涉及金额大的特点，信保公司首先查阅相关材料对德国的商业市场、该特定电子产品的市场前景进行了分析。

商业在德国是仅次于工业和手工业的第三大经济部门。2000年，德国零售业约有47.5万家企业，共280万名员工，年营业额3 750亿欧元（不包括车行、加油站和药房，下同）；批发和外贸公司共

13.5万家，营业额6 135.5亿欧元；贸易代理商6万家，代理成交的金额为1 789亿欧元。2001年，德国零售市场营业总额为3 790亿欧元，同比增长1%。德国零售市场集约化程度高、专业化经营强、竞争十分激烈。2000年，在全球30家最大的零售企业中，德国独占6家，它们分别是麦德龙（Metro，排名第5）、Rewe（排名第10）、Aldi（排名第12）、Edeka（排名第18）、Tengelmann（排名第19）、Lidl & Schwarz（排名第26）。德国零售商都有固定的采购渠道，大企业一般都设有自己的采购部或贸易公司统一采购，新的供货商一般较难打入。

据德国娱乐与通信电子协会4月14日发布的消息，2002年德国消费电子行业实现销售额193亿欧元，下降5.3%。尽管经济景气处于低谷，但娱乐电子行业的销售情况好于其他行业。电视机、该特定电子产品、音响、录像机、VCD播放机、汽车收音机等比较受消费者青睐，当年上述产品销售额为92.5亿欧元，下降1.5%，主要是通信设备和私人电脑销售下降所致。2002年，购置家庭影院系统设备的德国人越来越多，该特定电子产品热销，该特定电子产品销售量为490万台，增长210%，该协会预计，今年德国消费电子销售总额将达到194亿欧元。该特定电子产品市场在德国有广阔的前景。

（三）分析买家风险

为全面了解买家的经营状况，信保公司动用了现有的对德国的3个征信渠道对买家进行了调查。

第一份报告显示，买家为1972年开业的私人有限责任公司，注册资本10万美元，某大股东对其进行全资控股。买家从事公共关系咨询与管理，有5家子公司，5个分支，雇员1 000人，报告对买家的评级为03（近期财务不详，经营风险适中）。

在财务信息透明度较高的德国，迟交财报是一个不利的信号。仔细分析2000年度的财务报表，信保公司看到了一些值得关注的信息。在流动资产中，买家的应收账款为2.45亿美元，其中来自集团内部关联公司的金额为2.02亿美元，而同期的销售额仅为1.36亿美元，应收账款竟然是同期销售额的近2倍。这一重要信息反映了买家与集团的关联交易量巨大（应收账款同期占比为 82.5%），超过销售额的应收账款的账期事实上都已经超过了 1 年，实际上形成了巨额的坏账，但买家鉴于是集团关联交易并没有相应地计提坏账准备，这种违背会计谨慎性原则的做法构成了非常大的财务风险。买家的账面现金显示为 1 157 万美元，使信保公司更加关注这“沙漠中的绿洲”的来源，从负债中的应付账款 1.42 亿美元中信保公司很容易地找到了答案，买家的经营战略是借鸡下蛋、拆东墙补西墙，由此判断出其经营缺乏长远规划。从买家的所有者权益构成中看出，其全部来自于当初筹建时的实收资本，金额为 10.2 万美元，也就是说企业历经 31 年的发展没有任何新的投入，也没有任何留存收益，非常有悖常理。而且买家债务结构非常特殊，没有任何长期负债。种种迹象表明，买家实行的是将运营风险完全嫁接在供应商之上、其投资者将其仅仅作为集团供应链一环的经营策略。盈利后即分光用光，只求规模发展而不想承担任何责任，是一个经不起市场风险、缺乏责任感的公司。

损益表中显示出买家的高额成本和运营费用，这大大消耗了其应有的主营利润，加上一些营业外收支、营业税，买家的税后利润为 1 000美元，这样的结果既避免了账上的亏损又合理规避了公司所得税，体现了集团通过大量的关联交易结转利润的苦心孤诣和独具匠心。通过深层次的财务分析，使买家的资产变现性差、巨额的资产负债率以及不足以称道的回报率等强烈的风险信号跃然纸上。但买家拥有良好的付款记录，最近 12 个月其对国内供应商的付款记录为 8 800 万美元，平均迟付仅为 5 天，使信保公司感到其拥有通畅的销售渠道，近期在应收账款回收方面的表现值得称道。

第二份报告显示，其母公司销售额 97 亿美元，雇员 1.6 万人，其中 2001 年销售额为 59 亿元，报告对买家偿债能力评级为 2.1（偿债能力较好）。报告显示集团要求所有子公司将利润上缴，这体现出买家为集团的结算中心而非利润中心。由于集团和买方均为法人，不能无偿划拨资金，只能作为股东将买方的全部经营利润每年回收，显示集团精于自我保护，对债权人不进行任何保障，对买方的长远发展无打算。这样一旦遇到突发的市场风险时，集团可轻松地进行债务剥离后而全身而退。

根据第三份资信渠道的报告，信保公司又有了新的发现，买家与一企业进行了联营，而该企业是德国某零售集团的供应商之一，由于德国商业企业的供应链相对固定，这一重要信息同时证明了买家确实有比较通畅的分销网络。

针对中国家电产品在欧美极易引起倾销诉讼的问题，信保公司对出口产品的价格进行了关注，买家网站显示其主要销售电子娱乐产品，包括柯达数码相机、索尼电脑、诺基亚手机，同时销售该特定电子产品，价格在50~60美元，与保户提供的贴牌销售，价位在50~90美元情况基本一致，至此消除了信保公司的顾虑。

综合上述各方面信息，信保公司给买家授予了相对金额不大的信用限额，并建议：如买方希望扩大交易，可以通过集团出具担保的方式解决。

三、综合分析

信保公司提出的风险解决方案，使保户在茫茫商海中交易时做到了游刃有余、从容不迫。大项目的限额之中凝结了承保人员的许多智慧，承保人员在某种意义上说就像是裁缝，同样是为保户提供服务，只不过为保户提供的是基于信用分析的风险解决方案。

六、农业保险

（一）基本介绍

农业保险是指由保险公司专门为农业生产者在从事种植业和养殖业生产的过程中，对遭受自然灾害和意外事故所造成的经济损失提供经济保障的一种保险。

随着农业现代化步伐的加快和高附加值农业的大力发展，农业的高投入、高产出，也同样伴随着高风险。由于农村面广分散，各地自然条件与经济条件差别很大，自然灾害和意外事故危险发生的条件不同，对农民的生产和生活带来的危害与影响情况也很复杂。因地制宜地建立农业保险体系可以更好地保障农业生产和农民利益。

（二）典型案例

案例1　买了保险不是什么损失都能得到保险公司赔偿

一、案情事由

2006 年 6 月，郁某为一口 165 亩的虾塘向某保险公司购买了淡水养殖保险。同年 9 月 17 日午夜时分，受“珊珊”台风的影响，该虾塘于凌晨 2 时左右溃堤，养虾人员立即向该保险公司报案。保险公司迅速派理赔人员到现场进行查勘、定损，并立刻给予立案处理。

二、保险公司意见

保险公司理赔人员经查勘后发现，溃坎缺口为 5 米，其水面面积已基本见底。由于该保险标的水面面积较大，其溃坎缺口尽管有 5 米之宽，但溃坎程度（出险堤长占该堤周长的比例）也不到 5%，没达到保险条款规定的赔偿标准。根据保险条款规定，溃坎程度在 5% 以下的，保险公司相对免赔比例为保险金额的 30%。故虽然虾塘出险时虾苗已经较大，可以达到90%的赔付比例，但保险公司还是不能予以赔付。但郁某认为自己既然参加了保险，缴纳了保险费，如今损失了那么多，理应得到一定的赔偿。最终经双方协调确定，保险公司给予郁某21万元的赔偿。

三、综合评析

1. 保险公司在处理此类案件时，应本着实事求是的原则，并依据现场查勘的实际情况确定赔与不赔和赔付比例。本案例中虽然由于溃坎给保户造成了很大的损失，但并未达到淡水养殖险条款规定的赔付标准，保险公司依据现场查勘的实际情况确定按通融赔案流程操作和赔付比例。

2. 被保险人参加保险前，应熟悉保险条款的内容，了解参加保险的保障范围。

3. 政府及相关部门积极参与农业保险赔偿，是解决矛盾的有效方法。

案例2　采瓜后期的西瓜受损按实际损失赔偿

一、案情事由

2006年2月，某农业综合服务中心为2 000亩西瓜向某保险公司购买了西瓜种植保险，涉及瓜农755户。同年7月，所在地区受“碧丽斯”台风外围气流影响，于14日中午11时刮起了8级以上暴风，并持续了24个多小时，使大量毛竹大棚种植的西瓜田水淹，损失率达100%。保险公司接到报案后，迅速派出理赔人员赶赴受灾现场进行实地查勘、定损，采集第一现场资料，并立刻给予立案处理。

二、保险公司意见

保险公司理赔人员经查勘后发现，这些西瓜生长已经到采瓜后期阶段，采瓜率80%，按照保险条款规定只能以实际损失部分进行赔偿。但农业综合服务中心认为此批西瓜在未受损前长势较好，应该按成熟阶段的保险金额进行赔偿。最终保险公司以现场查勘的情况，按照该农业综合服务中心实际损失给予30余万元的赔偿。

三、综合评析

非寿险保险理赔的一个基本原则是不能超过实际的损失而不当得利。农业保险的复杂性在于农作物在不同的生长周期保险标的的价值是不同的。因此，农业保险理赔人员应了解和熟悉农作物的生长情况，现场查勘要认真细致，而被保险人也必须明白保险补偿的基本原理。

案例3 为少缴保费故意压低投保产量的后果

一、案情事由

2005 年 3 月，某合作社为 440 亩水晶梨向某保险公司购买了水果收获保险。考虑到保费与产量挂钩，被保险人在保单中注明保险产量仅为 400 公斤（实际可能超过千公斤）。同年 8 月 6 日，所在地区遭受“麦莎”台风袭击，当日的总降雨量就达到 173 毫米的大暴雨标准，风力也达 10 级以上，造成水晶梨大批落果。当日，保险公司接到报案电话，迅速派遣理赔人员奔赴现场查勘、了解灾情，并立刻给予立案处理。

二、保险公司意见

保险公司理赔人员经现场查勘，发现尽管落果的情况严重，但其果树的坐果量与保险产量相差甚小，其收获产量尚存 300 公斤，为此保险公司根据本条款规定按照其收获产量给予 1.2 万元的赔偿。但水晶梨合作社认为此次受灾严重，保险公司赔偿 1.2 万元显得不合情理，感觉心有不甘。

三、综合评析

农业保险中农户往往抱怨保险公司“十赔九不足”。其根源往往是农户为了少缴保费而没有足额投保。因此，我们希望广大农户在投保收获险时，对于保险产量应按照实际产量系数进行投保，不要为了少缴保费而过低地投保保险产量，否则损害的只是自己的利益。

案例4 茭白跌价引发的争执

一、案情事由

某公司于2006年10月20日至11月20日向某保险公司投保了蔬菜价格保险，投保茭白面积为258亩，平均亩产为1 050公斤，投保单价根据往年数据用简单平均方法计算后，确定为3.16元/公斤。由于当年该地区气候较正常，蔬菜的产量普遍增加，加上大量外省市蔬菜涌入，蔬菜货源充足，在10月至11月还出现供大于求的情况，蔬菜价格普遍比前一年同期下降。与前一年同期相比，258亩茭白减少收入433 440元，10月至11月网上交易的茭白平均批发价格仅为2.50元/公斤。与投保价格相比，每公斤下跌了0.66元，跌幅为20.89%。

二、保险公司意见

投保人在投保时确定的保险价格是按照简单平均法计算的，而保险条款中规定的是采用加权平均法，所以保险人提出要按加权平均法计算保险期间的价格。

三、综合评析

传统意义上的保险只承担自然灾害和意外事故造成的损失，但蔬菜价格保险是承保农产品由于市场价格波动造成的风险，保障了农民丰收不增收的市场风险，是保险公司为更好服务“三农”开发的新险种。蔬菜价格保险一经推出深获政府和农民的好评。本着为农民办实事的原则，在处理本案时，保险公司在和农民产生理解上的分歧时采取了协商统一的方法。

案例5 农业保险是按实际发生的损失进行赔付

一、案情事由

某集团是其所在地区最大的蔬菜出口加工企业之一。2005年，该企业出口多类蔬菜9 000多吨，出口创汇额300多万美元。2005年9月11日，该地区遇到“卡努”台风，由于地处海边，灾害更严重。风力达到9~10级，雨量超过107.4~183.6毫米，9月11日18时至

19 时、22 时至 24 时雨量分别为 31 毫米和 57 毫米，全区菜地倒塌大棚 5 250 套，吹碎大棚膜 10 318 套，淹水 20 560 亩，苗床受灾面积 1 900亩。所种植并投保的秋季外贸出口蔬菜中，有的处于播种、作畦阶段，有的处于生长中后期阶段。由于碰到特大灾害性天气，虽经菜地干部、群众连夜抗灾排涝，仍有 1 805 亩结球甘蓝、2 893 亩结球生菜、911 亩西兰花遭受灾害，合计受损投保面积 5 609 亩，直接经济损失 500 余万元人民币。

二、保险公司意见

保险公司理赔人员经查勘后，确定损失为 40%，其中由于已经收割了 15%，所以只能赔付被保险人 25%，而蔬菜集团认为损失为 50%。最终经双方协调确定，保险公司给予该蔬菜集团 111.6 万元人民币的赔偿。

三、综合评析

农业保险作为非寿险是按照实际发生的损失进行赔付。已经收割的农作物要从损失金额中扣除。但是作为农户为了抗灾抢割作物发生的必要的施救费，保险公司应该补偿，从而达到鼓励农户抗灾抢割的积极性。

案例 6　权威机构的鉴定是调解农业保险纠纷的良方

一、案情事由

某公司是一个日产 1.5 ~ 2 吨杏鲍菇的现代农业企业，共有栽培菇房、养菌房 24 间，面积达 1 330 平方米。2006 年，该公司向某保险公司投保杏鲍菇 1 440 000 袋，保险金额 201 600 元，保险费为 60 480元。2006 年 7 月份以来，部分菇房不同程度地受到假单胞病原菌的侵害，共危害菌包 26 万袋，直接经济损失 39 万余元。情况发生后，基地技术人员一方面组织力量进行清除病菌，改善菇房环境；另一方面邀请专家到现场指导，商讨预防和防治措施，并及时通知保险公司到现场查勘。虽经多方努力，9 月和 10 月仍有部分菇房爆发病菌，损失较大。10 月份，保险公司到现场查勘，并根据公司全年出菇管理原始记录材料进行核查和赔偿。

二、保险公司意见

保险公司理赔人员经查勘后发现，尽管损失26万袋，但这26万袋只是部分损失，因此保险公司按照其损失比例进行赔付。但该公司认为它们已经损失惨重，保险公司应按全部损失进行赔偿。最终通过农业技术服务中心有关菌菇专家的鉴定，合理确定了损失程度，和保户协商一致后，保险公司给予该公司15.7万元的赔偿。

三、综合评析

本保险案例表明，保险公司在理赔过程中和保户意见有分歧时，通过聘请有关权威部门的专家进行协调，是化解分歧很好的方法。

案例7　能繁母猪养殖有保障了

一、案情事由

上海市某镇农业技术推广服务中心工作人员向保险公司电话报案，称：从2007年10月1日开始，该镇部分养殖户饲养的母猪由于各种原因陆续死亡。保险公司理赔查勘人员接报案后立即会同动物疫病预防控制中心、镇兽医有关同志奔赴相关村庄实地查勘。经过化验确定，39头母猪分别患有猪肺疫、猪腹泻、猪蓝耳病等，对患病母猪作无害化处理。

二、保险公司意见

患病母猪是由于能繁母猪养殖保险条款约定的责任造成的死亡，且已作无害化处理，无残值收取，根据条款规定保险公司对每头母猪核定赔偿人民币1 000元，总计3.9万元。

三、综合评析

2007年，国务院针对前几年生猪价格过低、饲养成本上升、生猪蓝耳病疫情等因素引起的生产下滑、猪肉供应偏紧、价格大幅度上涨的趋势，下发了《国务院关于促进生猪生产发展稳定市场供应的意见》。为贯彻国务院精神，上海市市委、市政府对能繁母猪保险工作十分重视，将其作为惠及“三农”的一项重要任务抓紧落实。为此，上海市市财政和市农委相继下发了有关文件，对能繁母猪的生产者给予财政贴补。补贴政策的实施极大地调动了农户的投保积极性，受到了农户的普遍欢迎。此外，各区（县）农业部门还与保险公司密切联系、相互配合，共同推进本市能繁母猪保险工作又好又快发展。截至2008年底，上海市能繁母猪承保率已达100%。

案例8　农业气象指数保险

一、案情事由

2007年8月31日，某乡农业综合服务中心某负责人报案称：梅雨季节所在地区雨量较大，露地种植的作物特别是露地西瓜长期浸泡在水中，雨后气温上升很快，恶劣天气多次重复后部分西瓜已开始腐烂发臭，对即将采摘的西瓜品质和质量影响很大。对此灾情很多农民种植户束手无策，眼巴巴看着一年的劳作果实即将颗粒无收。

二、保险公司意见

根据该市气象局提供的气象资料，该市入梅时间为2007年6月21日，出梅时间在2007年7月18日，整个梅雨季节某乡降雨量为276.7毫米，达到露地西瓜暴雨指数保险约定的雨量，保险公司应该按条款约定的赔付比率予以赔付。

保险条款约定，如果梅雨季节降雨量达到220~300毫米，保险公司按保险金额的20%赔付被保险人损失。本案露地西瓜投保面积500亩，每亩约定产量1 750公斤，每公斤单价1元，总保险金额87.5万元，最终核定赔款金额17.5万元。

三、综合评析

农作物产量与气候现象有较强关联。气象指数利用这一特性把一个或几个气候条件对农作物的损失程度通过指数方式反映出来，每个指数都有对应的农作物产量和损益。保险合同以此指数为基础，当指数超过一定水平，即灾害性天气达到一定程度，保险合同被激活，保险人根据指数大小和对应的估计损失程度理赔。

与传统农业保险产品比较，指数保险有以下优点：降低销售、管理成本；标准化程度高，易于再保、证券化；目标客户群基础大（不限于农业生产者）；有效控制道德风险和逆选择。

露地西瓜暴雨指数保险是某保险公司2007年开发的新险种，此险种在2007年部分地区试点推出以来深受当地政府和农民的好评。

案例9 郊区居民建房综合保险

一、案情事由

农民陆某向某保险公司投保郊区居民建房综合保险，保险期限为2005年5月18日至2005年9月17日，投保项目为在建房屋及施工材料和施工人员意外伤害，保险金额分别为5.6万元和20万元，支付保险费588元。

2005年9月25日，施工人员周某在拆钢模板时不慎从二楼摔下，经司法鉴定科学技术研究所司法鉴定：周某胸、腰椎多发性骨折伴完全性截瘫，构成一级伤残。

二、保险公司意见

事故发生日期是9月25日，而保险期限截止日期为9月17日，保险公司理赔人员认为此案保险公司可以免责。陆某则提供了土地管理部门的书面材料，认为由于缺乏资金，建房的实际开工日期并不是从保险期限开始的2005年5月18日，而是推迟了1个月，陆某主观认为在不批改保险期限的情况下，保险期限也自动变更为实际开工日期。考虑到土地管理部门是该保险公司长期合作伙伴，且周某已通过司法途径向被保险人追讨人身伤害损失，被保险人已无力承担施工人员周某高额的医疗抢救费用和人身伤害赔偿，保险公司决定作通融赔付。

本案最终核定医疗费用3万元（每次每人赔付的最高限额），人身伤害赔偿5万元（最高限额），伤残用具费、伤残鉴定费、诉讼费等核定6 646元，总计核赔86 646元。

三、综合评析

郊区农民建房综合保险中，实际施工日期和保险起止日期不吻合的情况非常普遍。农民虽然有迫切建房造房的要求，但鉴于郊区经济欠发达，农民在建房过程中资金的筹措不足，其本意是造一间算一间，造成建房工期延长1~3年。按常理，农民建房的保险期限1个月足够了，但由于上述因素，该地区农民建房4个月的保险期限也是不够的。本保险产品就是为解决农民在建房过程中发生意外事故而导致农民建了房子又背债的实际问题，因此保险公司对此案的处理充分考虑了实际情况。

七、意外及短期健康保险

（一）基本介绍

意外险是一类为大众所熟知的保险品种，如航空意外险。《中华人民共和国保险法》（2009 年修订）第九十五条规定，“经营财产保险业务的保险公司经国务院保险监督管理机构批准，可以经营短期健康保险业务和意外伤害保险业务”。因此，如果得到了保险监督管理机构的核定，非寿险公司同样也能销售意外险以及短期健康险产品。

随着大众对金融产品的日渐熟悉，人们也意识到保险是一种理财的手段，但更多的人会联想到投资连结险、万能险等险种，其实这是源于人们对理财这个概念理解的不全面、不深入。大家都知道，公司存在的目的是创造利润，但家庭不同于公司，一个家庭最大量的行为是消费而非投资，因此，在看到理财中投资的一面的同时，不能忽略其对合理消费以及控制财务风险提出的要求。本部分的案例旨在给大家一个风险控制的概念，同时，对于保险合同中容易产生的问题点作了提示。

（二）典型案例

案例 1　房贷险，保了房子也保人

一、案情事由

被保险人董某于 2003 年购买位于上海浦东新区某房产，建筑面积 129 平方米，房屋总价 82 万余元，银行贷款 54 万元。根据《个人住房贷款管理办法》之规定，以房产作为抵押的，借款人需在合同签订前办理房屋保险或委托贷款人代办有关保险手续。故董某向某保险公司投保上海个人抵押住房综合保险，保险金额 54 万元，保险期

限为2003年12月10日至2016年12月9日，并特别约定贷款银行为保单第一受益人。

2006年12月保险公司接到报案，称董某在昆山发生交通意外事故，经抢救无效身亡。银行剩余贷款23万余元，无力偿还，向保险公司提出索赔。

经核实，2006年11月23日22时许，被保险人董某乘坐田某驾驶的小型轿车沿昆山市巴城镇蟹舫苑广场由东向西行驶至西侧时，因当天下雨，地面湿滑，加之夜间行驶速度较快，不慎车辆驶出路面，倾覆在蟹舫苑广场北侧的河中，造成驾驶员田某、乘坐人董某等4人不同程度受伤，其中被保险人董某经昆山市某医院抢救无效于当日死亡。根据昆山市某医院抢救记录及死亡证明，确认董某的死亡原因系因交通事故落入河中导致溺水身亡。

此外，经向贷款银行确认，董某于2003年底向银行贷款54万元，贷款期限为2003年12月10日至2016年12月9日，共计156个月，还款日为每月20日，采用等额本息方式归还贷款本息。根据还款明细，董某每月按时还款，并多次部分提前还款，截至事故发生时，剩余贷款本金为23万余元。

二、保险公司意见

根据上海个人抵押住房综合保险条款，该保险责任分为还贷保证保险责任和财产损失保险责任，其中还贷保证保险责任指被保险人在保险期限内因遭受意外伤害事故所致死亡或伤残，而丧失全部和部分还贷能力，保险人应承担相应的还贷责任。

上述案例中，被保险人董某的死亡原因是交通事故导致溺水身亡，符合条款中“意外伤害”的定义，即由于外来的、明显的、不可预料的、突然的意外事故所造成的人身伤害，故保单责任成立。另外，根据条款规定，被保险人死亡的赔付比例是100%，赔付金额是被保险人出险当时个人住房抵押借款合同项下的借款余额，故本案应赔付23万余元。

三、综合评析

随着个人抵押住房贷款制度的建立，商业银行一般要求抵押借款人到其认可的保险公司办理房屋财产保险以及还贷保证保险，并明确贷款银行为保险的第一受益人。

针对此项政策，目前诸家保险公司开展此项业务，大都采取将房屋财产保险与还贷保证保险合二为一的购房综合保险形式。其中房屋财产保险是针对所购房屋安全的财产险，一旦贷款所购房屋遭受火灾、爆炸、暴风、暴雨等袭击发生事故时，所造成的损失由保险公司负责赔偿；还贷保证保险则是为防范购房人因人身意外等造成无法正常还贷的风险，一旦购房人在保险期限内因意外事故等而丧失全部或部分还贷能力，则由保险公司承担相应的还贷责任。

上海地区于 1992 年开始开办个人抵押住房保险，起初保障范围仅为所购房屋的财产损失。随着上海商品住房市场的不断发展，原有的保险条款已不能满足借款人的要求。2001 年底，在上海市保险同业公会的组织协调下，在沪 6 家保险公司达成一致，制定统一条款、统一费率，将该险种从单一的财产损失保险责任扩展至包含还贷保证保险责任，借款人一旦发生意外伤害事故所致死亡或伤残而丧失全部或部分还贷能力时，由保险人承担相应的还贷责任。之后，保险条款不断完善，责任范围更加明确，以避免因条款理解上的分歧造成保险双方的冲突与纠纷，也为住房商品化及社会稳定起到了较好的保险保障作用。很多借款人不是很理解为什么申请贷款还需要购买相应的保险，甚至还产生了一定的误解。其实，房贷险不仅仅是银行控制贷款风险的有效手段，对于借款人本人及其家庭来说，也是一重保障。房贷的还款人一般都是一个家庭的经济支柱，如果还贷人遭遇不测，那首先这个家庭将要失去主要经济来源，再加上沉重的房贷压力，整个家庭将陷入经济危机，甚至可能需要变卖房产来渡过难关。房贷险就避免了人房两失窘迫状况的出现，可以说，房贷险是当代人不可或缺的理财助手！

案例2 2001年11月15日之前的旧版房贷险自动扩展还贷保证责任

一、案情事由

被保险人沈某2000年购买了位于上海市长宁区一套商品房，并于同年向A保险公司办理了抵押商品住房保险，保险期限从2000年4月30日至2015年4月29日，保险金额为433 139元。2002年1月5日，沈某从高处摔倒后头痛不止，于1月7日到上海市某人民医院就诊。1月11日，沈某又从自行车上摔倒，1月29日因脑出血抢救无效死亡。在2001年11月15日后，根据上海市保险同业公会的公告，原抵押商品住房保险合同的保险责任扩展增加了还贷保证责任内容和相应的责任免除条款，即上海个人抵押住房综合保险条款之扩展条款"被保险人因意外事故全部或部分丧失还贷能力，由保险公司将出险当时抵押借款合同项下的借款余额划拨入投保人在银行借款的专用账户"。2002年4月，沈某妻女根据上述规定，要求A保险公司偿付应由沈某支付的借款余额计277 069.16元，A保险公司经审核后认为主贷人沈某系意外死亡，属于上海个人抵押住房综合保险的赔偿责任。根据保险合同的规定，A保险公司将应由沈某偿付的借款余额277 069.16元划拨至第三人B银行C支行专用账户。

二、保险公司意见

A保险公司针对案情讨论：

保险同业公会是否有权作出扩展保险责任的规定，A保险公司是否应当履行公告中作出的承诺义务？在上海保险同业公会公告的主文下，刊登了A保险公司的名称、地址与电话号码。A保险公司作为会员与同业公会一起对社会作了单方的承诺。如果投保人的死亡属于保险责任范围，A保险公司就应当承担保证还款的保险责任。在市场经济中，企业的立足之基是它的诚信。在同业公会的公告中，A保险公司单方扩展了自己的责任，增加了投保人的权利，为百姓的利益做了善举。

三、综合评析

通过本案，大家最大的收获是确定了一个事实，那就是2001年11月15日之前的旧版房贷险自动扩展还贷保证责任，相信这对于所有投保人都是一个福音。

案例3 被保险人在整容手术，内、外科手术中发生的医疗事故不属房贷险保险责任

一、案情事由

被保险人陈某2003年购买了位于上海市闸北区一套商品房，建筑面积135平方米，房屋总价96万余元，银行贷款61万元。根据《个人住房贷款管理办法》之规定，以房产作为抵押的，借款人需在合同签订前办理房屋保险或委托贷款人代办有关保险手续。故陈某向某保险公司投保上海个人抵押住房综合保险，保险金额61万元，保险期限从2003年4月28日至2028年4月27日，并特别约定贷款银行为保单第一受益人。2005年8月10日保险公司接到报案，称陈某7月13日晚因意外事故死亡，无力偿还银行剩余贷款57万余元，遂向保险公司提出索赔。

经核实，2005年7月10日，陈某与上海某美容院签署协议，对面部做整容手术。当天上午手术，至12日中午，医院通知陈某家属，陈某出现病危情况，家属赴医院陈某已昏迷不醒，7月13日晚死亡。根据医院抢救记录，病危情况为：呼吸、心搏骤停，心肺复苏后，重度脑水肿。确认陈某的死亡系在整容手术过程中的医疗事故死亡。

二、保险公司意见

保险公司经审核后认为陈某之死亡系在整容手术，内、外科手术中发生的医疗事故死亡，不属于其赔偿责任，予以拒赔。

三、综合评析

界定是否为意外伤害事故，关键的一点是能否预料这种风险的存在。实际操作中，医院在每次手术前都会让患者本人或者其家属签署一份风险告知书，也就是说医疗事故发生的可能性是可以预料的。因此，医疗事故致伤残、死亡的情况不在房贷保险范围之列。同时，需

要提醒的是，上海个人抵押住房综合保险条款中，被保险人的疾病、猝死也是明确被除外的，不在保险范围之列。

案例4 关键内容不说清，保险公司担责任

一、案情事由

2004年9月30日，吴甲为其女儿吴乙在保险公司购买了一份“××状元乐卡保险”，缴纳保险费40元，保险项目有学生意外伤害保险金4 000元，附加意外伤害（医疗）保险金3 000元，附加（住院）医疗保险金60 000元，保险期限自2004年9月30日起至2005年9月29日止。

2005年3月24日，吴乙因患脑囊肿疾病被送至某市人民医院治疗5天，同月29日因四叠体蛛网膜摘除后脑疝形成，经抢救无效死亡。由于吴甲与保险公司双方对索赔金额分歧较大未能达成一致意见，吴甲于2005年10月17日向人民法院提起诉讼，要求保险公司赔付女儿意外伤害保险金4 000元、附加意外伤害（医疗）保险金3 000元、医疗费4 649.20元，共计人民币11 649.20元。

二、保险公司意见

保险公司根据××状元乐学生、幼儿意外伤害保险条款第十六条释义第三款“意外伤害指外来的、突发的、非本意的、非疾病的使身体受到的伤害的客观事件”的约定，认为吴乙是因疾病住院治疗，并因术后并发症经治疗无效死亡，不属条款约定的意外事故死亡。吴甲请求学生、幼儿意外伤害保险金4 000元及附加意外伤害（医疗）保险金3 000元的请求缺乏证据，亦不符合事实，不属于保险责任，不应被支持。

三、法院意见

一审法院认为，吴甲为其女儿吴乙在被告保险公司购买“××状元乐卡保险”一份，原、被告之间形成保险合同关系，吴乙在保险期内患脑囊肿术后突发病的死亡属意外事故，不在被告的免责范围之内，理应按保险合同约定的保障项目进行理赔，故被告的辩称理由不能成立，原告诉请被告按合同约定赔付保险金11 649.20元的理由

正当，本院予以支持。一审判决后，保险公司不服提起上诉。

二审审理中，保险公司向法院提交了××状元乐学生、幼儿意外伤害保险条款，并依据保险条款释义，吴乙属因疾病死亡，不是意外事故，保险公司不应承担意外伤害保险金和附加意外伤害（医疗）保险金。

二审法院认为，吴甲为其女吴乙在保险公司购买“××状元乐卡保险”后，双方即建立保险合同关系，且合法有效。吴甲依约缴纳了保费，保险公司在保险事故发生后应以合同条款履行合同义务。吴乙因患脑囊肿术后并发症经治疗无效死亡的结果即为保险事故发生，因此保险公司应承担保险责任。

根据双方当事人所举证据，吴甲购买“××状元乐卡保险”时，保险公司交给吴甲的是卡式保险合同，其保险条款内容背书在该保险卡的背面，其中并没有界定意外伤害的释义内容，保险公司在庭审中也表示不能举出当时订立保险合同时向吴甲告知了释义内容的证据。二审中保险公司提交的××状元乐学生、幼儿意外伤害保险条款不属于新的证据，且与吴甲购买的“××状元乐卡保险”的险种名称也不尽相同。因此，二审认为原审判决认定事实清楚，适用法律正确，予以维持。

四、综合评析

在审判中双方争议的焦点在于吴乙因手术突发病症死亡是否属于合同中所约定的意外伤害的后果。但本案法院之所以支持原告诉请，并非认定吴乙死亡是属意外责任事故造成，而是在于保险公司承保过程中的不规范，如没有向吴甲告知释义内容、保险卡与条款的不一致等。

本案的启示在于，保险合同中关键词语决定着合同理赔的性质，对出险后赔付金额有着决定性作用。在卡式保险合同中，由于考虑到卡式合同本身的特性及节约成本等方面的因素，保险公司往往无法将保险条款的内容全部印制在保险卡上。但是对于保险责任、责任免除（包括关键性词语的释义）、保险金给付等影响理赔事故定性的关键性问题确有必要予以明确载明，并在销售时对购买者予以明示告知。

保险公司在出具保险合同时，应将合同各险种名称进行统一，做到合同和条款名称一致，方便客户了解所购买保险产品的具体内容，同时，也是为了维护自身利益，避免承担保险责任以外的赔付。

案例5　保险公司要说明，投保人听了才算数

一、案情事由

2004 年 9 月 1 日，某中学为在校学生统一向当地某保险公司投保学生系列保险，保险项目包括学生平安险、意外医疗险、附加住院医疗险，其中附加住院医疗险每人保额 6 万元，保费共计每人 38 元，保险期间自 2004 年 9 月 1 日至 2005 年 8 月 31 日，该中学作为投保人为学生统一办理该团体险种。2004 年 12 月 4 日，该中学初二（2）班学生黄某生病入住当地市立医院治疗，共花去医疗费 63 473. 27 元。黄某父亲向保险公司提出索赔请求，保险公司受理后，经调查认为，黄某投保时隐瞒了 9 年前已经发现的重大疾病病史，未在住院医疗保险被保险人名单的健康状况一栏上如实填写病残情况，本不应予赔付，但是鉴于黄某是中学生，家境困难，又重病在身，即同意通融给付，并按条款规定扣减自费医疗费用部分，认定保险人责任范围内的费用一共为 32 064. 93 元，按分级累进计算，应当赔付 26 708. 44 元。2005 年 9 月 15 日，黄某父亲在赔付收据上签字，领取了上述赔款后，又以赔付不足，向当地人民法院提起诉讼。

二、保险公司意见

本案中涉及的保险属于团体保险，由学校投保、学生作为被保险人并且实际支付保险费。本案涉及的投保单和保险单都明确规定了投保人为中学。在合同实际订立过程中，投保单作为要约先由该中学签章后向保险公司发出，保险公司接到要约，经审核同意后承保，即承诺并签发保险单。中学属于要约人，保险公司属于承诺人，其共同构成该保险合同的当事人。可见，在合同的订立阶段，保险人始终是与中学发生业务往来，进行民事行为，如收取保险费、签章等。至于谁是保险费的实际缴纳人，并不影响中学作为投保人的法律地位。因此，保险公司只要向投保人即中学就免责条款履行说明义务，便已足

够。至于是否向被保险人履行说明义务，对保险人责任之承担并无影响。

三、法院意见

一审法院对本案进行审理后认为，被告与学校签订的保险合同合法有效，原告（黄某的父亲作为原告黄某的法定代理人，参加诉讼）是作为团体保险中的被保险人，依法享有权益。本案是团体保险，保险费是由被保险人支付的，因此，被保险人实际上是投保人。学校是为被告代办保险业务，而被告在订立保险合同时本应向投保人说明保险条款，尤其是保险人责任免除条款。本案争议的焦点问题是被告的理赔范围是否在公费医疗范围以内，可否免除公费医疗外的住院医疗费用。但是保险合同中，被告没有提供哪个公费医疗管理部门的规定，被告也没有就免责条款的内容向投保人即原告履行说明义务，原告对此无从知晓。因此，被告提出的本案扣除责任外费用 31 408. 34 元免责的理由不能成立，一审法院最后判决被告保险公司仍应向原告黄某支付医疗保险金 33 291. 56 元（即保险金额 60 000 元 - 已支付的 26 708. 44 元）。被告对一审判决不服，依法提起上诉。

二审法院对本案审理后认为，合同依法成立，合同条款对双方具有约束力，根据本案保险条款的规定，应按照公费医疗标准，由保险公司向黄某进行赔付。因此，二审法院最后判决撤销一审判决，驳回被上诉人黄某的原审诉讼请求。

四、综合评析

本案的焦点问题是：学校和学生，到底谁是保险合同的投保人，本案保险人是否履行了《保险法》规定的说明义务。

目前保险公司在与企业、学校、社会团体或社保机构合作开展补充医疗保险的过程中，鉴于现有法律及司法环境对保险人的严厉要求，保险公司在从事相关业务时，应当向作为投保人的企业、学校、社会团体或当地社保机构履行说明义务，并完善投保手续，规范承保流程，以避免此类纠纷的产生。

根据我国《保险法》（2009 年修订）第十七条的规定，“订立保险合同，采用保险人提供的格式条款的，保险人向投保人提供的投保单应当附格式条款，保险人应当向投保人说明合同的内容。对保险合同中免除保险人责任的条款，保险人在订立合同时应当在投保单、保险单或者其他保险凭证上作出足以引起投保人注意的提示，并对该条款的内容以书面或者口头形式向投保人作出明确说明；未作提示或者明确说明的，该条款不产生效力”。本案中，学校和学生到底谁是保险合同的投保人，直接决定了谁是合同的当事人，决定了本案保险人是否履行了说明义务，从而决定了合同责任免除条款是否有效。

根据我国《保险法》的规定，保险人对于免责条款负有向投保人说明的法定义务，否则将产生不利于保险人的法律后果以及免责无效的后果。

案例6　家政险，家政员与户主的安心符

一、案情事由

2003 年 12 月，在上海一户丁姓老夫妇家里工作的安徽籍保姆周某在擦窗过程中不慎跌落楼下导致重伤。贫困的周家和经济能力有限的丁姓老夫妇都无力承担高额的手术费用，因此对簿公堂。根据 2004 年 5 月 1 日生效的《最高人民法院关于审理人身损害赔偿案件适用法律若干问题的解释》第十一条规定：“雇员在从事雇佣活动过程中遭受人身损害，雇主应当承担赔偿责任。”

二、综合评析

一个家庭会面临各种各样的风险，如火灾、偷窃、患病、残疾、死亡等，除了上述常见风险之外，有一种非传统意义上的风险正越来越需要引起你我的重视，那就是责任风险。随着我国司法制度的健全，司法环境的改善，人们的法律意识也日益增强。相应地，人们也越来越可能面临因自己故意或者过失行为给他人造成损害而遭遇的赔偿，相关的保险产品就很好地帮助人们化解了这一风险，更有利于社会的稳定、和谐。上海家政服务综合保险正是这类保险产品中的一颗新星。

前述这桩引起社会广泛关注和讨论的案件推动了上海家政服务综合保险于 2004 年 7 月 1 日正式推出，由雇主投保，承保本市范围内，

所雇用的家政服务人员在从事家政服务的过程中发生的意外伤害，填补了家政人员的人身意外伤害保障的空白。家政险的推出不但使得意外受伤的家政人员能及时、有效地获得治疗和赔偿，也化解了雇主的后顾之忧。

家政险年保费30元，提供的意外保障最高赔付可达10万元，其中还包含门急诊意外医疗保险金1万元。目前在上海的女性外来务工人员中有很大比例从事的是家政类服务工作，她们通常都没有完整的社会保障，面临的风险主要集中在摔伤、撞伤、烫伤等意外事件，家政险的门急诊意外医疗保险金基本能覆盖这类风险。对雇主来说，家政险一方面免除了可能因意外事件而造成的与保姆及保姆家庭间的纠纷，另一方面在发生重大事件后，10万元的保障金额也大大减轻了雇主家庭的经济负担。一份保险，等于给两个家庭带来平安与稳定。家政险在保险合同上也体现出它是一种综合兼顾雇主和家政人员双方利益的保险。在保单上，家政险明确雇主是被保险人，家政人员是实际受益人，一旦遇到意外伤害，由雇主提出理赔申请后，赔偿金直接付给家政人员或者其家属。涉及索赔的具体操作，也不复杂。只要雇主和家政人员的信息与保单相符，在发生意外事件后，有治疗费的，只需提供合格医疗机关出具的就诊病历与发票，就可以向保险机构索赔。因意外事件致残或死亡的，也只需相关医疗机构或公安机关出具的证明，就可以向保险公司索赔。

下面我们举个例子来就该款保险产品的适用作个简要的说明：某人为其保姆投保了家政服务综合保险。保姆在为其家擦窗时，不慎从窗台跌落至地面身亡。保姆家在外地，为处理身后事宜，其家人特意赶来上海向雇主索赔。因雇主事先投保了家政险，向保险公司提出索赔。保险公司最终赔付了该保姆10万元死亡赔偿金，化解了雇主和保姆两个家庭间的危机。

家政险自推出以来，普遍受到市民欢迎。截至2006年年中的两年内，保险公司共理赔279起意外伤害事故，平均每起伤害获得的赔偿金达2 450元。全市约30万户使用家政服务的家庭中，目前已有12.3万户家庭投保了家政险，投保率达到41%，同比上升14个百分点，取得了令人可喜的发展。承保家政险的保险公司，也通过推出家政服务综合保险自助卡、委托邮局银行代理、扩大代理投保点和电话投保等多种方式，为市民投保提供更为便捷的服务。目前，全市销售网点已达500多个。为进一步方便雇主就近购买家政险，保险公司已经将销售网点延伸到覆盖面更广的连锁便利店。相信不远的将来，市民就能在家门口买到这款双利的保险产品了。

八、运用商业保险机制创新政府管理

保险不仅具有分散风险、保障人民生命财产安全、促进经济社会稳定运行的功能，而且具有参与社会管理的重要职能。因此，积极利用好保险机制，充分发挥保险的社会管理功能，对有效转变政府职能，提高政府管理效率和依法行政能力，有着十分重要的意义。近几年来，上海各级政府部门按照率先构建社会主义市场经济体制的要求，结合行政管理体制改革，在引进保险的社会管理职能，创新城市综合管理模式，提高城市现代化管理方面，作了积极的探索。

案例1　上海探索创新建设工程风险管理机制保险业辅助社会管理职能凸显

一、背景情况

随着上海市建设工程数量的不断增长以及新技术的大量采用，建设工程面临的风险也不断增加。2003 年，轨道交通地铁四号线在施工过程中发生江水倒灌并引起地面下沉及附近建筑倾斜倒塌的事故，经过近两年的努力才完成修复工程，同时也给保险业带来了较大的损失。为应对上海市建设工程风险日益扩大的挑战，发挥保险业经济补偿和社会管理的功能，根据中国保监会和上海市市委、市政府的要求，自 2004 年起上海市建委和上海保监局开展了建设工程风险管理制度的研究工作，并在两项建设工程中进行了试点。2005 年 8 月，建设部和中国保监会联合下发了《关于推进建设工程质量保险工作的意见》，同时要求在上海地区进行建设工程保险的试点。为此，在充分吸取国际先进经验以及总结试点工作的基础上，上海市于 2006 年 5 月出台了《关于推进建设工程风险管理制度试点工作的指导意见》，要求在政府投资的建设工程或政府主导的公共建设工程中开展建设工程风险管理制度试点工作。

二、主要做法

上海市开始实施的建设工程风险管理制度的重大意义是实质性地对建筑市场管理制度的改革，转化了政府职能，使政府部门由审批主体转化为服务主体。同时，引进了保险机制管理建设工程风险，充分发挥了保险业辅助社会管理职能，主要包括工程保险制度和工程风险控制制度两部分。其基本做法是：由业主单位牵头设计、施工单位组成共同投保体向保险公司投保，包括建筑和安装工程一切险、人身伤害保险、工程质量保修保险在内的“一揽子”建设工程保险；保险公司根据风险评估机构对共同投保体和建设工程的风险评估结果实行费率浮动；由保险公司委托风险管理机构对建设工程的设计、施工、使用等全过程实行安全质量风险管理。建设工程风险管理制度的保险安排与以往相比有以下几点显著不同（见图8－1、图8－2）。

（一）改变承保方式，提供“一揽子”全面保障

建设工程风险管理制度通过“一揽子”保险安排将共同投保体内各单位需承担的责任放在一个保险合同之内。当发生保险事故后，共同投保体内的各单位之间不再互相追偿，保险公司对属于保险责任的事故进行理赔后也不再对各单位进行代位求偿。通过这一新的制度安排，实现了保险公司对建设工程中人员、物资和责任风险的全面管理，减少出险后因责任认定不清引起共同投保体单位之间相互推诿扯皮影响工程进度的现象。

为贯彻落实建设部和中国保监会的《关于推进建设工程质量保险工作的意见》，建设工程风险管理制度引入了质量保修保险，对工程竣工满1年后因工程质量隐患引起的损失负责赔偿，且不设置免赔额。这将有效解决工程竣工后质量缺陷无保障的问题，从根本上化解建设单位与业主之间的纠纷，充分体现了保险业服务经济、社会、稳定社会发展的作用。

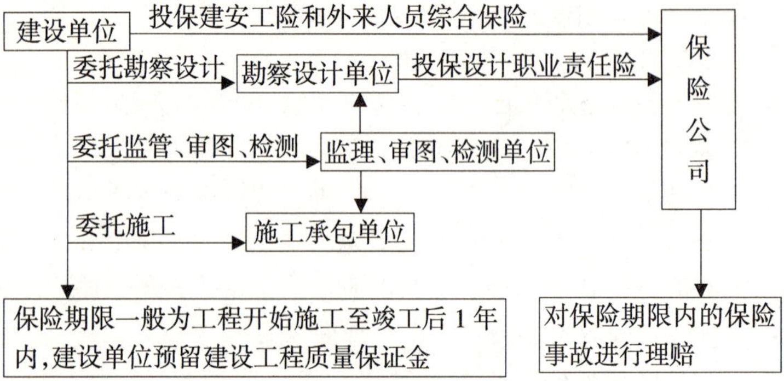

图 8-1 原有建设工程风险管理模式

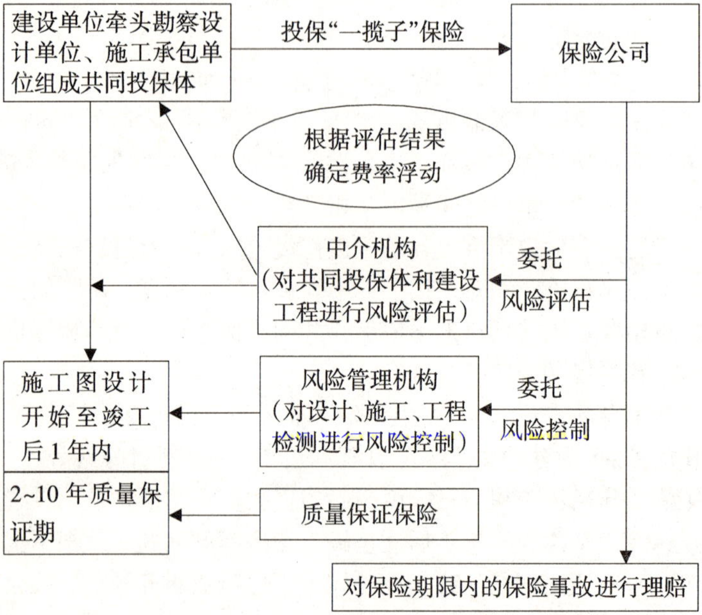

图 8-2 建设工程风险管理制度下的风险管理模式

（二）调整委托关系，保险业发挥风险管理功能

建设工程风险管理制度调整了部分委托关系，由原来的建设单位委托中介机构进行质量安全监管，转变为由保险公司委托风险管理机构进行风险控制。风险管理机构整合了原有监理、审图、检测单位的职能，对建设工程的施工图设计、施工现场、工程检测以及竣工验收等全过程均有风险控制的责任，这就使保险公司能够参与到建设工程风险管理的全过程，而不仅仅是停留在承保时进行风险识别、事故发生后查勘定损的简单阶段。

（三）利用经济杠杆手段，实行费率浮动制度

建筑工程保险的费率将根据共同投保体内各单位的风险状况和建设工程本身的风险状况两项系数进行浮动。业主单位的管理水平和设计单位、施工单位的资质、技术水平等，都是评价共同投保体风险状况的因素，从而使风险管理的环节前置，促使业主单位更加重视建设工程质量安全，选择与技术力量强、市场诚信度高、安全质量保障严的设计单位、施工单位进行合作，从源头开始降低风险事故发生的概率。今后我们将逐步细化、量化各风险因素，创建信息平台，强化通过市场价格杠杆对建设工程风险的管理。

案例2　杨浦区政府引入保险机制参与社区管理工作

近年来，上海保险业紧密结合上海经济社会发展实际，加强与政府部门的合作，在旧城改造、城市建设、社区管理、特殊人群救助等方面进行了有益的探索。沪上两家保险公司通过与杨浦区政府合作，在区内推行特殊家庭综合保险、物业管理责任保险、拆迁工程综合保险和中小学公众责任保险等保险服务，解决了政府在社会民生管理中的难题，保障了社区居民的合法权益，实现了政府、企业、居民及保险业的共赢，为构建和谐社会作出了积极的贡献。

一、推行特殊家庭综合保险，维护社会安定

伤残、低收入家庭等弱势群体因缺乏足够的风险防范能力，易在突发事故中遭受生命和财产安全威胁。杨浦区政府针对困难群体客观存在的风险隐患，与保险公司合作，推出“杨浦区特殊家庭灾害事

故慈善援助”方案。2005 年，区政府统一为全区近 3 万户特困家庭每户出资 29 元，投保保额 2 万元的家庭财产保险和保额 3.6 万元的人身意外伤害综合保险。一年内，承保公司为 1 756 户特殊家庭提供了 77 万元慈善援助。尤其是 2005 年上海遭受“麦莎”台风侵袭后，特殊家庭综合保险发挥出明显效应，受损居民及时得到了总计 75 万元的理赔款，不仅有效缓解了这部分家庭的财产、人身伤害等损失，保障了人民的基本生活，还帮助政府运用有限的财政资金达到防灾减损、维护社会安定的效果，提高了及时处置突发事件的应对能力。

二、推行拆迁工程综合保险，确保旧区改造顺利开展

旧区改造是促进经济发展、改善民居环境、构建和谐社会的重要工作，但动拆迁过程又容易引发较多的矛盾纠纷。沪上某保险公司仔细研究动拆迁工作中的风险点，开发出拆迁工程综合保险，并与区政府合作在区内推行。拆迁工程综合保险包括拆迁工程责任险、拆迁工作人员意外伤害（责任）险和拆迁方财产损失险三项保险组合，对在拆迁范围和拆迁期限内的第三者人身伤亡或财产损失、拆迁工作人员伤残或身故、拆迁方财产损失承担赔偿责任。拆迁工程综合保险是一项有效的保险创新，它将保险与政府旧区改造动迁工作有机结合，也是保险机制的创造性运用。目前，区内动迁公司的投保率达到了 100%，有效支持了区政府拆迁改造工作的顺利开展，保障了被拆迁居民的合法权益。该项保险被上海市建委誉为“阳光保险”。

三、推行公众责任保险，为社区公共资源向社会开放提供保障

为整合社区公共资源，积极推进和谐社区建设，杨浦区政府决定将中小学活动设施向社会开放。但如何解决居民在学校活动过程中的意外伤害赔偿问题成为困扰政府的一大难题。为支持政府的这一实事工程，沪上某保险公司与区教育局合作，采取“政府投保、市场运作、社会参与”的模式，为全区 94 所中小学校提供公众责任保险。区教育局为每所学校缴纳 1 500 元保费，一年累计最高赔偿就可达 80 万元。这有效保障了社区公共资源的开放共享，得到了国家体育总局和上海市政府的高度肯定。

四、推行物业管理综合责任保险，促进和谐社区建设

在城市社区物业管理中，业主和物业公司常因水管爆裂、住宅失窃等多发问题的责任界定困难产生矛盾，影响了人民生活质量和社区和谐。沪上某保险公司反复研究了物业管理的保险需求，经多次对物业公司进行摸底，推出了物业管理综合责任保险。该项保险由区政府在物业管理公司推广，承保范围包括物业管理人过错所致第三方人身伤亡或财产损失，可附加物业管理人的无过失责任、停车场责任和电梯责任。2005 年，该保险公司共受理 14 起报案，理赔金额近 14 万元。经济手段和行政手段的有效结合，增强了物业管理企业防范经营风险的能力，有效减少了业主和物业公司间的矛盾，提高了百姓的生活居住质量，也提高了政府运用经济手段处理社会矛盾纠纷的水平。

将保险机制运用到政府公共管理之中，发挥商业保险的经济补偿和社会管理功能，有效防范政府在公共管理中面临的风险，改变政府在许多事务管理中存在的高成本、低效率、多困难状况，是上海市杨浦区政府和保险业紧密合作的成果，实现了政府和保险业的双赢，得到了社会各界的广泛关注。

案例3　闵行区引入保险公司参与新型农村合作医疗补充医疗保险

为了贯彻落实《国务院关于保险业改革发展的若干意见》和上海市 23 号文件的有关精神，沪上某保险公司按照“政府政策支持、市场运作”模式，立足为“三农”提供专业保险服务，积极参与推进“闵行区新农合补充医疗保险”改革项目。“闵行区新农合补充医疗保险”项目是解决农民“因病致贫、因病返贫”的有力措施，该保险公司参与“闵行区新农合补充医疗保险”项目试点，探索建立新型农村合作医疗保险制度，不仅关系上海农民的健康和利益，更为全国性推广新型农村合作医疗保险提供了有效的范本和参照物，对促进和谐社会发展、保障社会稳定起到了积极作用。

一、运作模式

2007 年 1 月，闵行区区委、区政府计划通过“政府推动、财政支持、农民受益”的方式，引进第三方保险公司参与合作医疗管理，建立农民大病医疗补充保险的新机制，着力从根本上研究解决本区农民“因病致贫”的问题。保险公司与闵行区合作开展新农合大病医疗补充保险改革，采用“征、管、监”三分离的运作模式，即政府负责农民合作医疗保险基金的征缴，保险公司负责基金的运用和补偿服务，卫生行政管理部门负责基金和医疗机构的监督和管理，各司其职，相互监督。在财政补贴标准不变、农民医疗补偿不低于现有水平的基础上，保险公司与农村合作医疗管理部门就保险责任、赔付比例、赔偿限额、收费标准等协商一致后，签订保险合同。合保资金以基金形式交由保险公司根据合同履行保险责任，保险公司只按招标费率收取管理费，而政府机构负责对基金的运作进行全程监管，这种模式更有利于农村合作医疗制度的健康发展。

二、基本做法

一是通过引入商业保险理赔流程，进一步增强医疗费用核保审核管理。对闵行区 13 万名参合农民单次住院医疗费用超过 5 000 元的部分（5 001 ~ 45 000 元），在区合作医疗结报 25% 的前端部分后，由保险公司承担 25% ~ 60% （共 35% ）的大病住院医疗费用保险理赔给付。

二是推行 MH - DRGs 管理。即根据闵行区农民疾病谱、健康风险评估，确定 15 种疾病以单病种给付形式与签约医疗机构约定限额付费，帮助控制住院费用并使总体医疗费用下降。通过 DRGs 管理的疾病，参合农民只需支付额定医疗费用的 10% ，其余 90% 的费用由保险公司按给付比例与医院完成结算。保险公司通过 MH - DRGs 管理，帮助签约医院建立对顺产等 15 种指定病种的临床路径管理方案，基本文件包括路径表、差异报表、工作手册和指导性文件，并负责对签约医院的有关医务人员按照临床路径对顺产等 15 种指定病种实现临床路径管理的培训；建立定期培训制度，及时考核医院执行情况并帮助其不断提高。

三是保险公司协助卫生局对合作医疗与社区卫生服务资源整合。建立健全社区卫生服务网络，并通过社区卫生服务实行疾病预防、控制、干预等疾病管理措施，减少疾病发生概率，降低总体费用。从2007年4月1日开始，保险公司派专人与区合管办组成闵行区新农合大病补偿联合办公室，合署为参保农民办理大病医疗费用补偿保险理赔。截至11月30日，保险公司共审核完成986份大病住院医疗补偿申报案例的审核理赔工作，牵涉理赔金额共426万元。保险公司还依据闵行区农村合作医疗审核标准走访了所属9家医院，做了大量的内审外核工作，疑难病史复核率达到26.8%，特别对药品、卫生材料、检查化验费、财务收费等进行了重点审核。同时对病例核查中发现的过度消费、费用单据不合规等问题提出改进建议，帮助医院改进医疗质量及完善各项医疗规章制度。在整个大病理赔过程中，三级管理切实到位，未发生一例大差错，未发生一例农民投诉案例，大病理赔项目组受到镇合管办和受益农民的一致好评。此外，保险公司还完成了大病补偿给付流程的信息系统设置，目前正待开发与区合管部门的信息接口整合，以便整合新农合有效信息资源，形成农民大病理赔的快速通道，提高农民疾病管理的信息化程度。

三、主要成效

该项目整体运作至今，闵行区卫生局对保险公司项目运作的考核及第三方对项目的整体评估结果均显示：项目发展健康稳定，运作成果显著，医疗费用控制卓有成效；参保农民由衷赞成、有口皆碑。

1. 医疗费用得到了适当控制，政府满意。“闵行区新农合补充医疗保险”项目执行以来，社会认知度和赞同率快速提高，项目申报病例数稳步增加。截至2007年11月30日，保险公司共支付MH-DRGs15个病种额定医疗费用225万元。项目促进了签约医院医疗服务质量的提升，医疗费用得到了适当控制。经有效数据统计，实行的15个单病种所给付的额定费用较原来未实行控制的3年平均医疗费用下降了28.65%。有效降低了农民住院医疗费用，使农村合作医疗有限的资金用在了刀刃上。

2. 农民是最大受益者，农民满意。参保农民因患白内障等15种疾病做手术，个人只需支付总费用的10%，其余费用由保险公司与签约医院完成结算。农民享受到了甚至比参加“城保”病人更优越的保障。

3. 有效缓解了医患供需矛盾，医院满意。原本医院包括个别管理人员对保险公司开展 MH－DRGs 管理有抵触情绪，担心实行 MH－DRGs 管理会影响医院收益，增加医院工作量。后来经过保险公司派专业人员驻场进行培训辅导，跟进现场申报作业，疏通核报流程渠道，建立疑难案例分析认证机制，每月按时结报、准确划拨赔款，病人出院后还电话跟踪进行客户满意度调查等一系列有序管理，最终的结果也令医院、合管部门比较满意。经过几个月的磨合，该项目得到相关合作者的认可和好评。

案例4　虹口区政府带头把保险引入社区

上海某保险公司的“和谐社区保险系列——街道社区综合责任保险”是在虹口区广中路街道经过2年多的实践试点的基础上推出的。恰逢市九次党代会胜利召开，关注民生、体现责任政府和服务政府、建设和谐社会成为主旋律，这个组合产品的推出得到了各级政府、广大百姓和社会的肯定和认同。虹口区区委、区政府带头把保险引入社区，2007年6月初，区政府号召全区10个街道和该保险公司全面合作，签订了“一揽子”街道社区综合责任保险协议，得到了社会的广泛关注。这个保险可以使街道政府创新社区管理的手段，同时政府对弱势群体的救助系统也寻找到了一个新的工作机制，通过政府“搭台”，保险公司“唱戏”，保险公司也起到了担负起社会责任的光荣使命，同时保险公司对辅助政府管理社区作出了一个市场化的贡献。

归纳起来，这个组合产品直接体现政府管理社区的四大优势：

1. 关爱民众，体现政府管理创新：对社区内居民民宅内的火灾造成的财产和人身伤害全面负责赔偿。在2006年广中街道的两起火灾中，保险公司的赔偿服务令受害人十分满意，同时提升了政府关爱民众的形象。

2. 全面保障街道社区公共安全：社区内的管理职能通过公众责任险的方式转嫁给保险公司，对在街道辖区所属的公共场所的范围内发生的意外事故（交通事故除外），如对健身器材的使用失当、地面窨井盖失窃等这类事故造成的社区居民及其他人员受伤，依法由街道承担责任或需启动政府救助程序补偿的，保险公司负责赔偿。

3. 给予弱势群体及时的经济补偿：在保险公司的条款中，值得一提的亮点就是同样是事故赔偿，如果是政府批准的低保对象受到了损失，他们的困境可能更甚于其他居民，为体现政府对这些群体的特殊关怀，补偿将增加额度。

4. 褒扬见义勇为，共建和谐社会：是对街道社区的联防、治安和交通协管等人员，包括在弘扬正义、与违法犯罪人员斗争中的人员的关怀，增强了经济补偿功能。

在取得初始经验之后，上海市政府把开展社区综合责任保险列入2007年上海市政府主抓的重点工作之一，要求在市区达到50%的覆盖面。随后，周太彤副市长在社区综合服务座谈会上听取了上海保监局邓雄汉副局长关于社区综合保险的汇报后，提出要全面推广社区保险，力争覆盖面达到100%。在特奥保险仪式上，周太彤副市长和中国保监会周延礼副主席进一步就上海开展社区综合责任保险形成了一致意见。除上述保险公司外，还有其他保险公司也进一步加强了与上海各区县政府部门的联系和沟通，紧紧围绕“政府推动，各方参与，齐抓共管，商业运作”的原则，到全市各区县进行走访宣传，与各区部分街道建立了日常工作联系，及时了解政府部门对社区保险的各项需求，不断完善社区保险的服务功能，社区保险推进工作成效明显。截至2008年底，已先后与虹口、普陀、杨浦、宝山、青浦、卢湾、闸北、嘉定、徐汇、静安、黄浦等10多个区的70多个街道签订了正式的保险协议，并在虹口、青浦、徐汇、静安、普陀5个区实现了全覆盖，全上海市的社区综合责任保险覆盖面达到了60%以上。2009年，预计将实现市区全覆盖。

案例5　2004年上海市建立机动车辆联合信息平台

2004年4月1日，上海市机动车辆联合信息平台正式启用，经保监会批准同时实行机动车三责险费率与驾驶员安全记录和三责险理赔记录挂钩浮动制度，显现了良好的社会效果。

一、机动车辆联合信息平台创建背景

2001 年以来，随着上海经济的快速发展，城市机动车辆已增至 178 万辆，给城市道路交通增加了巨大压力，交通违章和交通事故也较为突出。为了缓解城市道路交通的矛盾，减少交通事故的发生，进一步提高广大驾驶员遵守交通法规的意识，促进上海城市道路交通秩序的根本好转，市委、市政府把“排堵保畅”工程列为政府的“实事工程”，其中将保险费率杠杆作用作为“排堵保畅”工程的重要措施之一。在这一时期，上海的机动车辆保险业务也得到了快速发展，但也出现了恶性竞争的现象。公司之间利用价格恶性竞争的行为，既给保险业带来了风险，也影响了行业形象。市政府开展“排堵保畅”工程建设引入保险费率浮动机制与上海保监局整顿车险市场秩序的监管思路不谋而合。为此，上海保监局根据市有关领导的指示，与公安部门密切配合，开始研究开发上海市机动车辆联合信息平台。2003 年 9 月，周永康同志在全国道路交通安全工作部级联席会议第一次会议上提出要求：“要把驾驶员的安全行驶记录与保险直接挂钩，实行保险费率浮动制度，对违章多、发生道路交通事故多的，要提高保险费；对安全行驶好的，要降低保险费并逐年累进。”由于这是一项创新的工作，上海保监局在开发平台工作中遇到了不少的困难和问题，保监会、公安部、市委市政府都予以了极大的关心和支持。保监会有关领导及财险部、信息部等部门领导深入上海了解平台的建设情况，对平台建设的工作给予了指导。市委、市政府领导在百忙当中多次听取了上海保监局的汇报，并在有关文件中作了重要的批示。在市公安部门的大力配合支持下，经过努力，上海市机动车辆联合信息平台于 2004 年 4 月 1 日正式启用。

二、主要工作回顾

（一）加强组织领导

2001 年 7 月 28 日，上海保监局与市公安局交巡警总队成立了机动车辆第三者责任保险费率浮动工作项目领导小组和工作小组。2001 年 12 月 27 日，联合发布了公告，决定从 2002 年 1 月 1 日起，本市机动车辆的交通违章、交通事故及保险理赔信息录入计算机系统，作为今后保险费率浮动的依据。通过召开座谈会、征求专家意见等形式，于2003年4月下旬初拟了《关于在上海实行机动车第三者责任保险费率浮动的实施方案（讨论稿）》以及一系列配套办法。之后，又多次进行了修改和完善。同时，与本市所有中资财产保险公司共同协商，制定了上海市统一的机动车辆第三者责任保险条款和费率。2003年6月初，联合信息平台开发工作正式启动，着手进行前期调研、需求分析和系统设计等工作。9月23日，上海保监局与市公安局签订了《机动车保险与行车安全管理信息交换合作备忘录》。与此同时，开发商完成了编码和测试工作，并指导各中资财产保险公司完成核心业务系统的改造。通过上海保监局、市公安局和易保公司的共同努力，经过对大量数据反复论证、多次模拟运行以及各中资财产保险公司核心业务系统改造，集合了机动车辆基本情况、驾驶员违章、违法行为和保险理赔记录等信息774.1万条、11 282万项，各项工作于2004年3月31日之前准备就绪。

（二）领导重视关心

在积极筹备各项工作的同时，上海保监局多次向保监会汇报工作进展情况以及遇到的困难，保监会给予了很大的支持。2004年1月7日，保监会发文明确表示对上海的做法予以支持，并要求由各中资财险总公司向保监会总部申报条款和费率。经过再次修改条款和费率，3月6日，中国保监会正式批复了由各家财险总公司上报的条款和费率。4月5日，上海保监局向上海市政府和杨雄副市长专门上报《关于本市实行机动车辆第三者责任保险费率浮动制度的情况汇报》。杨副市长批示：“此制度的推行，对改善上海的交通状况，降低交通事故发生率，减少人民生命财产损失很重要。请新闻办、城交局、信访办、法制办给予大力支持。”4月27日，冯晓增副主席来沪调研期间，上海保监局还专门就上海市机动车第三者责任保险费率浮动情况作了汇报。7月15日，向保监会提交了《关于启用上海市机动车辆联合信息平台、实施第三者责任保险费率浮动制度有关情况的报告》（沪保监发〔2004〕105号）。7月28日，上海保监局将联合信息平台运行后3个月的情况形成书面材料专门向上海市委常委、政法委书记吴志明、市政府副市长杨雄作了汇报。杨副市长批示:“感谢保监会的支持。此事要持之以恒。请进一步完善、加强后续管理。请城交局做好协会工作,从全局出发,从维护大多数人的利益出发,做好出租车行业的工作。”11月21日,吴定富主席在沪调研期间,上海保监局还专门汇报了上海市机动车辆联合信息平台的运行情况,吴主席肯定了上海的做法。

(三)严格制度建设

2004年3月31日,上海保监局与市公安局联合下发《关于启用上海市机动车辆联合信息平台、实施第三者责任保险费率浮动的通知》(沪保监发〔2004〕45号),正式在上海市全市范围内启用上海市机动车辆联合信息平台。为保障联合信息平台的正常运行,上海保监局和保险同业公会相继下发了《上海市机动车辆联合信息平台实务操作规程》、《关于进一步做好上海市机动车辆第三者责任保险运行管理工作的通知》(沪保监发〔2004〕54号)、《关于建立上海市机动车辆第三者责任保险周报制度的通知》、《联合信息平台运行管理规定(试行)》等规定。通过上述制度的建设,确保了联合信息平台和三者险费率浮动制度的健康运行。

(四)做好社会宣传

2004年4月20日,市政府发言人焦扬在例行新闻发布会上通报了从4月1日起实行机动车辆第三者责任保险费率浮动制度。6月1日,《道路交通安全工作简报》第17期专门通报了有关上海市实行机动车第三者责任保险费率浮动制度的情况。6月3日,上海保监局和市公安局联合召开了新闻通气会,向全市新闻媒体单位通报了两个月的整体运行情况和下一步的工作设想,会上还就市民比较关心的问题回答了记者的提问。7月30日,上海市保险同业公会供稿,中国保险行业协会调研组形成了《上海市实施“机动车第三者责任险费率浮动制度”的调研报告》。此外,针对营业出租行业对实施费率浮动制度存在不同看法,上海保监局和市公安局又多次与城交局、出租车协会等进行解释和沟通工作,以争取上述单位的理解和支持。

三、平台运行和三责险费率浮动的基本情况和效果

在中国保监会的领导下，在上海市政府的支持下，上海市机动车辆联合信息平台自2001年正式启动建设，于2004年4月1日正式运行。目前信息平台与所有经营车险业务的保险公司实时连接，共汇集了来自公安交通管理部门、税务部门和保险行业的信息数据2 523.64万条，完成了交强险和商业险承保理赔数据的集中，实现了信息平台对车险的“三全”监管和服务模式，即全流程监控、全车险覆盖、全机构参与。截至2008年底，各保险公司通过联合信息平台出具三责险（含交强险）保单860.69万份，保费金额93.3亿元。运行5年来，信息平台发挥了较大作用，具体如下：

1. 通过与公安交通管理部门的数据交换，将车辆基本信息、违法信息和理赔信息汇集，实现了交强险费率双挂钩浮动制度。通过保险费率的奖优罚劣措施，提高了投保人的风险意识，降低了事故发生率，为市政府“排堵保畅”工程作出了贡献。通过向投保人提前告知违法理赔信息，提高了交强险运作的透明度，保障投保人的合法利益。通过与公安交通管理部门车辆投保信息的共享，实现了车管所依靠信息化手段监督检查交强险投保情况，避免了假保单和漏保单现象，提高了车辆投保率，真正发挥了信息平台的社会管理功能。

2. 通过与银行业、银联之间的专网链接，建立了上海市机动车辆保险“见费出单”制度。提高了保费资金结算效率，降低了保险公司的车险应收保费，也为虚挂应收、截留挪用保费等违法违规行为筑起了防火墙，实现了信息平台全流程防范保险公司经营风险的功能。

3. 通过与市地税局的数据交换，为保险公司代收代缴车船税提供了便利服务，确保国家税务总局和保监会74号等文件精神真正落实到位。目前，保险公司通过信息平台自动计算每辆车的应缴税款，自动见税出单，自动申报每月代扣代缴税款，自动生成统计报表，全面提高了保险公司的工作效率，提高了税款征收的比例，实现了信息平台的信息化技术服务功能。

4. 通过与13个理赔服务中心的连接，建立起物损事故信息共享

数据库。一方面提高了交强险理赔效率，另一方面从技术上满足了对理赔风险的监控要求，同时为保险理赔数据的积累创造了条件。

5. 探索和完善了车险行业信息标准，提速了行业标准化进程，提高了车险专业化水平，营造了公平竞争市场环境。

案例6 2002年上海全面启动医疗责任保险

上海保险市场开展的医疗责任保险是从2002年起全面启动的。当时，A保险公司以自己产品的优势和创新的理念，在参与卫生局招标的4家保险公司中脱颖而出，从而全面承接了上海市医疗机构的医疗责任保险。2003年，其市场份额虽然由于其他保险公司的介入而略有下降，但仍占到了90%以上。因此可以说，该保险公司的医疗责任险的产品情况和市场运作，基本上代表了上海市场医疗责任保险的现状。

A保险公司的市场发展和保险产品情况

截至目前，A保险公司开展医疗责任保险可以分为三个阶段：

第一阶段是2002年4月前。根据卫生部制定的《医疗事故处理办法》，其在金山、虹口、闵行等区进行医疗责任保险的试点工作，积累了初步经验。

第二阶段是2002年4月至2003年8月。从2002年4月开始，上海保险市场全面启动医疗责任保险，A保险公司在其总公司医疗责任保险条款的基础上，根据国务院颁布的《医疗事故处理条例》的内容，开发了上海市地方性条款。2002年9月，A保险公司提出的方案中标，获得上海市卫生行政主管部门的认可，承保了上海近500家医疗机构的医疗事故责任保险，几乎涵盖了所有的公立医院和城镇医保定点医院。第一年度（2002年9月1日至2003年8月31日）保费收入2 840万元，累计支付赔款1 970.96万元（其中含建立医疗事故处理中心400万元的投入），赔付率达69.40%。

第三阶段是从2003年9月至今。2002年，医疗责任险开展的时候采取的是“政府推动、市场运作”的方式。2003年，政府进一步引入竞争机制，B保险公司也推出了自己的医疗责任险产品，但A保险公司保持了95%以上的续保率。A保险公司在进行续保业务时，根据市场的需要，进行了产品的更新换代工作，推出了医疗机构综合责任保险。该险种由三个主险和一个附加险组成：医疗过失责任保险（包括医疗事故责任保险和非医疗事故医疗过失责任保险）、医疗机构场所责任保险、医务人员人身伤害责任保险以及附加医务人员SARS责任保险。

纵观上海市医疗责任保险的发展历程，主要呈现以下几个特点：

1. “两低一高”，即低保费、低保障、高覆盖。由于上海市医疗责任保险是在上海市卫生行政部门的推动下进行的，上海市近500家公立医院和城镇医保定点医院几乎都参加了保险，覆盖率达100%。但是，各医疗机构在投保中由于种种顾虑和想法，只愿意投保保险公司提供的最低保障。因此，医疗责任险的发展呈现低保费、低保障、高覆盖的特点。

2. 保费收入平稳发展。从近几年的数据来看，目前上海市医疗责任保险的保费收入基本维持在3 000万元左右，没有发生太大的变化。医疗机构参保的数量也基本维持在500家的水平。

3. 实现专业化运行相结合。在开展医疗责任保险时，A保险公司针对医疗事故纠纷处理具有专业性强、社会影响大、医患双方矛盾容易激化等特点，委托上海市国际医学交流中心成立了医疗事故责任保险处理中心，聘请医学专家作为公司理赔人员，专门负责处理由于医疗纠纷而发生的索赔案件。该中心的组成人员主要是离退休的医学专家和外聘的医学专家以及少数行政事务人员。在机构性质上，该中心受A保险公司的委托处理医疗责任险的理赔事宜，其行为是A保险公司理赔工作的组成部分。实践证明，该中心的运作取得了良好的效果。

附　　录

中华人民共和国保险法

（1995年6月30日第八届全国人民代表大会常务委员会第十四次会议通过，根据2002年10月28日第九届全国人民代表大会常务委员会第三十次会议《关于修改〈中华人民共和国保险法〉的决定》修正，2009年2月28日第十一届全国人民代表大会常务委员会第七次会议修订）

第一章　总　　则

第一条　为了规范保险活动，保护保险活动当事人的合法权益，加强对保险业的监督管理，维护社会经济秩序和社会公共利益，促进保险事业的健康发展，制定本法。

第二条　本法所称保险，是指投保人根据合同约定，向保险人支付保险费，保险人对于合同约定的可能发生的事故因其发生所造成的财产损失承担赔偿保险金责任，或者当被保险人死亡、伤残、疾病或者达到合同约定的年龄、期限等条件时承担给付保险金责任的商业保险行为。

第三条　在中华人民共和国境内从事保险活动，适用本法。

第四条　从事保险活动必须遵守法律、行政法规，尊重社会公德，不得损害社会公共利益。

第五条　保险活动当事人行使权利、履行义务应当遵循诚实信用原则。

第六条　保险业务由依照本法设立的保险公司以及法律、行政法规规定的其他保险组织经营，其他单位和个人不得经营保险业务。

第七条　在中华人民共和国境内的法人和其他组织需要办理境内保险的，应当向中华人民共和国境内的保险公司投保。

第八条　保险业和银行业、证券业、信托业实行分业经营、分业管理，保险公司与银行、证券、信托业务机构分别设立。国家另有规定的除外。

第九条　国务院保险监督管理机构依法对保险业实施监督管理。

国务院保险监督管理机构根据履行职责的需要设立派出机构。派出机构按照国务院保险监督管理机构的授权履行监督管理职责。

第二章　保险合同

第一节　一般规定

第十条　保险合同是投保人与保险人约定保险权利义务关系的协议。

投保人是指与保险人订立保险合同，并按照合同约定负有支付保险费义务的人。

保险人是指与投保人订立保险合同，并按照合同约定承担赔偿或者给付保险金责任的保险公司。

第十一条　订立保险合同，应当协商一致，遵循公平原则确定各方的权利和义务。

除法律、行政法规规定必须保险的外，保险合同自愿订立。

第十二条　人身保险的投保人在保险合同订立时，对被保险人应当具有保险利益。

财产保险的被保险人在保险事故发生时，对保险标的应当具有保险利益。

人身保险是以人的寿命和身体为保险标的的保险。

财产保险是以财产及其有关利益为保险标的的保险。

被保险人是指其财产或者人身受保险合同保障，享有保险金请求权的人。投保人可以为被保险人。

保险利益是指投保人或者被保险人对保险标的具有的法律上承认

的利益。

第十三条 投保人提出保险要求，经保险人同意承保，保险合同成立。保险人应当及时向投保人签发保险单或者其他保险凭证。

保险单或者其他保险凭证应当载明当事人双方约定的合同内容。当事人也可以约定采用其他书面形式载明合同内容。

依法成立的保险合同，自成立时生效。投保人和保险人可以对合同的效力约定附条件或者附期限。

第十四条 保险合同成立后，投保人按照约定交付保险费，保险人按照约定的时间开始承担保险责任。

第十五条 除本法另有规定或者保险合同另有约定外，保险合同成立后，投保人可以解除合同，保险人不得解除合同。

第十六条 订立保险合同，保险人就保险标的或者被保险人的有关情况提出询问的，投保人应当如实告知。

投保人故意或者因重大过失未履行前款规定的如实告知义务，足以影响保险人决定是否同意承保或者提高保险费率的，保险人有权解除合同。

前款规定的合同解除权，自保险人知道有解除事由之日起，超过三十日不行使而消灭。自合同成立之日起超过二年的，保险人不得解除合同；发生保险事故的，保险人应当承担赔偿或者给付保险金的责任。

投保人故意不履行如实告知义务的，保险人对于合同解除前发生的保险事故，不承担赔偿或者给付保险金的责任，并不退还保险费。

投保人因重大过失未履行如实告知义务，对保险事故的发生有严重影响的，保险人对于合同解除前发生的保险事故，不承担赔偿或者给付保险金的责任，但应当退还保险费。

保险人在合同订立时已经知道投保人未如实告知的情况的，保险人不得解除合同；发生保险事故的，保险人应当承担赔偿或者给付保险金的责任。

保险事故是指保险合同约定的保险责任范围内的事故。

第十七条 订立保险合同，采用保险人提供的格式条款的，保险人向投保人提供的投保单应当附格式条款，保险人应当向投保人说明合同的内容。

对保险合同中免除保险人责任的条款，保险人在订立合同时应当在投保单、保险单或者其他保险凭证上作出足以引起投保人注意的提示，并对该条款的内容以书面或者口头形式向投保人作出明确说明；未作提示或者明确说明的，该条款不产生效力。

第十八条　保险合同应当包括下列事项：

（一）保险人的名称和住所；

（二）投保人、被保险人的姓名或者名称、住所，以及人身保险的受益人的姓名或者名称、住所；

（三）保险标的；

（四）保险责任和责任免除；

（五）保险期间和保险责任开始时间；

（六）保险金额；

（七）保险费以及支付办法；

（八）保险金赔偿或者给付办法；

（九）违约责任和争议处理；

（十）订立合同的年、月、日。

投保人和保险人可以约定与保险有关的其他事项。

受益人是指人身保险合同中由被保险人或者投保人指定的享有保险金请求权的人。投保人、被保险人可以为受益人。

保险金额是指保险人承担赔偿或者给付保险金责任的最高限额。

第十九条　采用保险人提供的格式条款订立的保险合同中的下列条款无效：

（一）免除保险人依法应承担的义务或者加重投保人、被保险人责任的；

（二）排除投保人、被保险人或者受益人依法享有的权利的。

第二十条　投保人和保险人可以协商变更合同内容。

变更保险合同的，应当由保险人在保险单或者其他保险凭证上批注或者附贴批单，或者由投保人和保险人订立变更的书面协议。

第二十一条 投保人、被保险人或者受益人知道保险事故发生后，应当及时通知保险人。故意或者因重大过失未及时通知，致使保险事故的性质、原因、损失程度等难以确定的，保险人对无法确定的部分，不承担赔偿或者给付保险金的责任，但保险人通过其他途径已经及时知道或者应当及时知道保险事故发生的除外。

第二十二条 保险事故发生后，按照保险合同请求保险人赔偿或者给付保险金时，投保人、被保险人或者受益人应当向保险人提供其所能提供的与确认保险事故的性质、原因、损失程度等有关的证明和资料。

保险人按照合同的约定，认为有关的证明和资料不完整的，应当及时一次性通知投保人、被保险人或者受益人补充提供。

第二十三条 保险人收到被保险人或者受益人的赔偿或者给付保险金的请求后，应当及时作出核定；情形复杂的，应当在三十日内作出核定，但合同另有约定的除外。保险人应当将核定结果通知被保险人或者受益人；对属于保险责任的，在与被保险人或者受益人达成赔偿或者给付保险金的协议后十日内，履行赔偿或者给付保险金义务。保险合同对赔偿或者给付保险金的期限有约定的，保险人应当按照约定履行赔偿或者给付保险金义务。

保险人未及时履行前款规定义务的，除支付保险金外，应当赔偿被保险人或者受益人因此受到的损失。

任何单位和个人不得非法干预保险人履行赔偿或者给付保险金的义务，也不得限制被保险人或者受益人取得保险金的权利。

第二十四条 保险人依照本法第二十三条的规定作出核定后，对不属于保险责任的，应当自作出核定之日起三日内向被保险人或者受益人发出拒绝赔偿或者拒绝给付保险金通知书，并说明理由。

第二十五条 保险人自收到赔偿或者给付保险金的请求和有关证明、资料之日起六十日内，对其赔偿或者给付保险金的数额不能确定的，应当根据已有证明和资料可以确定的数额先予支付；保险人最终确定赔偿或者给付保险金的数额后，应当支付相应的差额。

第二十六条 人寿保险以外的其他保险的被保险人或者受益人，

向保险人请求赔偿或者给付保险金的诉讼时效期间为二年，自其知道或者应当知道保险事故发生之日起计算。

人寿保险的被保险人或者受益人向保险人请求给付保险金的诉讼时效期间为五年，自其知道或者应当知道保险事故发生之日起计算。

第二十七条　未发生保险事故，被保险人或者受益人谎称发生了保险事故，向保险人提出赔偿或者给付保险金请求的，保险人有权解除合同，并不退还保险费。

投保人、被保险人故意制造保险事故的，保险人有权解除合同，不承担赔偿或者给付保险金的责任；除本法第四十三条规定外，不退还保险费。

保险事故发生后，投保人、被保险人或者受益人以伪造、变造的有关证明、资料或者其他证据，编造虚假的事故原因或者夸大损失程度的，保险人对其虚报的部分不承担赔偿或者给付保险金的责任。

投保人、被保险人或者受益人有前三款规定行为之一，致使保险人支付保险金或者支出费用的，应当退回或者赔偿。

第二十八条　保险人将其承担的保险业务，以分保形式部分转移给其他保险人的，为再保险。

应再保险接受人的要求，再保险分出人应当将其自负责任及原保险的有关情况书面告知再保险接受人。

第二十九条　再保险接受人不得向原保险的投保人要求支付保险费。

原保险的被保险人或者受益人不得向再保险接受人提出赔偿或者给付保险金的请求。

再保险分出人不得以再保险接受人未履行再保险责任为由，拒绝履行或者迟延履行其原保险责任。

第三十条　采用保险人提供的格式条款订立的保险合同，保险人与投保人、被保险人或者受益人对合同条款有争议的，应当按照通常理解予以解释。对合同条款有两种以上解释的，人民法院或者仲裁机构应当作出有利于被保险人和受益人的解释。

第二节 人身保险合同

第三十一条 投保人对下列人员具有保险利益：

（一）本人；

（二）配偶、子女、父母；

（三）前项以外与投保人有抚养、赡养或者扶养关系的家庭其他成员、近亲属；

（四）与投保人有劳动关系的劳动者。

除前款规定外，被保险人同意投保人为其订立合同的，视为投保人对被保险人具有保险利益。

订立合同时，投保人对被保险人不具有保险利益的，合同无效。

第三十二条 投保人申报的被保险人年龄不真实，并且其真实年龄不符合合同约定的年龄限制的，保险人可以解除合同，并按照合同约定退还保险单的现金价值。保险人行使合同解除权，适用本法第十六条第三款、第六款的规定。

投保人申报的被保险人年龄不真实，致使投保人支付的保险费少于应付保险费的，保险人有权更正并要求投保人补交保险费，或者在给付保险金时按照实付保险费与应付保险费的比例支付。

投保人申报的被保险人年龄不真实，致使投保人支付的保险费多于应付保险费的，保险人应当将多收的保险费退还投保人。

第三十三条 投保人不得为无民事行为能力人投保以死亡为给付保险金条件的人身保险，保险人也不得承保。

父母为其未成年子女投保的人身保险，不受前款规定限制。但是，因被保险人死亡给付的保险金总和不得超过国务院保险监督管理机构规定的限额。

第三十四条 以死亡为给付保险金条件的合同，未经被保险人同意并认可保险金额的，合同无效。

按照以死亡为给付保险金条件的合同所签发的保险单，未经被保险人书面同意，不得转让或者质押。

父母为其未成年子女投保的人身保险，不受本条第一款规定限制。

第三十五条　投保人可以按照合同约定向保险人一次支付全部保险费或者分期支付保险费。

第三十六条　合同约定分期支付保险费，投保人支付首期保险费后，除合同另有约定外，投保人自保险人催告之日起超过三十日未支付当期保险费，或者超过约定的期限六十日未支付当期保险费的，合同效力中止，或者由保险人按照合同约定的条件减少保险金额。

被保险人在前款规定期限内发生保险事故的，保险人应当按照合同约定给付保险金，但可以扣减欠交的保险费。

第三十七条　合同效力依照本法第三十六条规定中止的，经保险人与投保人协商并达成协议，在投保人补交保险费后，合同效力恢复。但是，自合同效力中止之日起满二年双方未达成协议的，保险人有权解除合同。

保险人依照前款规定解除合同的，应当按照合同约定退还保险单的现金价值。

第三十八条　保险人对人寿保险的保险费，不得用诉讼方式要求投保人支付。

第三十九条　人身保险的受益人由被保险人或者投保人指定。

投保人指定受益人时须经被保险人同意。投保人为与其有劳动关系的劳动者投保人身保险，不得指定被保险人及其近亲属以外的人为受益人。

被保险人为无民事行为能力人或者限制民事行为能力人的，可以由其监护人指定受益人。

第四十条　被保险人或者投保人可以指定一人或者数人为受益人。

受益人为数人的，被保险人或者投保人可以确定受益顺序和受益份额；未确定受益份额的，受益人按照相等份额享有受益权。

第四十一条　被保险人或者投保人可以变更受益人并书面通知保险人。保险人收到变更受益人的书面通知后，应当在保险单或者其他保险凭证上批注或者附贴批单。

投保人变更受益人时须经被保险人同意。

第四十二条　被保险人死亡后，有下列情形之一的，保险金作为被保险人的遗产，由保险人依照《中华人民共和国继承法》的规定履行给付保险金的义务：

（一）没有指定受益人，或者受益人指定不明无法确定的；

（二）受益人先于被保险人死亡，没有其他受益人的；

（三）受益人依法丧失受益权或者放弃受益权，没有其他受益人的。

受益人与被保险人在同一事件中死亡，且不能确定死亡先后顺序的，推定受益人死亡在先。

第四十三条　投保人故意造成被保险人死亡、伤残或者疾病的，保险人不承担给付保险金的责任。投保人已交足二年以上保险费的，保险人应当按照合同约定向其他权利人退还保险单的现金价值。

受益人故意造成被保险人死亡、伤残、疾病的，或者故意杀害被保险人未遂的，该受益人丧失受益权。

第四十四条　以被保险人死亡为给付保险金条件的合同，自合同成立或者合同效力恢复之日起二年内，被保险人自杀的，保险人不承担给付保险金的责任，但被保险人自杀时为无民事行为能力人的除外。

保险人依照前款规定不承担给付保险金责任的，应当按照合同约定退还保险单的现金价值。

第四十五条　因被保险人故意犯罪或者抗拒依法采取的刑事强制措施导致其伤残或者死亡的，保险人不承担给付保险金的责任。投保人已交足二年以上保险费的，保险人应当按照合同约定退还保险单的现金价值。

第四十六条　被保险人因第三者的行为而发生死亡、伤残或者疾病等保险事故的，保险人向被保险人或者受益人给付保险金后，不享有向第三者追偿的权利，但被保险人或者受益人仍有权向第三者请求赔偿。

第四十七条　投保人解除合同的，保险人应当自收到解除合同通知之日起三十日内，按照合同约定退还保险单的现金价值。

第三节 财产保险合同

第四十八条 保险事故发生时，被保险人对保险标的不具有保险利益的，不得向保险人请求赔偿保险金。

第四十九条 保险标的转让的，保险标的的受让人承继被保险人的权利和义务。

保险标的转让的，被保险人或者受让人应当及时通知保险人，但货物运输保险合同和另有约定的合同除外。

因保险标的转让导致危险程度显著增加的，保险人自收到前款规定的通知之日起三十日内，可以按照合同约定增加保险费或者解除合同。保险人解除合同的，应当将已收取的保险费，按照合同约定扣除自保险责任开始之日起至合同解除之日止应收的部分后，退还投保人。

被保险人、受让人未履行本条第二款规定的通知义务的，因转让导致保险标的危险程度显著增加而发生的保险事故，保险人不承担赔偿保险金的责任。

第五十条 货物运输保险合同和运输工具航程保险合同，保险责任开始后，合同当事人不得解除合同。

第五十一条 被保险人应当遵守国家有关消防、安全、生产操作、劳动保护等方面的规定，维护保险标的的安全。

保险人可以按照合同约定对保险标的的安全状况进行检查，及时向投保人、被保险人提出消除不安全因素和隐患的书面建议。

投保人、被保险人未按照约定履行其对保险标的的安全应尽责任的，保险人有权要求增加保险费或者解除合同。

保险人为维护保险标的的安全，经被保险人同意，可以采取安全预防措施。

第五十二条 在合同有效期内，保险标的的危险程度显著增加的，被保险人应当按照合同约定及时通知保险人，保险人可以按照合同约定增加保险费或者解除合同。保险人解除合同的，应当将已收取的保险费，按照合同约定扣除自保险责任开始之日起至合同解除之日止应收的部分后，退还投保人。

被保险人未履行前款规定的通知义务的，因保险标的的危险程度显著增加而发生的保险事故，保险人不承担赔偿保险金的责任。

第五十三条 有下列情形之一的，除合同另有约定外，保险人应当降低保险费，并按日计算退还相应的保险费：

（一）据以确定保险费率的有关情况发生变化，保险标的的危险程度明显减少的；

（二）保险标的的保险价值明显减少的。

第五十四条 保险责任开始前，投保人要求解除合同的，应当按照合同约定向保险人支付手续费，保险人应当退还保险费。保险责任开始后，投保人要求解除合同的，保险人应当将已收取的保险费，按照合同约定扣除自保险责任开始之日起至合同解除之日止应收的部分后，退还投保人。

第五十五条 投保人和保险人约定保险标的的保险价值并在合同中载明的，保险标的发生损失时，以约定的保险价值为赔偿计算标准。

投保人和保险人未约定保险标的的保险价值的，保险标的发生损失时，以保险事故发生时保险标的的实际价值为赔偿计算标准。

保险金额不得超过保险价值。超过保险价值的，超过部分无效，保险人应当退还相应的保险费。

保险金额低于保险价值的，除合同另有约定外，保险人按照保险金额与保险价值的比例承担赔偿保险金的责任。

第五十六条 重复保险的投保人应当将重复保险的有关情况通知各保险人。

重复保险的各保险人赔偿保险金的总和不得超过保险价值。除合同另有约定外，各保险人按照其保险金额与保险金额总和的比例承担赔偿保险金的责任。

重复保险的投保人可以就保险金额总和超过保险价值的部分，请求各保险人按比例返还保险费。

重复保险是指投保人对同一保险标的、同一保险利益、同一保险事故分别与两个以上保险人订立保险合同，且保险金额总和超过保险价值的保险。

第五十七条 保险事故发生时，被保险人应当尽力采取必要的措施，防止或者减少损失。

保险事故发生后，被保险人为防止或者减少保险标的的损失所支付的必要的、合理的费用，由保险人承担；保险人所承担的费用数额在保险标的损失赔偿金额以外另行计算，最高不超过保险金额的数额。

第五十八条 保险标的发生部分损失的，自保险人赔偿之日起三十日内，投保人可以解除合同；除合同另有约定外，保险人也可以解除合同，但应当提前十五日通知投保人。

合同解除的，保险人应当将保险标的未受损失部分的保险费，按照合同约定扣除自保险责任开始之日起至合同解除之日止应收的部分后，退还投保人。

第五十九条 保险事故发生后，保险人已支付了全部保险金额，并且保险金额等于保险价值的，受损保险标的的全部权利归于保险人；保险金额低于保险价值的，保险人按照保险金额与保险价值的比例取得受损保险标的的部分权利。

第六十条 因第三者对保险标的的损害而造成保险事故的，保险人自向被保险人赔偿保险金之日起，在赔偿金额范围内代位行使被保险人对第三者请求赔偿的权利。

前款规定的保险事故发生后，被保险人已经从第三者取得损害赔偿的，保险人赔偿保险金时，可以相应扣减被保险人从第三者已取得的赔偿金额。

保险人依照本条第一款规定行使代位请求赔偿的权利，不影响被保险人就未取得赔偿的部分向第三者请求赔偿的权利。

第六十一条 保险事故发生后，保险人未赔偿保险金之前，被保险人放弃对第三者请求赔偿的权利的，保险人不承担赔偿保险金的责任。

保险人向被保险人赔偿保险金后，被保险人未经保险人同意放弃对第三者请求赔偿的权利的，该行为无效。

被保险人故意或者因重大过失致使保险人不能行使代位请求赔偿的权利的，保险人可以扣减或者要求返还相应的保险金。

第六十二条 除被保险人的家庭成员或者其组成人员故意造成本法第六十条第一款规定的保险事故外，保险人不得对被保险人的家庭成员或者其组成人员行使代位请求赔偿的权利。

第六十三条 保险人向第三者行使代位请求赔偿的权利时，被保险人应当向保险人提供必要的文件和所知道的有关情况。

第六十四条 保险人、被保险人为查明和确定保险事故的性质、原因和保险标的的损失程度所支付的必要的、合理的费用，由保险人承担。

第六十五条 保险人对责任保险的被保险人给第三者造成的损害，可以依照法律的规定或者合同的约定，直接向该第三者赔偿保险金。

责任保险的被保险人给第三者造成损害，被保险人对第三者应负的赔偿责任确定的，根据被保险人的请求，保险人应当直接向该第三者赔偿保险金。被保险人怠于请求的，第三者有权就其应获赔偿部分直接向保险人请求赔偿保险金。

责任保险的被保险人给第三者造成损害，被保险人未向该第三者赔偿的，保险人不得向被保险人赔偿保险金。

责任保险是指以被保险人对第三者依法应负的赔偿责任为保险标的的保险。

第六十六条 责任保险的被保险人因给第三者造成损害的保险事故而被提起仲裁或者诉讼的，被保险人支付的仲裁或者诉讼费用以及其他必要的、合理的费用，除合同另有约定外，由保险人承担。

第三章 保险公司

第六十七条 设立保险公司应当经国务院保险监督管理机构

批准。

国务院保险监督管理机构审查保险公司的设立申请时，应当考虑保险业的发展和公平竞争的需要。

第六十八条　设立保险公司应当具备下列条件：

（一）主要股东具有持续盈利能力，信誉良好，最近三年内无重大违法违规记录，净资产不低于人民币二亿元；

（二）有符合本法和《中华人民共和国公司法》规定的章程；

（三）有符合本法规定的注册资本；

（四）有具备任职专业知识和业务工作经验的董事、监事和高级管理人员；

（五）有健全的组织机构和管理制度；

（六）有符合要求的营业场所和与经营业务有关的其他设施；

（七）法律、行政法规和国务院保险监督管理机构规定的其他条件。

第六十九条　设立保险公司，其注册资本的最低限额为人民币二亿元。

国务院保险监督管理机构根据保险公司的业务范围、经营规模，可以调整其注册资本的最低限额，但不得低于本条第一款规定的限额。

保险公司的注册资本必须为实缴货币资本。

第七十条　申请设立保险公司，应当向国务院保险监督管理机构提出书面申请，并提交下列材料：

（一）设立申请书，申请书应当载明拟设立的保险公司的名称、注册资本、业务范围等；

（二）可行性研究报告；

（三）筹建方案；

（四）投资人的营业执照或者其他背景资料，经会计师事务所审计的上一年度财务会计报告；

（五）投资人认可的筹备组负责人和拟任董事长、经理名单及本人认可证明；

（六）国务院保险监督管理机构规定的其他材料。

第七十一条 国务院保险监督管理机构应当对设立保险公司的申请进行审查，自受理之日起六个月内作出批准或者不批准筹建的决定，并书面通知申请人。决定不批准的，应当书面说明理由。

第七十二条 申请人应当自收到批准筹建通知之日起一年内完成筹建工作；筹建期间不得从事保险经营活动。

第七十三条 筹建工作完成后，申请人具备本法第六十八条规定的设立条件的，可以向国务院保险监督管理机构提出开业申请。

国务院保险监督管理机构应当自受理开业申请之日起六十日内，作出批准或者不批准开业的决定。决定批准的，颁发经营保险业务许可证；决定不批准的，应当书面通知申请人并说明理由。

第七十四条 保险公司在中华人民共和国境内设立分支机构，应当经保险监督管理机构批准。

保险公司分支机构不具有法人资格，其民事责任由保险公司承担。

第七十五条 保险公司申请设立分支机构，应当向保险监督管理机构提出书面申请，并提交下列材料：

（一）设立申请书；

（二）拟设机构三年业务发展规划和市场分析材料；

（三）拟任高级管理人员的简历及相关证明材料；

（四）国务院保险监督管理机构规定的其他材料。

第七十六条 保险监督管理机构应当对保险公司设立分支机构的申请进行审查，自受理之日起六十日内作出批准或者不批准的决定。决定批准的，颁发分支机构经营保险业务许可证；决定不批准的，应当书面通知申请人并说明理由。

第七十七条 经批准设立的保险公司及其分支机构，凭经营保险业务许可证向工商行政管理机关办理登记，领取营业执照。

第七十八条 保险公司及其分支机构自取得经营保险业务许可证之日起六个月内，无正当理由未向工商行政管理机关办理登记的，其经营保险业务许可证失效。

第七十九条　保险公司在中华人民共和国境外设立子公司、分支机构、代表机构，应当经国务院保险监督管理机构批准。

第八十条　外国保险机构在中华人民共和国境内设立代表机构，应当经国务院保险监督管理机构批准。代表机构不得从事保险经营活动。

第八十一条　保险公司的董事、监事和高级管理人员，应当品行良好，熟悉与保险相关的法律、行政法规，具有履行职责所需的经营管理能力，并在任职前取得保险监督管理机构核准的任职资格。

保险公司高级管理人员的范围由国务院保险监督管理机构规定。

第八十二条　有《中华人民共和国公司法》第一百四十七条规定的情形或者下列情形之一的，不得担任保险公司的董事、监事、高级管理人员：

（一）因违法行为或者违纪行为被金融监督管理机构取消任职资格的金融机构的董事、监事、高级管理人员，自被取消任职资格之日起未逾五年的；

（二）因违法行为或者违纪行为被吊销执业资格的律师、注册会计师或者资产评估机构、验证机构等机构的专业人员，自被吊销执业资格之日起未逾五年的。

第八十三条　保险公司的董事、监事、高级管理人员执行公司职务时违反法律、行政法规或者公司章程的规定，给公司造成损失的，应当承担赔偿责任。

第八十四条　保险公司有下列情形之一的，应当经保险监督管理机构批准：

（一）变更名称；

（二）变更注册资本；

（三）变更公司或者分支机构的营业场所；

（四）撤销分支机构；

（五）公司分立或者合并；

（六）修改公司章程；

（七）变更出资额占有限责任公司资本总额百分之五以上的股

东，或者变更持有股份有限公司股份百分之五以上的股东；

（八）国务院保险监督管理机构规定的其他情形。

第八十五条 保险公司应当聘用经国务院保险监督管理机构认可的精算专业人员，建立精算报告制度。

保险公司应当聘用专业人员，建立合规报告制度。

第八十六条 保险公司应当按照保险监督管理机构的规定，报送有关报告、报表、文件和资料。

保险公司的偿付能力报告、财务会计报告、精算报告、合规报告及其他有关报告、报表、文件和资料必须如实记录保险业务事项，不得有虚假记载、误导性陈述和重大遗漏。

第八十七条 保险公司应当按照国务院保险监督管理机构的规定妥善保管业务经营活动的完整账簿、原始凭证和有关资料。

前款规定的账簿、原始凭证和有关资料的保管期限，自保险合同终止之日起计算，保险期间在一年以下的不得少于五年，保险期间超过一年的不得少于十年。

第八十八条 保险公司聘请或者解聘会计师事务所、资产评估机构、资信评级机构等中介服务机构，应当向保险监督管理机构报告；解聘会计师事务所、资产评估机构、资信评级机构等中介服务机构，应当说明理由。

第八十九条 保险公司因分立、合并需要解散，或者股东会、股东大会决议解散，或者公司章程规定的解散事由出现，经国务院保险监督管理机构批准后解散。

经营有人寿保险业务的保险公司，除因分立、合并或者被依法撤销外，不得解散。

保险公司解散，应当依法成立清算组进行清算。

第九十条 保险公司有《中华人民共和国企业破产法》第二条规定情形的，经国务院保险监督管理机构同意，保险公司或者其债权人可以依法向人民法院申请重整、和解或者破产清算；国务院保险监督管理机构也可以依法向人民法院申请对该保险公司进行重整或者破产清算。

第九十一条　破产财产在优先清偿破产费用和共益债务后，按照下列顺序清偿：

（一）所欠职工工资和医疗、伤残补助、抚恤费用，所欠应当划入职工个人账户的基本养老保险、基本医疗保险费用，以及法律、行政法规规定应当支付给职工的补偿金；

（二）赔偿或者给付保险金；

（三）保险公司欠缴的除第（一）项规定以外的社会保险费用和所欠税款；

（四）普通破产债权。

破产财产不足以清偿同一顺序的清偿要求的，按照比例分配。

破产保险公司的董事、监事和高级管理人员的工资，按照该公司职工的平均工资计算。

第九十二条　经营有人寿保险业务的保险公司被依法撤销或者被依法宣告破产的，其持有的人寿保险合同及责任准备金，必须转让给其他经营有人寿保险业务的保险公司；不能同其他保险公司达成转让协议的，由国务院保险监督管理机构指定经营有人寿保险业务的保险公司接受转让。

转让或者由国务院保险监督管理机构指定接受转让前款规定的人寿保险合同及责任准备金的，应当维护被保险人、受益人的合法权益。

第九十三条　保险公司依法终止其业务活动，应当注销其经营保险业务许可证。

第九十四条　保险公司，除本法另有规定外，适用《中华人民共和国公司法》的规定。

第四章　保险经营规则

第九十五条　保险公司的业务范围：

（一）人身保险业务，包括人寿保险、健康保险、意外伤害保险等保险业务；

（二）财产保险业务，包括财产损失保险、责任保险、信用保险、保证保险等保险业务；

（三）国务院保险监督管理机构批准的与保险有关的其他业务。

保险人不得兼营人身保险业务和财产保险业务。但是，经营财产保险业务的保险公司经国务院保险监督管理机构批准，可以经营短期健康保险业务和意外伤害保险业务。

保险公司应当在国务院保险监督管理机构依法批准的业务范围内从事保险经营活动。

第九十六条 经国务院保险监督管理机构批准，保险公司可以经营本法第九十五条规定的保险业务的下列再保险业务：

（一）分出保险；

（二）分入保险。

第九十七条 保险公司应当按照其注册资本总额的百分之二十提取保证金，存入国务院保险监督管理机构指定的银行，除公司清算时用于清偿债务外，不得动用。

第九十八条 保险公司应当根据保障被保险人利益、保证偿付能力的原则，提取各项责任准备金。

保险公司提取和结转责任准备金的具体办法，由国务院保险监督管理机构制定。

第九十九条 保险公司应当依法提取公积金。

第一百条 保险公司应当缴纳保险保障基金。

保险保障基金应当集中管理，并在下列情形下统筹使用：

（一）在保险公司被撤销或者被宣告破产时，向投保人、被保险人或者受益人提供救济；

（二）在保险公司被撤销或者被宣告破产时，向依法接受其人寿保险合同的保险公司提供救济；

（三）国务院规定的其他情形。

保险保障基金筹集、管理和使用的具体办法，由国务院制定。

第一百零一条 保险公司应当具有与其业务规模和风险程度相适应的最低偿付能力。保险公司的认可资产减去认可负债的差额不得低于国务院保险监督管理机构规定的数额；低于规定数额的，应当按照国务院保险监督管理机构的要求采取相应措施达到规定的数额。

第一百零二条　经营财产保险业务的保险公司当年自留保险费，不得超过其实有资本金加公积金总和的四倍。

第一百零三条　保险公司对每一危险单位，即对一次保险事故可能造成的最大损失范围所承担的责任，不得超过其实有资本金加公积金总和的百分之十；超过的部分应当办理再保险。

保险公司对危险单位的划分应当符合国务院保险监督管理机构的规定。

第一百零四条　保险公司对危险单位的划分方法和巨灾风险安排方案，应当报国务院保险监督管理机构备案。

第一百零五条　保险公司应当按照国务院保险监督管理机构的规定办理再保险，并审慎选择再保险接受人。

第一百零六条　保险公司的资金运用必须稳健，遵循安全性原则。

保险公司的资金运用限于下列形式：

（一）银行存款；

（二）买卖债券、股票、证券投资基金份额等有价证券；

（三）投资不动产；

（四）国务院规定的其他资金运用形式。

保险公司资金运用的具体管理办法，由国务院保险监督管理机构依照前两款的规定制定。

第一百零七条　经国务院保险监督管理机构会同国务院证券监督管理机构批准，保险公司可以设立保险资产管理公司。

保险资产管理公司从事证券投资活动，应当遵守《中华人民共和国证券法》等法律、行政法规的规定。

保险资产管理公司的管理办法，由国务院保险监督管理机构会同国务院有关部门制定。

第一百零八条　保险公司应当按照国务院保险监督管理机构的规定，建立对关联交易的管理和信息披露制度。

第一百零九条　保险公司的控股股东、实际控制人、董事、监事、高级管理人员不得利用关联交易损害公司的利益。

第一百一十条 保险公司应当按照国务院保险监督管理机构的规定，真实、准确、完整地披露财务会计报告、风险管理状况、保险产品经营情况等重大事项。

第一百一十一条 保险公司从事保险销售的人员应当符合国务院保险监督管理机构规定的资格条件，取得保险监督管理机构颁发的资格证书。

前款规定的保险销售人员的范围和管理办法，由国务院保险监督管理机构规定。

第一百一十二条 保险公司应当建立保险代理人登记管理制度，加强对保险代理人的培训和管理，不得唆使、诱导保险代理人进行违背诚信义务的活动。

第一百一十三条 保险公司及其分支机构应当依法使用经营保险业务许可证，不得转让、出租、出借经营保险业务许可证。

第一百一十四条 保险公司应当按照国务院保险监督管理机构的规定，公平、合理拟订保险条款和保险费率，不得损害投保人、被保险人和受益人的合法权益。

保险公司应当按照合同约定和本法规定，及时履行赔偿或者给付保险金义务。

第一百一十五条 保险公司开展业务，应当遵循公平竞争的原则，不得从事不正当竞争。

第一百一十六条 保险公司及其工作人员在保险业务活动中不得有下列行为：

（一）欺骗投保人、被保险人或者受益人；

（二）对投保人隐瞒与保险合同有关的重要情况；

（三）阻碍投保人履行本法规定的如实告知义务，或者诱导其不履行本法规定的如实告知义务；

（四）给予或者承诺给予投保人、被保险人、受益人保险合同约定以外的保险费回扣或者其他利益；

（五）拒不依法履行保险合同约定的赔偿或者给付保险金义务；

（六）故意编造未曾发生的保险事故、虚构保险合同或者故意夸大已经发生的保险事故的损失程度进行虚假理赔，骗取保险金或者牟取其他不正当利益；

（七）挪用、截留、侵占保险费；

（八）委托未取得合法资格的机构或者个人从事保险销售活动；

（九）利用开展保险业务为其他机构或者个人牟取不正当利益；

（十）利用保险代理人、保险经纪人或者保险评估机构，从事以虚构保险中介业务或者编造退保等方式套取费用等违法活动；

（十一）以捏造、散布虚假事实等方式损害竞争对手的商业信誉，或者以其他不正当竞争行为扰乱保险市场秩序；

（十二）泄露在业务活动中知悉的投保人、被保险人的商业秘密；

（十三）违反法律、行政法规和国务院保险监督管理机构规定的其他行为。

第五章　保险代理人和保险经纪人

第一百一十七条　保险代理人是根据保险人的委托，向保险人收取佣金，并在保险人授权的范围内代为办理保险业务的机构或者个人。

保险代理机构包括专门从事保险代理业务的保险专业代理机构和兼营保险代理业务的保险兼业代理机构。

第一百一十八条　保险经纪人是基于投保人的利益，为投保人与保险人订立保险合同提供中介服务，并依法收取佣金的机构。

第一百一十九条　保险代理机构、保险经纪人应当具备国务院保险监督管理机构规定的条件，取得保险监督管理机构颁发的经营保险代理业务许可证、保险经纪业务许可证。

保险专业代理机构、保险经纪人凭保险监督管理机构颁发的许可证向工商行政管理机关办理登记，领取营业执照。

保险兼业代理机构凭保险监督管理机构颁发的许可证，向工商行政管理机关办理变更登记。

第一百二十条 以公司形式设立保险专业代理机构、保险经纪人，其注册资本最低限额适用《中华人民共和国公司法》的规定。

国务院保险监督管理机构根据保险专业代理机构、保险经纪人的业务范围和经营规模，可以调整其注册资本的最低限额，但不得低于《中华人民共和国公司法》规定的限额。

保险专业代理机构、保险经纪人的注册资本或者出资额必须为实缴货币资本。

第一百二十一条 保险专业代理机构、保险经纪人的高级管理人员，应当品行良好，熟悉保险法律、行政法规，具有履行职责所需的经营管理能力，并在任职前取得保险监督管理机构核准的任职资格。

第一百二十二条 个人保险代理人、保险代理机构的代理从业人员、保险经纪人的经纪从业人员，应当具备国务院保险监督管理机构规定的资格条件，取得保险监督管理机构颁发的资格证书。

第一百二十三条 保险代理机构、保险经纪人应当有自己的经营场所，设立专门账簿记载保险代理业务、经纪业务的收支情况。

第一百二十四条 保险代理机构、保险经纪人应当按照国务院保险监督管理机构的规定缴存保证金或者投保职业责任保险。未经保险监督管理机构批准，保险代理机构、保险经纪人不得动用保证金。

第一百二十五条 个人保险代理人在代为办理人寿保险业务时，不得同时接受两个以上保险人的委托。

第一百二十六条 保险人委托保险代理人代为办理保险业务，应当与保险代理人签订委托代理协议，依法约定双方的权利和义务。

第一百二十七条 保险代理人根据保险人的授权代为办理保险业务的行为，由保险人承担责任。

保险代理人没有代理权、超越代理权或者代理权终止后以保险人名义订立合同，使投保人有理由相信其有代理权的，该代理行为有效。保险人可以依法追究越权的保险代理人的责任。

第一百二十八条 保险经纪人因过错给投保人、被保险人造成损失的，依法承担赔偿责任。

第一百二十九条 保险活动当事人可以委托保险公估机构等依法

设立的独立评估机构或者具有相关专业知识的人员，对保险事故进行评估和鉴定。

接受委托对保险事故进行评估和鉴定的机构和人员，应当依法、独立、客观、公正地进行评估和鉴定，任何单位和个人不得干涉。

前款规定的机构和人员，因故意或者过失给保险人或者被保险人造成损失的，依法承担赔偿责任。

第一百三十条　保险佣金只限于向具有合法资格的保险代理人、保险经纪人支付，不得向其他人支付。

第一百三十一条　保险代理人、保险经纪人及其从业人员在办理保险业务活动中不得有下列行为：

（一）欺骗保险人、投保人、被保险人或者受益人；

（二）隐瞒与保险合同有关的重要情况；

（三）阻碍投保人履行本法规定的如实告知义务，或者诱导其不履行本法规定的如实告知义务；

（四）给予或者承诺给予投保人、被保险人或者受益人保险合同约定以外的利益；

（五）利用行政权力、职务或者职业便利以及其他不正当手段强迫、引诱或者限制投保人订立保险合同；

（六）伪造、擅自变更保险合同，或者为保险合同当事人提供虚假证明材料；

（七）挪用、截留、侵占保险费或者保险金；

（八）利用业务便利为其他机构或者个人牟取不正当利益；

（九）串通投保人、被保险人或者受益人，骗取保险金；

（十）泄露在业务活动中知悉的保险人、投保人、被保险人的商业秘密。

第一百三十二条　保险专业代理机构、保险经纪人分立、合并、变更组织形式、设立分支机构或者解散的，应当经保险监督管理机构批准。

第一百三十三条　本法第八十六条第一款、第一百一十三条的规定，适用于保险代理机构和保险经纪人。

第六章 保险业监督管理

第一百三十四条 保险监督管理机构依照本法和国务院规定的职责，遵循依法、公开、公正的原则，对保险业实施监督管理，维护保险市场秩序，保护投保人、被保险人和受益人的合法权益。

第一百三十五条 国务院保险监督管理机构依照法律、行政法规制定并发布有关保险业监督管理的规章。

第一百三十六条 关系社会公众利益的保险险种、依法实行强制保险的险种和新开发的人寿保险险种等的保险条款和保险费率，应当报国务院保险监督管理机构批准。国务院保险监督管理机构审批时，应当遵循保护社会公众利益和防止不正当竞争的原则。其他保险险种的保险条款和保险费率，应当报保险监督管理机构备案。

保险条款和保险费率审批、备案的具体办法，由国务院保险监督管理机构依照前款规定制定。

第一百三十七条 保险公司使用的保险条款和保险费率违反法律、行政法规或者国务院保险监督管理机构的有关规定的，由保险监督管理机构责令停止使用，限期修改；情节严重的，可以在一定期限内禁止申报新的保险条款和保险费率。

第一百三十八条 国务院保险监督管理机构应当建立健全保险公司偿付能力监管体系，对保险公司的偿付能力实施监控。

第一百三十九条 对偿付能力不足的保险公司，国务院保险监督管理机构应当将其列为重点监管对象，并可以根据具体情况采取下列措施：

（一）责令增加资本金、办理再保险；

（二）限制业务范围；

（三）限制向股东分红；

（四）限制固定资产购置或者经营费用规模；

（五）限制资金运用的形式、比例；

（六）限制增设分支机构；

（七）责令拍卖不良资产、转让保险业务；

（八）限制董事、监事、高级管理人员的薪酬水平；

（九）限制商业性广告；

（十）责令停止接受新业务。

第一百四十条　保险公司未依照本法规定提取或者结转各项责任准备金，或者未依照本法规定办理再保险，或者严重违反本法关于资金运用的规定的，由保险监督管理机构责令限期改正，并可以责令调整负责人及有关管理人员。

第一百四十一条　保险监督管理机构依照本法第一百四十条的规定作出限期改正的决定后，保险公司逾期未改正的，国务院保险监督管理机构可以决定选派保险专业人员和指定该保险公司的有关人员组成整顿组，对公司进行整顿。

整顿决定应当载明被整顿公司的名称、整顿理由、整顿组成员和整顿期限，并予以公告。

第一百四十二条　整顿组有权监督被整顿保险公司的日常业务。被整顿公司的负责人及有关管理人员应当在整顿组的监督下行使职权。

第一百四十三条　整顿过程中，被整顿保险公司的原有业务继续进行。但是，国务院保险监督管理机构可以责令被整顿公司停止部分原有业务、停止接受新业务，调整资金运用。

第一百四十四条　被整顿保险公司经整顿已纠正其违反本法规定的行为，恢复正常经营状况的，由整顿组提出报告，经国务院保险监督管理机构批准，结束整顿，并由国务院保险监督管理机构予以公告。

第一百四十五条　保险公司有下列情形之一的，国务院保险监督管理机构可以对其实行接管：

（一）公司的偿付能力严重不足的；

（二）违反本法规定，损害社会公共利益，可能严重危及或者已经严重危及公司的偿付能力的。

被接管的保险公司的债权债务关系不因接管而变化。

第一百四十六条　接管组的组成和接管的实施办法，由国务院保险监督管理机构决定，并予以公告。

第一百四十七条 接管期限届满，国务院保险监督管理机构可以决定延长接管期限，但接管期限最长不得超过二年。

第一百四十八条 接管期限届满，被接管的保险公司已恢复正常经营能力的，由国务院保险监督管理机构决定终止接管，并予以公告。

第一百四十九条 被整顿、被接管的保险公司有《中华人民共和国企业破产法》第二条规定情形的，国务院保险监督管理机构可以依法向人民法院申请对该保险公司进行重整或者破产清算。

第一百五十条 保险公司因违法经营被依法吊销经营保险业务许可证的，或者偿付能力低于国务院保险监督管理机构规定标准，不予撤销将严重危害保险市场秩序、损害公共利益的，由国务院保险监督管理机构予以撤销并公告，依法及时组织清算组进行清算。

第一百五十一条 国务院保险监督管理机构有权要求保险公司股东、实际控制人在指定的期限内提供有关信息和资料。

第一百五十二条 保险公司的股东利用关联交易严重损害公司利益，危及公司偿付能力的，由国务院保险监督管理机构责令改正。在按照要求改正前，国务院保险监督管理机构可以限制其股东权利；拒不改正的，可以责令其转让所持的保险公司股权。

第一百五十三条 保险监督管理机构根据履行监督管理职责的需要，可以与保险公司董事、监事和高级管理人员进行监督管理谈话，要求其就公司的业务活动和风险管理的重大事项作出说明。

第一百五十四条 保险公司在整顿、接管、撤销清算期间，或者出现重大风险时，国务院保险监督管理机构可以对该公司直接负责的董事、监事、高级管理人员和其他直接责任人员采取以下措施：

（一）通知出境管理机关依法阻止其出境；

（二）申请司法机关禁止其转移、转让或者以其他方式处分财产，或者在财产上设定其他权利。

第一百五十五条 保险监督管理机构依法履行职责，可以采取下列措施：

（一）对保险公司、保险代理人、保险经纪人、保险资产管理公司、外国保险机构的代表机构进行现场检查；

（二）进入涉嫌违法行为发生场所调查取证；

（三）询问当事人及与被调查事件有关的单位和个人，要求其对与被调查事件有关的事项作出说明；

（四）查阅、复制与被调查事件有关的财产权登记等资料；

（五）查阅、复制保险公司、保险代理人、保险经纪人、保险资产管理公司、外国保险机构的代表机构以及与被调查事件有关的单位和个人的财务会计资料及其他相关文件和资料；对可能被转移、隐匿或者毁损的文件和资料予以封存；

（六）查询涉嫌违法经营的保险公司、保险代理人、保险经纪人、保险资产管理公司、外国保险机构的代表机构以及与涉嫌违法事项有关的单位和个人的银行账户；

（七）对有证据证明已经或者可能转移、隐匿违法资金等涉案财产或者隐匿、伪造、毁损重要证据的，经保险监督管理机构主要负责人批准，申请人民法院予以冻结或者查封。

保险监督管理机构采取前款第（一）项、第（二）项、第（五）项措施的，应当经保险监督管理机构负责人批准；采取第（六）项措施的，应当经国务院保险监督管理机构负责人批准。

保险监督管理机构依法进行监督检查或者调查，其监督检查、调查的人员不得少于二人，并应当出示合法证件和监督检查、调查通知书；监督检查、调查的人员少于二人或者未出示合法证件和监督检查、调查通知书的，被检查、调查的单位和个人有权拒绝。

第一百五十六条　保险监督管理机构依法履行职责，被检查、调查的单位和个人应当配合。

第一百五十七条　保险监督管理机构工作人员应当忠于职守，依法办事，公正廉洁，不得利用职务便利牟取不正当利益，不得泄露所知悉的有关单位和个人的商业秘密。

第一百五十八条　国务院保险监督管理机构应当与中国人民银行、国务院其他金融监督管理机构建立监督管理信息共享机制。

保险监督管理机构依法履行职责，进行监督检查、调查时，有关部门应当予以配合。

第七章　法律责任

第一百五十九条　违反本法规定，擅自设立保险公司、保险资产管理公司或者非法经营商业保险业务的，由保险监督管理机构予以取缔，没收违法所得，并处违法所得一倍以上五倍以下的罚款；没有违法所得或者违法所得不足二十万元的，处二十万元以上一百万元以下的罚款。

第一百六十条　违反本法规定，擅自设立保险专业代理机构、保险经纪人，或者未取得经营保险代理业务许可证、保险经纪业务许可证从事保险代理业务、保险经纪业务的，由保险监督管理机构予以取缔，没收违法所得，并处违法所得一倍以上五倍以下的罚款；没有违法所得或者违法所得不足五万元的，处五万元以上三十万元以下的罚款。

第一百六十一条　保险公司违反本法规定，超出批准的业务范围经营的，由保险监督管理机构责令限期改正，没收违法所得，并处违法所得一倍以上五倍以下的罚款；没有违法所得或者违法所得不足十万元的，处十万元以上五十万元以下的罚款。逾期不改正或者造成严重后果的，责令停业整顿或者吊销业务许可证。

第一百六十二条　保险公司有本法第一百一十六条规定行为之一的，由保险监督管理机构责令改正，处五万元以上三十万元以下的罚款；情节严重的，限制其业务范围、责令停止接受新业务或者吊销业务许可证。

第一百六十三条　保险公司违反本法第八十四条规定的，由保险监督管理机构责令改正，处一万元以上十万元以下的罚款。

第一百六十四条　保险公司违反本法规定，有下列行为之一的，由保险监督管理机构责令改正，处五万元以上三十万元以下的罚款：

（一）超额承保，情节严重的；

（二）为无民事行为能力人承保以死亡为给付保险金条件的保

险的。

第一百六十五条　违反本法规定，有下列行为之一的，由保险监督管理机构责令改正，处五万元以上三十万元以下的罚款；情节严重的，可以限制其业务范围、责令停止接受新业务或者吊销业务许可证：

（一）未按照规定提存保证金或者违反规定动用保证金的；

（二）未按照规定提取或者结转各项责任准备金的；

（三）未按照规定缴纳保险保障基金或者提取公积金的；

（四）未按照规定办理再保险的；

（五）未按照规定运用保险公司资金的；

（六）未经批准设立分支机构或者代表机构的；

（七）未按照规定申请批准保险条款、保险费率的。

第一百六十六条　保险代理机构、保险经纪人有本法第一百三十一条规定行为之一的，由保险监督管理机构责令改正，处五万元以上三十万元以下的罚款；情节严重的，吊销业务许可证。

第一百六十七条　保险代理机构、保险经纪人违反本法规定，有下列行为之一的，由保险监督管理机构责令改正，处二万元以上十万元以下的罚款；情节严重的，责令停业整顿或者吊销业务许可证：

（一）未按照规定缴存保证金或者投保职业责任保险的；

（二）未按照规定设立专门账簿记载业务收支情况的。

第一百六十八条　保险专业代理机构、保险经纪人违反本法规定，未经批准设立分支机构或者变更组织形式的，由保险监督管理机构责令改正，处一万元以上五万元以下的罚款。

第一百六十九条　违反本法规定，聘任不具有任职资格、从业资格的人员的，由保险监督管理机构责令改正，处二万元以上十万元以下的罚款。

第一百七十条　违反本法规定，转让、出租、出借业务许可证的，由保险监督管理机构处一万元以上十万元以下的罚款；情节严重的，责令停业整顿或者吊销业务许可证。

第一百七十一条　违反本法规定，有下列行为之一的，由保险监督管理机构责令限期改正；逾期不改正的，处一万元以上十万元以下的罚款：

（一）未按照规定报送或者保管报告、报表、文件、资料的，或者未按照规定提供有关信息、资料的；

（二）未按照规定报送保险条款、保险费率备案的；

（三）未按照规定披露信息的。

第一百七十二条 违反本法规定，有下列行为之一的，由保险监督管理机构责令改正，处十万元以上五十万元以下的罚款；情节严重的，可以限制其业务范围、责令停止接受新业务或者吊销业务许可证：

（一）编制或者提供虚假的报告、报表、文件、资料的；

（二）拒绝或者妨碍依法监督检查的；

（三）未按照规定使用经批准或者备案的保险条款、保险费率的。

第一百七十三条 保险公司、保险资产管理公司、保险专业代理机构、保险经纪人违反本法规定的，保险监督管理机构除分别依照本法第一百六十一条至第一百七十二条的规定对该单位给予处罚外，对其直接负责的主管人员和其他直接责任人员给予警告，并处一万元以上十万元以下的罚款；情节严重的，撤销任职资格或者从业资格。

第一百七十四条 个人保险代理人违反本法规定的，由保险监督管理机构给予警告，可以并处二万元以下的罚款；情节严重的，处二万元以上十万元以下的罚款，并可以吊销其资格证书。

未取得合法资格的人员从事个人保险代理活动的，由保险监督管理机构给予警告，可以并处二万元以下的罚款；情节严重的，处二万元以上十万元以下的罚款。

第一百七十五条 外国保险机构未经国务院保险监督管理机构批准，擅自在中华人民共和国境内设立代表机构的，由国务院保险监督管理机构予以取缔，处五万元以上三十万元以下的罚款。

外国保险机构在中华人民共和国境内设立的代表机构从事保险经营活动的，由保险监督管理机构责令改正，没收违法所得，并处违法所得一倍以上五倍以下的罚款；没有违法所得或者违法所得不足二十万元的，处二十万元以上一百万元以下的罚款；对其首席代表可以责令撤换；情节严重的，撤销其代表机构。

第一百七十六条　投保人、被保险人或者受益人有下列行为之一，进行保险诈骗活动，尚不构成犯罪的，依法给予行政处罚：

（一）投保人故意虚构保险标的，骗取保险金的；

（二）编造未曾发生的保险事故，或者编造虚假的事故原因或者夸大损失程度，骗取保险金的；

（三）故意造成保险事故，骗取保险金的。

保险事故的鉴定人、评估人、证明人故意提供虚假的证明文件，为投保人、被保险人或者受益人进行保险诈骗提供条件的，依照前款规定给予处罚。

第一百七十七条　违反本法规定，给他人造成损害的，依法承担民事责任。

第一百七十八条　拒绝、阻碍保险监督管理机构及其工作人员依法行使监督检查、调查职权，未使用暴力、威胁方法的，依法给予治安管理处罚。

第一百七十九条　违反法律、行政法规的规定，情节严重的，国务院保险监督管理机构可以禁止有关责任人员一定期限直至终身进入保险业。

第一百八十条　保险监督管理机构从事监督管理工作的人员有下列情形之一的，依法给予处分：

（一）违反规定批准机构的设立的；

（二）违反规定进行保险条款、保险费率审批的；

（三）违反规定进行现场检查的；

（四）违反规定查询账户或者冻结资金的；

（五）泄露其知悉的有关单位和个人的商业秘密的；

（六）违反规定实施行政处罚的；

（七）滥用职权、玩忽职守的其他行为。

第一百八十一条　违反本法规定，构成犯罪的，依法追究刑事责任。

第八章 附 则

第一百八十二条 保险公司应当加入保险行业协会。保险代理人、保险经纪人、保险公估机构可以加入保险行业协会。

保险行业协会是保险业的自律性组织，是社会团体法人。

第一百八十三条 保险公司以外的其他依法设立的保险组织经营的商业保险业务，适用本法。

第一百八十四条 海上保险适用《中华人民共和国海商法》的有关规定；《中华人民共和国海商法》未规定的，适用本法的有关规定。

第一百八十五条 中外合资保险公司、外资独资保险公司、外国保险公司分公司适用本法规定；法律、行政法规另有规定的，适用其规定。

第一百八十六条 国家支持发展为农业生产服务的保险事业。农业保险由法律、行政法规另行规定。

强制保险，法律、行政法规另有规定的，适用其规定。

第一百八十七条 本法自 2009 年 10 月 1 日起施行。

机动车交通事故责任强制保险条例

中华人民共和国国务院令第462号

《机动车交通事故责任强制保险条例》已经2006年3月1日国务院第127次常务会议通过，现予公布，自2006年7月1日起施行。

总理　温家宝

二〇〇六年三月二十一日

机动车交通事故责任强制保险条例

第一章　总　　则

第一条　为了保障机动车道路交通事故受害人依法得到赔偿，促进道路交通安全，根据《中华人民共和国道路交通安全法》、《中华人民共和国保险法》，制定本条例。

第二条　在中华人民共和国境内道路上行驶的机动车的所有人或者管理人，应当依照《中华人民共和国道路交通安全法》的规定投保机动车交通事故责任强制保险。

机动车交通事故责任强制保险的投保、赔偿和监督管理，适用本条例。

第三条　本条例所称机动车交通事故责任强制保险，是指由保险公司对被保险机动车发生道路交通事故造成本车人员、被保险人以外的受害人的人身伤亡、财产损失，在责任限额内予以赔偿的强制性责任保险。

第四条 国务院保险监督管理机构（以下称保监会）依法对保险公司的机动车交通事故责任强制保险业务实施监督管理。

公安机关交通管理部门、农业（农业机械）主管部门（以下统称机动车管理部门）应当依法对机动车参加机动车交通事故责任强制保险的情况实施监督检查。对未参加机动车交通事故责任强制保险的机动车，机动车管理部门不得予以登记，机动车安全技术检验机构不得予以检验。

公安机关交通管理部门及其交通警察在调查处理道路交通安全违法行为和道路交通事故时，应当依法检查机动车交通事故责任强制保险的保险标志。

第二章 投　保

第五条 中资保险公司（以下称保险公司）经保监会批准，可以从事机动车交通事故责任强制保险业务。

为了保证机动车交通事故责任强制保险制度的实行，保监会有权要求保险公司从事机动车交通事故责任强制保险业务。

未经保监会批准，任何单位或者个人不得从事机动车交通事故责任强制保险业务。

第六条 机动车交通事故责任强制保险实行统一的保险条款和基础保险费率。保监会按照机动车交通事故责任强制保险业务总体上不盈利不亏损的原则审批保险费率。

保监会在审批保险费率时，可以聘请有关专业机构进行评估，可以举行听证会听取公众意见。

第七条 保险公司的机动车交通事故责任强制保险业务，应当与其他保险业务分开管理，单独核算。

保监会应当每年对保险公司的机动车交通事故责任强制保险业务情况进行核查，并向社会公布；根据保险公司机动车交通事故责任强制保险业务的总体盈利或者亏损情况，可以要求或者允许保险公司相应调整保险费率。

调整保险费率的幅度较大的，保监会应当进行听证。

第八条　被保险机动车没有发生道路交通安全违法行为和道路交通事故的，保险公司应当在下一年度降低其保险费率。在此后的年度内，被保险机动车仍然没有发生道路交通安全违法行为和道路交通事故的，保险公司应当继续降低其保险费率，直至最低标准。被保险机动车发生道路交通安全违法行为或者道路交通事故的，保险公司应当在下一年度提高其保险费率。多次发生道路交通安全违法行为、道路交通事故，或者发生重大道路交通事故的，保险公司应当加大提高其保险费率的幅度。在道路交通事故中被保险人没有过错的，不提高其保险费率。降低或者提高保险费率的标准，由保监会会同国务院公安部门制定。

第九条　保监会、国务院公安部门、国务院农业主管部门以及其他有关部门应当逐步建立有关机动车交通事故责任强制保险、道路交通安全违法行为和道路交通事故的信息共享机制。

第十条　投保人在投保时应当选择具备从事机动车交通事故责任强制保险业务资格的保险公司，被选择的保险公司不得拒绝或者拖延承保。

保监会应当将具备从事机动车交通事故责任强制保险业务资格的保险公司向社会公示。

第十一条　投保人投保时，应当向保险公司如实告知重要事项。

重要事项包括机动车的种类、厂牌型号、识别代码、牌照号码、使用性质和机动车所有人或者管理人的姓名（名称）、性别、年龄、住所、身份证或者驾驶证号码（组织机构代码）、续保前该机动车发生事故的情况以及保监会规定的其他事项。

第十二条　签订机动车交通事故责任强制保险合同时，投保人应当一次支付全部保险费；保险公司应当向投保人签发保险单、保险标志。保险单、保险标志应当注明保险单号码、车牌号码、保险期限、保险公司的名称、地址和理赔电话号码。

被保险人应当在被保险机动车上放置保险标志。

保险标志式样全国统一。保险单、保险标志由保监会监制。任何单位或者个人不得伪造、变造或者使用伪造、变造的保险单、保险标志。

第十三条 签订机动车交通事故责任强制保险合同时，投保人不得在保险条款和保险费率之外，向保险公司提出附加其他条件的要求。

签订机动车交通事故责任强制保险合同时，保险公司不得强制投保人订立商业保险合同以及提出附加其他条件的要求。

第十四条 保险公司不得解除机动车交通事故责任强制保险合同；但是，投保人对重要事项未履行如实告知义务的除外。

投保人对重要事项未履行如实告知义务，保险公司解除合同前，应当书面通知投保人，投保人应当自收到通知之日起5日内履行如实告知义务；投保人在上述期限内履行如实告知义务的，保险公司不得解除合同。

第十五条 保险公司解除机动车交通事故责任强制保险合同的，应当收回保险单和保险标志，并书面通知机动车管理部门。

第十六条 投保人不得解除机动车交通事故责任强制保险合同，但有下列情形之一的除外：

（一）被保险机动车被依法注销登记的；

（二）被保险机动车办理停驶的；

（三）被保险机动车经公安机关证实丢失的。

第十七条 机动车交通事故责任强制保险合同解除前，保险公司应当按照合同承担保险责任。

合同解除时，保险公司可以收取自保险责任开始之日起至合同解除之日止的保险费，剩余部分的保险费退还投保人。

第十八条 被保险机动车所有权转移的，应当办理机动车交通事故责任强制保险合同变更手续。

第十九条 机动车交通事故责任强制保险合同期满，投保人应当及时续保，并提供上一年度的保险单。

第二十条 机动车交通事故责任强制保险的保险期间为1年，但有下列情形之一的，投保人可以投保短期机动车交通事故责任强制保险：

（一）境外机动车临时入境的；

（二）机动车临时上道路行驶的；

（三）机动车距规定的报废期限不足1年的；

（四）保监会规定的其他情形。

第三章　赔　　偿

第二十一条　被保险机动车发生道路交通事故造成本车人员、被保险人以外的受害人人身伤亡、财产损失的，由保险公司依法在机动车交通事故责任强制保险责任限额范围内予以赔偿。

道路交通事故的损失是由受害人故意造成的，保险公司不予赔偿。

第二十二条　有下列情形之一的，保险公司在机动车交通事故责任强制保险责任限额范围内垫付抢救费用，并有权向致害人追偿：

（一）驾驶人未取得驾驶资格或者醉酒的；

（二）被保险机动车被盗抢期间肇事的；

（三）被保险人故意制造道路交通事故的。

有前款所列情形之一，发生道路交通事故的，造成受害人的财产损失，保险公司不承担赔偿责任。

第二十三条　机动车交通事故责任强制保险在全国范围内实行统一的责任限额。责任限额分为死亡伤残赔偿限额、医疗费用赔偿限额、财产损失赔偿限额以及被保险人在道路交通事故中无责任的赔偿限额。

机动车交通事故责任强制保险责任限额由保监会会同国务院公安部门、国务院卫生主管部门、国务院农业主管部门规定。

第二十四条　国家设立道路交通事故社会救助基金（以下简称救助基金）。有下列情形之一时，道路交通事故中受害人人身伤亡的丧葬费用、部分或者全部抢救费用，由救助基金先行垫付，救助基金管理机构有权向道路交通事故责任人追偿：

（一）抢救费用超过机动车交通事故责任强制保险责任限额的；

（二）肇事机动车未参加机动车交通事故责任强制保险的；

（三）机动车肇事后逃逸的。

第二十五条 救助基金的来源包括：

（一）按照机动车交通事故责任强制保险的保险费的一定比例提取的资金；

（二）对未按照规定投保机动车交通事故责任强制保险的机动车的所有人、管理人的罚款；

（三）救助基金管理机构依法向道路交通事故责任人追偿的资金；

（四）救助基金孳息；

（五）其他资金。

第二十六条 救助基金的具体管理办法，由国务院财政部门会同保监会、国务院公安部门、国务院卫生主管部门、国务院农业主管部门制定试行。

第二十七条 被保险机动车发生道路交通事故，被保险人或者受害人通知保险公司的，保险公司应当立即给予答复，告知被保险人或者受害人具体的赔偿程序等有关事项。

第二十八条 被保险机动车发生道路交通事故的，由被保险人向保险公司申请赔偿保险金。保险公司应当自收到赔偿申请之日起 1 日内，书面告知被保险人需要向保险公司提供的与赔偿有关的证明和资料。

第二十九条 保险公司应当自收到被保险人提供的证明和资料之日起 5 日内，对是否属于保险责任作出核定，并将结果通知被保险人；对不属于保险责任的，应当书面说明理由；对属于保险责任的，在与被保险人达成赔偿保险金的协议后 10 日内，赔偿保险金。

第三十条 被保险人与保险公司对赔偿有争议的，可以依法申请仲裁或者向人民法院提起诉讼。

第三十一条 保险公司可以向被保险人赔偿保险金，也可以直接向受害人赔偿保险金。但是，因抢救受伤人员需要保险公司支付或者垫付抢救费用的，保险公司在接到公安机关交通管理部门通知后，经核对应当及时向医疗机构支付或者垫付抢救费用。

因抢救受伤人员需要救助基金管理机构垫付抢救费用的，救助基金管理机构在接到公安机关交通管理部门通知后，经核对应当及时向医疗机构垫付抢救费用。

第三十二条　医疗机构应当参照国务院卫生主管部门组织制定的有关临床诊疗指南，抢救、治疗道路交通事故中的受伤人员。

第三十三条　保险公司赔偿保险金或者垫付抢救费用，救助基金管理机构垫付抢救费用，需要向有关部门、医疗机构核实有关情况的，有关部门、医疗机构应当予以配合。

第三十四条　保险公司、救助基金管理机构的工作人员对当事人的个人隐私应当保密。

第三十五条　道路交通事故损害赔偿项目和标准依照有关法律的规定执行。

第四章　罚　　则

第三十六条　未经保监会批准，非法从事机动车交通事故责任强制保险业务的，由保监会予以取缔；构成犯罪的，依法追究刑事责任；尚不构成犯罪的，由保监会没收违法所得，违法所得 20 万元以上的，并处违法所得 1 倍以上 5 倍以下罚款；没有违法所得或者违法所得不足 20 万元的，处 20 万元以上 100 万元以下罚款。

第三十七条　保险公司未经保监会批准从事机动车交通事故责任强制保险业务的，由保监会责令改正，责令退还收取的保险费，没收违法所得，违法所得 10 万元以上的，并处违法所得 1 倍以上 5 倍以下罚款；没有违法所得或者违法所得不足 10 万元的，处 10 万元以上 50 万元以下罚款；逾期不改正或者造成严重后果的，责令停业整顿或者吊销经营保险业务许可证。

第三十八条　保险公司违反本条例规定，有下列行为之一的，由保监会责令改正，处 5 万元以上 30 万元以下罚款；情节严重的，可以限制业务范围、责令停止接受新业务或者吊销经营保险业务许可证：

（一）拒绝或者拖延承保机动车交通事故责任强制保险的；

（二）未按照统一的保险条款和基础保险费率从事机动车交通事故责任强制保险业务的；

（三）未将机动车交通事故责任强制保险业务和其他保险业务分开管理，单独核算的；

（四）强制投保人订立商业保险合同的；

（五）违反规定解除机动车交通事故责任强制保险合同的；

（六）拒不履行约定的赔偿保险金义务的；

（七）未按照规定及时支付或者垫付抢救费用的。

第三十九条 机动车所有人、管理人未按照规定投保机动车交通事故责任强制保险的，由公安机关交通管理部门扣留机动车，通知机动车所有人、管理人依照规定投保，处依照规定投保最低责任限额应缴纳的保险费的2倍罚款。

机动车所有人、管理人依照规定补办机动车交通事故责任强制保险的，应当及时退还机动车。

第四十条 上道路行驶的机动车未放置保险标志的，公安机关交通管理部门应当扣留机动车，通知当事人提供保险标志或者补办相应手续，可以处警告或者20元以上200元以下罚款。

当事人提供保险标志或者补办相应手续的，应当及时退还机动车。

第四十一条 伪造、变造或者使用伪造、变造的保险标志，或者使用其他机动车的保险标志，由公安机关交通管理部门予以收缴，扣留该机动车，处200元以上2 000元以下罚款；构成犯罪的，依法追究刑事责任。

当事人提供相应的合法证明或者补办相应手续的，应当及时退还机动车。

第五章 附 则

第四十二条 本条例下列用语的含义：

（一）投保人，是指与保险公司订立机动车交通事故责任强制保险合同，并按照合同负有支付保险费义务的机动车的所有人、管理人。

（二）被保险人，是指投保人及其允许的合法驾驶人。

（三）抢救费用，是指机动车发生道路交通事故导致人员受伤时，医疗机构参照国务院卫生主管部门组织制定的有关临床诊疗指南，对生命体征不平稳和虽然生命体征平稳但如果不采取处理措施会产生生命危险，或者导致残疾、器官功能障碍，或者导致病程明显延长的受伤人员，采取必要的处理措施所发生的医疗费用。

第四十三条　机动车在道路以外的地方通行时发生事故，造成人身伤亡、财产损失的赔偿，比照适用本条例。

第四十四条　中国人民解放军和中国人民武装警察部队在编机动车参加机动车交通事故责任强制保险的办法，由中国人民解放军和中国人民武装警察部队另行规定。

第四十五条　机动车所有人、管理人自本条例施行之日起 3 个月内投保机动车交通事故责任强制保险；本条例施行前已经投保商业性机动车第三者责任保险的，保险期满，应当投保机动车交通事故责任强制保险。

第四十六条　本条例自 2006 年 7 月 1 日起施行。

国务院关于保险业改革发展的若干意见

（国发〔2006〕23号）

各省、自治区、直辖市人民政府，国务院各部委、各直属机构：

改革开放特别是党的十六大以来，我国保险业改革发展取得了举世瞩目的成就。保险业务快速增长，服务领域不断拓宽，市场体系日益完善，法律法规逐步健全，监管水平不断提高，风险得到有效防范，整体实力明显增强，在促进改革、保障经济、稳定社会、造福人民等方面发挥了重要作用。但是，由于保险业起步晚、基础薄弱、覆盖面不宽，功能和作用发挥不充分，与全面建设小康社会和构建社会主义和谐社会的要求不相适应，与建立完善的社会主义市场经济体制不相适应，与经济全球化、金融一体化和全面对外开放的新形势不相适应。面向未来，保险业发展站在一个新的历史起点上，发展的潜力和空间巨大。为全面贯彻落实科学发展观，明确今后一个时期保险业改革发展的指导思想、目标任务和政策措施，加快保险业改革发展，促进社会主义和谐社会建设，现提出如下意见：

一、充分认识加快保险业改革发展的重要意义

保险具有经济补偿、资金融通和社会管理功能，是市场经济条件下风险管理的基本手段，是金融体系和社会保障体系的重要组成部分，在社会主义和谐社会建设中具有重要作用。

加快保险业改革发展有利于应对灾害事故风险，保障人民生命财产安全和经济稳定运行。我国每年因自然灾害和交通、生产等各类事故造成的人民生命财产损失巨大。由于受体制机制等因素制约，企业和家庭参加保险的比例过低，仅有少部分灾害事故损失能够通过保险获得补偿，既不利于及时恢复生产生活秩序，又增加了政府财政和事务负担。加快保险业改革发展，建立市场化的灾害、事故补偿机制，对完善灾害防范和救助体系，增强全社会抵御风险的能力，促进经济又快又好发展，具有不可替代的重要作用。

加快保险业改革发展有利于完善社会保障体系，满足人民群众多层次的保障需求。我国正处在完善社会主义市场经济体制的关键时期，人口老龄化进程加快，人民生活水平提高，保障需求不断增强。加快保险业改革发展，鼓励和引导人民群众参加商业养老、健康等保险，对完善社会保障体系，提高全社会保障水平，扩大居民消费需求，实现社会稳定与和谐，具有重要的现实意义。

加快保险业改革发展有利于优化金融资源配置，完善社会主义市场经济体制。我国金融体系发展不平衡，间接融资比例过高，影响了金融资源配置效率，不利于金融风险的分散和化解。本世纪头 20 年是我国加快发展的重要战略机遇期，金融在现代经济中的核心作用更为突出。加快保险业改革发展，发挥保险在金融资源配置中的重要作用，促进货币市场、资本市场和保险市场协调发展，对健全金融体系，完善社会主义市场经济体制，具有重要意义。

加快保险业改革发展有利于社会管理和公共服务创新，提高政府行政效能。随着行政管理体制改革的深入，政府必须整合各种社会资源，充分运用市场机制和手段，不断改进社会管理和公共服务。加快保险业改革发展，积极引入保险机制参与社会管理，协调各种利益关系，有效化解社会矛盾和纠纷，推进公共服务创新，对完善社会化经济补偿机制，进一步转变政府职能，提高政府行政效能，具有重要的促进作用。

二、加快保险业改革发展的指导思想、总体目标和主要任务

随着我国经济社会发展水平的提高和社会主义市场经济体制的不断完善，人民群众对保险的认识进一步加深，保险需求日益增强，保险的作用更加突出，发展的基础和条件日趋成熟，加快保险业改革发展成为促进社会主义和谐社会建设的必然要求。

加快保险业改革发展的指导思想是：以邓小平理论和“三个代表”重要思想为指导，坚持以人为本、全面协调可持续的科学发展观，立足改革发展稳定大局，着力解决保险业与经济社会发展和人民生活需求不相适应的矛盾，深化改革，加快发展，做大做强，发展中国特色的保险业，充分发挥保险的经济“助推器”和社会“稳定器”作用，为全面建设小康社会和构建社会主义和谐社会服务。

总体目标是：建设一个市场体系完善、服务领域广泛、经营诚信规范、偿付能力充足、综合竞争力较强，发展速度、质量和效益相统一的现代保险业。围绕这一目标，主要任务是：拓宽保险服务领域，积极发展财产保险、人身保险、再保险和保险中介市场，健全保险市场体系；继续深化体制机制改革，完善公司治理结构，提升对外开放的质量和水平，增强国际竞争力和可持续发展能力；推进自主创新，调整优化结构，转变增长方式，不断提高服务水平；加强保险资金运用管理，提高资金运用水平，为国民经济建设提供资金支持；加强和改善监管，防范化解风险，切实保护被保险人合法权益；完善法规政策，宣传普及保险知识，加快建立保险信用体系，推动诚信建设，营造良好发展环境。

三、积极稳妥推进试点，发展多形式、多渠道的农业保险

认真总结试点经验，研究制定支持政策，探索建立适合我国国情的农业保险发展模式，将农业保险作为支农方式的创新，纳入农业支持保护体系。发挥中央、地方、保险公司、龙头企业、农户等各方面的积极性，发挥农业部门在推动农业保险立法、引导农民投保、协调各方关系、促进农业保险发展等方面的作用，扩大农业保险覆盖面，有步骤地建立多形式经营、多渠道支持的农业保险体系。

明确政策性农业保险的业务范围，并给予政策支持，促进我国农业保险的发展。改变单一、事后财政补助的农业灾害救助模式，逐步建立政策性农业保险与财政补助相结合的农业风险防范与救助机制。探索中央和地方财政对农户投保给予补贴的方式、品种和比例，对保险公司经营的政策性农业保险适当给予经营管理费补贴，逐步建立农业保险发展的长效机制。完善多层次的农业巨灾风险转移分担机制，探索建立中央、地方财政支持的农业再保险体系。

探索发展相互制、合作制等多种形式的农业保险组织。鼓励龙头企业资助农户参加农业保险。支持保险公司开发保障适度、保费低廉、保单通俗的农业保险产品，建立适合农业保险的服务网络和销售渠道。支持农业保险公司开办特色农业和其他涉农保险业务，提高农业保险服务水平。

四、统筹发展城乡商业养老保险和健康保险，完善多层次社会保障体系

适应完善社会主义市场经济体制和建设社会主义新农村的新形势，大力发展商业养老保险和健康保险等人身保险业务，满足城乡人民群众的保险保障需求。

积极发展个人、团体养老等保险业务。鼓励和支持有条件的企业通过商业保险建立多层次的养老保障计划，提高员工保障水平。充分发挥保险机构在精算、投资、账户管理、养老金支付等方面的专业优势，积极参与企业年金业务，拓展补充养老保险服务领域。大力推动健康保险发展，支持相关保险机构投资医疗机构。努力发展适合农民的商业养老保险、健康保险和意外伤害保险。建立节育手术保险和农村计划生育家庭养老保险制度。积极探索保险机构参与新型农村合作医疗管理的有效方式，推动新型农村合作医疗的健康发展。

五、大力发展责任保险，健全安全生产保障和突发事件应急机制

充分发挥保险在防损减灾和灾害事故处置中的重要作用，将保险纳入灾害事故防范救助体系。不断提高保险机构风险管理能力，利用保险事前防范与事后补偿相统一的机制，充分发挥保险费率杠杆的激励约束作用，强化事前风险防范，减少灾害事故发生，促进安全生产和突发事件应急管理。

采取市场运作、政策引导、政府推动、立法强制等方式，发展安全生产责任、建筑工程责任、产品责任、公众责任、执业责任、董事责任、环境污染责任等保险业务。在煤炭开采等行业推行强制责任保险试点，取得经验后逐步在高危行业、公众聚集场所、境内外旅游等方面推广。完善高危行业安全生产风险抵押金制度，探索通过专业保险公司进行规范管理和运作。进一步完善机动车交通事故责任强制保险制度。通过试点，建立统一的医疗责任保险。推动保险业参与

"平安建设"。

六、推进自主创新，提升服务水平

健全以保险企业为主体、以市场需求为导向、引进与自主创新相结合的保险创新机制。发展航空航天、生物医药等高科技保险，为自主创新提供风险保障。稳步发展住房、汽车等消费信贷保证保险，促进消费增长。积极推进建筑工程、项目融资等领域的保险业务。支持发展出口信用保险，促进对外贸易和投资。努力开发满足不同层次、不同职业、不同地区人民群众需求的各类财产、人身保险产品，优化产品结构，拓宽服务领域。

运用现代信息技术，提高保险产品科技含量，发展网上保险等新的服务方式，全面提升服务水平。提高保险精算水平，科学厘定保险费率。大力推进条款通俗化和服务标准化。加强保险营销员教育培训，提升营销服务水平。发挥保险中介机构在承保理赔、风险管理和产品开发方面的积极作用，提供更加专业和便捷的保险服务。加快发展再保险，促进再保险市场和直接保险市场协调发展。统筹保险业区域发展，提高少数民族地区和欠发达地区保险服务水平。

鼓励发展商业养老保险、健康保险、责任保险等专业保险公司。支持具备条件的保险公司通过重组、并购等方式，发展成为具有国际竞争力的保险控股（集团）公司。稳步推进保险公司综合经营试点，探索保险业与银行业、证券业更广领域和更深层次的合作，提供多元化和综合性的金融保险服务。

七、提高保险资金运用水平，支持国民经济建设

深化保险资金运用体制改革，推进保险资金专业化、规范化、市场化运作，提高保险资金运用水平。建立有效的风险控制和预警机制，实行全面风险管理，确保资产安全。

保险资产管理公司要树立长期投资理念，按照安全性、流动性和收益性相统一的要求，切实管好保险资产。允许符合条件的保险资产管理公司逐步扩大资产管理范围。探索保险资金独立托管机制。

在风险可控的前提下，鼓励保险资金直接或间接投资资本市场，逐步提高投资比例，稳步扩大保险资金投资资产证券化产品的规模和品种，开展保险资金投资不动产和创业投资企业试点。支持保险资金参股商业银行。支持保险资金境外投资。根据国民经济发展的需求，不断拓宽保险资金运用的渠道和范围，充分发挥保险资金长期性和稳定性的优势，为国民经济建设提供资金支持。

八、深化体制改革、提高开放水平，增强可持续发展能力

进一步完善保险公司治理结构，规范股东会、董事会、监事会和经营管理者的权责，形成权力机构、决策机构、监督机构和经营管理者之间的制衡机制。加强内控制度建设和风险管理，强化法人机构管控责任，完善和落实保险经营责任追究制。转换经营机制，建立科学的考评体系，探索规范的股权、期权等激励机制。实施人才兴业战略，深化人才体制改革，优化人才结构，建立一支高素质人才队伍。

统筹国内发展与对外开放，充分利用两个市场、两种资源，增强保险业在全面对外开放条件下的竞争能力和发展能力。认真履行加入世贸组织承诺，促进中外资保险公司优势互补、合作共赢、共同发展。支持具备条件的境内保险公司在境外设立营业机构，为“走出去”战略提供保险服务。广泛开展国际保险交流，积极参与制定国际保险规则。强化与境外特别是周边国家和地区保险监管机构的合作，加强跨境保险业务监管。

九、加强和改善监管，防范化解风险

坚持把防范风险作为保险业健康发展的生命线，不断完善以偿付能力、公司治理结构和市场行为监管为支柱的现代保险监管制度。加强偿付能力监管，建立动态偿付能力监管指标体系，健全精算制度，统一财务统计口径和绩效评估标准。参照国际惯例，研究制定符合保险业特点的财务会计制度，保证财务数据真实、及时、透明，提高偿付能力监管的科学性和约束力。深入推进保险公司治理结构监管，规范关联交易，加强信息披露，提高透明度。强化市场行为监管，改进现场、非现场检查，严厉查处保险经营中的违法违规行为，提高市场行为监管的针对性和有效性。

按照高标准、规范化的要求，严格保险市场准入，建立市场化退出机制。实施分类监管，扶优限劣。健全保险业资本补充机制。完善保险保障基金制度，逐步实现市场化、专业化运作。建立和完善保险监管信息系统，提高监管效率。

规范行业自保、互助合作保险等保险组织形式，整顿规范行业或企业自办保险行为，并统一纳入保险监管。研究并逐步实施对保险控股（集团）公司并表监管。健全保险业与其他金融行业之间的监管协调机制，防范金融风险跨行业传递，维护国家经济金融安全。

加快保险信用体系建设，培育保险诚信文化。加强从业人员诚信教育，强化失信惩戒机制，切实解决误导和理赔难等问题。加强保险行业自律组织建设。建立保险纠纷快速处理机制，切实保护被保险人合法权益。

十、进一步完善法规政策，营造良好发展环境

加快保险业改革发展，既要坚持发挥市场在资源配置中的基础性作用，又要加强政府宏观调控和政策引导，加大政策支持力度。根据不同险种的性质，按照区别对待的原则，探索对涉及国计民生的政策性保险业务给予适当的税收优惠，鼓励人民群众和企业积极参加保险。立足我国国情，结合税制改革，完善促进保险业发展的税收政策。不断完善保险营销员从业和权益保障的政策措施。建立国家财政支持的巨灾风险保险体系。修改完善保险法，加快推进农业保险法律法规建设，研究推动商业养老、健康保险和责任保险以及保险资产管理等方面的立法工作，健全保险法规规章体系。将保险教育纳入中小学课程，发挥新闻媒体的正面宣传和引导作用，普及保险知识，提高全民风险和保险意识。

各地区、各部门要充分认识加快保险业改革发展的重要意义，加强沟通协调和配合，努力做到学保险、懂保险、用保险，提高运用保险机制促进社会主义和谐社会建设的能力和水平。要将保险业纳入地方或行业的发展规划统筹考虑，认真落实各项法规政策，为保险业改革发展创造良好环境。要坚持依法行政，切实维护保险企业的经营自主权及其他合法权益。保监会要不断提高引领保险业发展和防范风险的能力和水平，认真履行职责，加强分类指导，推动政策落实。通过全社会的共同努力，实现保险业又快又好发展，促进社会主义和谐社会建设。

国务院
二〇〇六年六月十五日

上海市财产保险公司车险理赔服务承诺

（二〇〇七年十一月一日）

第一条 设立24小时报案专线电话，并提供实时服务。

第二条 查勘、定损人员实行挂牌服务。接报案后15分钟内与客户联系，商定查勘事宜。在工作日约定到达查勘现场的时间不得超过2小时（限上海市行政区域内）。

第三条 不得指定汽车修理厂（店）。可根据客户要求推荐汽修厂（店）供客户选择，并协助客户对修理价格、质量、工期进行监督。

第四条 在查勘时，告知客户索赔流程，明确需递交的索赔单证。

第五条 设立理赔进展查询电话或查询网址，接受监督。

第六条 索赔单证齐全，对索赔金额双方达成一致的：仅涉及车损的赔案，5日内支付赔款（节假日顺延）；涉及人伤的赔案，10日内支付赔款。

第七条 公布公司投诉专用电话，对客户书面投诉的，应在7个工作日内给予书面答复。

第八条 对未履行理赔服务承诺，由同业公会组织核实，按行业车险自律公约实施细则的规定处理，并在同业公会的网站上公开处理结果，接受社会监督。

上海市交强险与交通违法相联系的费率浮动标准

一、交强险与交通违法相联系的费率浮动标准

（一）上一个年度无交通违法行为记录，续保时费率下浮 10%；上两个年度无交通违法记录，续保时费率下浮 20%；连续三年或三年以上无交通违法记录，续保时费率下浮 40%。

（二）上一个年度有交通违法记录，费率按下列表中所列标准上浮。

	内容	费率系数
1	超速超过 50% 以上的	+20%/次
2	超速未达 50%（含）的	+10%/次
3	违反交通信号灯指示通行的	+20%/次
4	逆向行驶的	+20%/次
5	货车载物超过核定载重量 30% 以上的	+10%/次
6	公路客车载客超过核定载客人数 20% 以上的	+10%/次
7	车辆未经定期检验合格继续使用的	+10%/次
8	驾驶时拨打或接听手持电话的	+10%/次
9	违反让行规定的	+10%/次
10	变更车道影响他人行车安全的	+10%/次
11	饮酒后驾驶机动车的、饮酒后驾驶营运机动车的	+10%/次
12	其他交通违法 10 次（含）以上的（不包括上述 11 项违法行为和不纳入交强险费率浮动范围的交通违法行为）	+10%/次
上一年度费率调整系数累加上限为 60%		

注：不纳入交强险费率浮动范围的交通违法行为详见附表。

（三）上一个年度有交通违法记录，续保时费率不下浮。

二、其他情况的交强险费率标准

当年初次登记的新车、当年所有权变更登记的在用车，按国家规定的基准费率投保。摩托车、拖拉机，不再进行费率浮动，按国家规定的基准费率投保。

三、交强险费率浮动计算公式

交强险保费＝基准费率×（1±费率系数）

四、本公告中的基准费率是指国家公布的各种不同使用性质的机动车辆交强险费率；计算公式中的费率系数等于2007年7月1日全国统一实行的交通事故相联系的浮动系数加上调整后的与交通违法记录相联系的浮动系数。

五、本市自2008年4月1日零时起，实施调整后的交强险费率与交通违法记录相联系的浮动标准。

六、如今后国家对费率浮动办法另有规定，执行国家规定。

中国保监会上海监管局
上 海 市 公 安 局

附表：

不纳入交强险费率浮动范围的交通违法行为

序号	违法行为
1	未取得驾驶证驾驶机动车的
2	把机动车交给未取得机动车驾驶证的人驾驶的
3	非法安装报警器的
4	非法安装标志灯具的
5	驾驶证丢失期间仍驾驶机动车的
6	驾驶证损毁期间仍驾驶机动车的

续表

序号	违法行为
7	不按规定投保交强险的
8	遇前方机动车停车排队等候或者缓慢行驶时，在人行横道、网状线区域内停车等候的
9	在禁止鸣喇叭的区域或者路段鸣喇叭的
10	特种车辆违反规定使用警报器
11	特种车辆违反规定使用标志灯具的
12	上道路行驶的机动车未放置检验合格标志的
13	逾期3个月未缴纳罚款的
14	连续两次逾期未缴纳罚款的
15	上道路行驶的机动车未放置保险标志的
16	未随车携带行驶证的
17	醉酒后驾驶机动车的、醉酒后驾驶营运机动车的
18	驾驶人未按规定使用安全带的
19	驾驶与驾驶证载明的准驾车型不相符合的车辆的

上海市公安局关于《上海市机动车物损交通事故当事人自撤现场、自行协商处理暂行办法》的通知

各公安分局、县公安局，市局有关单位，有关公安处（局）；各财产保险公司上海分公司：

现将市公安局、中国保险监督管理委员会上海监管局（以下简称“上海保监局”）制定的《上海市机动车物损交通事故当事人自撤现场、自行协商处理暂行办法》印发给你们，请结合各自实际，认真贯彻执行并广泛宣传。执行中如遇问题，请及时与市公安局交警总队、上海保监局联系。

特此通知。

上海市公安局

二〇〇七年十二月二十六日

上海市机动车物损交通事故当事人自撤现场、自行协商处理暂行办法

第一条 为提高本市道路通行效率，最大限度减少交通事故对道路交通的影响，鼓励交通事故当事人自撤现场、自行协商处理，根据《中华人民共和国道路交通安全法》、《机动车交通事故责任强制保险条例》等有关法律法规的规定，制定本办法。

第二条 本办法适用于在本市境内发生的没有人员伤亡，仅造成财产损失的机动车之间碰撞的交通事故（含非道路交通事故）。

机动车持外省市保险公司签发的强制保险和商业保险凭证的，不适用本办法。

第三条　机动车发生碰撞交通事故，仅造成财产损失的，只要车辆能够移动，当事人应当按照《中华人民共和国道路交通安全法》第七十条规定迅速撤离事故现场，在不影响道路交通的地点或场所自行协商处理。

有下列情形之一的，应保护现场并立即报警：

（一）机动车无号牌、无检验合格标志、无保险标志的；

（二）驾驶人无有效机动车驾驶证的；

（三）驾驶人饮酒、服用国家管制的精神药品或者麻醉药品的；

（四）当事人不能自行移动车辆的；

（五）碰撞建筑物、公共设施或者其他设施的。

第四条　本市将在自愿提供场所的相关企业中，设立“交通事故保险快速理赔服务中心”（以下简称“服务中心”），实行交通事故保险理赔“一站式”服务。“服务中心”的设立，应及时向社会公布，保险理赔手续必须方便群众，满足社会需求。

上海市保险同业公会在征得本市财产保险公司意见的基础上，可组织各财产保险公司向“服务中心”派驻保险理赔人员，办理当事人自撤现场、自行协商处理的交通事故保险理赔相关事宜，并负责“服务中心”的日常管理工作。

“服务中心”所在地的公安交通管理部门，应当给予“服务中心”必要的支持，设立指路标牌，维护周边道路交通秩序，派驻事故处理民警，协助、配合保险公司做好保险理赔服务。

第五条　当事人发生符合本规定自行协商的物损交通事故，需要向保险公司索赔的，应当在撤离现场后立即用电话向保险公司报案，在不影响交通的地方填写有记录交通事故事实及相关内容的《上海市机动车物损交通事故记录书》（以下简称《记录书》，详见附件）。

交通事故当事人可选择共同将事故车辆就近驶至“服务中心”办理保险理赔手续，也可选择在不影响交通的地方等候保险公司勘验、定损及协商保险理赔事项。

第六条 为防止撤离现场后对事故事实部分产生歧义，当事人在条件许可的情况下，可用摄、录像或者其他方法固定车辆位置、车辆号牌及事故损失证据，在《记录书》上记录当事人的基本情况、事故发生情形、标明车辆碰撞点和事故现场草图，并由当事各方签名予以确定。

第七条 夜间22时至次日凌晨6时时间段内发生属于自行协商处理的物损交通事故，按本规定第五条前款方法处理并立即报警。执勤民警接报警后，应认真勘察碰撞痕迹，辨别事故真伪，查验交通事故当事人的有关证件，确认无误后开具《事故认定书》。《事故认定书》仅记录当事人的基本情况和事故事实部分，作为当事人向保险公司保险索赔的凭证。

第八条 交通事故当事人在“服务中心”办理保险索赔的，应向保险公司提供驾驶证、行驶证、保险凭证、《记录书》及相关证据材料。保险公司受理后，可依据《记录书》记载的事实和保险合同，确定赔偿责任，并同时对受损车辆进行勘验和定损，根据“交强险”和“商业保险”合同在赔偿责任限额内与当事人具体协商赔偿方式。

一方故意不处理或拖延处理赔偿事宜的，其他方当事人可以向人民法院提起民事诉讼。

第九条 当事人对保险公司的定损不认可的，可在车辆未修理之前向交通事故财产损失评估机构申请评估。交通事故当事人或者保险公司对评估机构的评估结论不认可的，可依法申请仲裁或者向人民法院提起诉讼。

第十条 经核定，交通事故造成对方财产损失在交强险责任限额以内的，保险公司可依法在财产损失赔偿限额以及无责任的赔偿限额内予以赔偿；交通事故造成对方财产损失超过交强险责任限额、且当事方按自行协商方式处理的，可凭《记录书》及相关单证向保险公司索赔，需要公安交通管理部门出具《事故认定书》的，当事人可持《记录书》及相关证件，到“服务中心”设立的警务室申请办理。

造成对方财产损失超过交强险责任限额的交通事故，其超出部分：当事人投保商业保险的，根据当事人在事故中的责任由保险公司在保险责任范围按比例承担赔偿；当事人没有投保商业保险的，由当事人本人按事故责任比例承担赔偿。

第十一条　机动车物损交通事故赔偿权利人和义务人一致请求公安机关交通管理部门调解的，可持《事故认定书》和评估机构的《物损评估意见书》，向“服务中心”的警务室事故处理民警提出书面调解申请。

第十二条　事故车辆的修理，由交通事故当事人或投保人自行选择决定，任何单位和个人不得强迫或指定修理。

第十三条　当事人发生符合自撤现场、自行协商处理条件的物损交通事故，不及时主动撤离现场的，执勤民警应责令其撤离，并采取强制措施，扣留机动车、驾驶证，移交事故处理部门处理，对当事人的交通违法行为按上限处罚及记分；对故意堵塞交通，扰乱秩序，造成严重交通堵塞的，按照《中华人民共和国治安处罚法》的有关规定处罚。

第十四条　各财产保险公司应将被保险车辆、人员及第三方的保险理赔信息及时传送“上海市机动车联合信息平台”，对有责事故依法实施强制保险费率浮动。“上海市机动车联合信息平台”应当设置必要的预警系统，对发现有故意肇事或制造虚假交通事故骗取保险金嫌疑的，应及时报送公安机关予以立案侦查。

凡被公安机关立案查处的保险诈骗案件的涉案人员以及保险、评估机构等勾结不法人员骗取保险金的执业人员，其相关信息录入保险失信档案管理信息系统，并纳入上海市社会联合征信系统；构成犯罪的，依法追究刑事责任。

第十五条　机动车驾驶员驾驶车辆时，应当备有或携带《记录书》。《记录书》由保险公司、保险代理机构及“服务中心”免费向投保人及交通事故当事人提供。

第十六条　发生三方或三方以上车辆的物损交通事故，凡基本事实清楚并符合撤离事故现场规定的，可以参照本办法自行协商处理，填写《记录书》，事故损失的核定及赔偿方法，按本办法第八、九、十条规定进行。

第十七条 本办法与法律法规有不一致的，按法律法规的规定执行。

第十八条 本办法由上海市公安局交通警察总队和中国保险监督管理委员会上海监管局共同负责解释。

第十九条 本办法自2008年4月1日起施行，《上海市机动车互碰物损交通事故自撤现场的赔偿处理办法（试行）》同时废止。

上海市高级人民法院关于下发《关于审理道路交通事故损害赔偿案件若干问题的解答》的通知

沪高法民一〔2005〕21号

第一、二中级人民法院民一庭，区县法院民一庭，浦东新区法院、黄浦法院民四庭，宝山法院速裁庭，各人民法庭：

《中华人民共和国道路交通安全法》颁布实施以来，道路交通事故损害赔偿案件的法律适用出现了诸多新问题。为及时规范道路交通事故损害赔偿案件的法律适用，我们归纳了相关问题，提出一些规范性意见，供各法院民事法官参照适用。适用中如有问题，请及时向高院民一庭反映。

二〇〇五年十二月三十一日

关于审理道路交通事故损害赔偿案件若干问题的解答

一、在道路交通事故纠纷中，保险公司的责任性质与诉讼地位如何确定？

答：保险公司在交通事故损害赔偿纠纷中的责任性质，司法实践中存在垫付与直接责任的争议。至于其诉讼地位，当前司法实践亦做法不一（列为共同被告、列为第三人、不参加诉讼等做法均存在）。

我们认为，保险公司承担的是保险金的赔付责任，故保险合同外第三人无权以保险公司为被告诉请赔付保险金，保险公司的诉讼地位以第三人为宜。理由如下：道路交通事故仅系保险合同的理赔事由，故保险公司承担的是保险合同责任。因此，保险公司的诉讼地位取决于请求方是否享有保险金之赔付请求权。保险金赔付请求权系基于保险法与保险合同产生，如法律规范与保险合同均未规定另外受益人，被保险人应为当然且唯一的保险金请求权人，他人无权直接向保险公司请求给付保险金，只能从被保险人处间接获得；第三者责任保险亦不例外。《保险法》第五十条第一款规定："保险人对责任保险的被保险人给第三者造成的损害，可以依照法律的规定或者合同的约定，直接向该第三者赔偿保险金。"故保险公司依此规定，可直接向第三者给付保险金，但该条款并未授予第三者直接向保险公司请求给付的权利。综观《道路交通安全法》第七十五条、第七十六条文意，亦只是规定保险公司应于保险责任范围之内承担赔偿责任，并未赋予第三者就保险金的赔付请求权。且我国目前的机动车第三者责任保险合同并无直接赔付保险金于受害第三者的规定；故除涉案保险合同另有特别约定外，受害第三者并无直接向保险人请求给付保险金的权利。鉴于机动车辆第三者责任保险的性质，系被保险人转嫁其赔偿风险的险种，故保险人保险金的赔付应建立在被保险人事故责任比例大小和应负赔偿责任多少的基础之上。交通事故损害赔偿纠纷的处理结果与保险公司具有利害关系。为防止第三者与被保险人恶意串通，保障保险公司的合法权益，保险公司可经申请或由人民法院通知作为第三人参加诉讼。

若起诉时，赔偿权利人已将保险公司作为被告之一或者第三人的，将保险公司相应列为被告或者第三人；若赔偿权利人仅起诉保险公司的，则应当追加机动车一方作为被告参加诉讼。

二、在交通事故损害赔偿案件中，当事人诉求《最高人民法院关于审理人身损害赔偿案件适用法律若干问题的解释》第十七条未涉及的费用，如受损交通工具修理期间另行租车费用、租用拐杖等康复工具的费用、为处理事故产生的费用（如交通费、误工费、取证费、律师费等）等，应如何处理?

答：在相关赔偿责任确立后，如何正确把握赔偿范围，是侵权赔偿的司法难点之一。我们认为，可诉求赔偿的损失包括直接损失和间接损失（可得利益损失）。根据现有法律规范、最高院司法解释精神和司法实践经验，对由事故引起的人身、财产损失均应适用全部赔偿原则，即赔偿范围依据损失范围合理规定，考量当事人提出的损失是否已实际发生，且为必须合理。

如当事人请求受损交通工具修理期间另行租车费用的，可以从未发生交通事故前，当事人使用车辆是否必要、合理（如其是否是车辆的实际所有人、使用车辆的目的、车辆的用途、是否已支出租车费用等为标准）来判断当事人是否发生另行租车的损失。若当事人确需另行租车，且有租车事实，就其租车发生的损失的赔偿标准应参照租赁公司出租一般普通型车辆的费用，赔偿的期间应等同或短于从事故发生之日起至车辆修复完毕应从修理厂提取之日止的期间。

当事人请求赔偿为处理事故产生的费用（如交通费、误工费、取证费、律师费等）的，若该费用已实际发生，且为必须合理，可予支持。

三、对于有劳动能力的当事人未提供因误工而实际减少的收入证明，对其误工费用是否应予以支持?

答：就此问题，司法实践中存在以举证不能为由、驳回当事人相应诉请的做法。我们认为，可在依法释明后，参照目前公布的本市职工最低工资标准确定其误工费用。其理由为：据日常经验法则可知，劳动收入是有劳动能力的当事人的主要生活来源，交通事故在客观上将导致其收入的实际减少。此外，当事人未提供误工证明，往往存在相应的客观原因，如用工单位出于利益关系不愿出具相关证明等。如经释明，当事人仍未就其误工减少的收入提供相应证据的，可视为其就诉请举证不能，不能按其诉请支持其误工损失。但是如当事人能提供证据证明其所具体从事的行业的，可按照行业标准计算其误工费用；如当事人既不能举证证明其收入状况，又不能提供证据证明其具体行业的，可比照下岗失业人员、无业人员等人员，参照目前公布的本市职工最低工资标准确定其误工费用。

四、不同残疾辅助用具配制机构生产的相同型号的残疾辅助器具费（均为普及型）价格悬殊，应据何标准确定赔偿数额？

答：依据《最高人民法院关于审理人身损害赔偿案件适用法律若干问题的解释》第二十六条的规定，残疾辅助器具按照普通适用器具的合理费用标准计算。司法实践中，原告要求配备或已实际安装的残疾辅助器，往往同被告提供的残疾辅助器具分属不同厂商且价格差异明显。我们认为，据相关司法解释“普通适用”的文意可知，可得求偿的残疾辅助器具需符合为受害人所必需、对受害人的功能确实起补充作用，且该用具系恢复功能性用具，并能维持基本生活要求（有助于从事生产劳动，有助于恢复性、回归性社交），符合稳定性和安全性要求等标准。对于原告起诉时已经安装的残疾辅助器具，可依其已实际支付的费用确定赔偿数额；对于尚未安装的残疾辅助器具或者虽已安装但今后需要更换的残疾辅助器具，应据具体案情依法向残疾辅助器具的配制机构询价，该询价结论经依法质证后可作为确定相关赔偿数额的依据。

五、在残疾辅助器具的配制机构没有出具辅助器具的赔偿期限下，辅助器具的赔偿期限如何确定？

答：在残疾辅助器具的配制机构没有出具辅助器具的赔偿期限意见的情况下，司法实践有参照立案时上海市人口平均寿命（男子77周岁，女子81周岁）予以赔偿的做法。我们认为，依据《最高人民法院关于审理人身损害赔偿案件适用法律若干问题的解释》第三十二条的规定，残疾辅助器具的赔偿期限应参照护理费的赔偿期限确定。即：残疾辅助器具的赔偿期限根据受害者的年龄、健康状况等因素确定，但最长不超过二十年。超过确定年限后，赔偿权利人向人民法院起诉请求继续给付残疾辅助器具费用的，经法院审理查明，赔偿权利人确需继续配制辅助器具的，法院应当判令赔偿义务人继续给付残疾辅助器具费用五至十年。

六、赔偿权利人为外籍人或港、澳、台同胞，误工费、被抚养人生活费、残疾赔偿金或死亡赔偿金依何标准计算?

答：司法实践中有适用受诉法院所在地的赔偿标准的观点，亦有按赔偿权利人住所地标准的做法。我们认为，《最高人民法院关于人身损害赔偿案件适用法律若干问题的解释》出于填平受害人损失的考虑，规定在赔偿权利人确有证据证明其住所地或经常居住地的标准高于受诉法院所在地的前提下，可以按照其住所地或经常居住地的标准。但是，鉴于我国目前尚属于发展中国家，与发达国家和地区在人均可支配收入、人均消费性支付等方面均存在很大的差距，如果按解释中确定的原则进行处理，由于我国的赔偿义务人负担能力有限，即使考虑其经济能力，也可能出现外国或港澳台地区赔偿权利人的利益得不到实际保护的情形，也会使法院的判决成为一纸空文。故在确定赔偿标准时，仍以参照受诉法院所在地标准为宜。

关于印发《机动车交通事故责任强制保险费率浮动暂行办法》的通知

保监发〔2007〕52号

各中资财产保险公司，各保监局，中国保险行业协会：

根据《机动车交通事故责任强制保险条例》第八条的规定，我会会同国务院公安部门经广泛征求意见，制定了《机动车交通事故责任强制保险费率浮动暂行办法》（以下简称《暂行办法》）。现印发给你们，请遵照执行，并就有关问题通知如下：

一、2007年7月1日起，在全国范围内统一实行机动车交通事故责任强制保险（以下简称交强险）费率浮动与道路交通事故相联系，暂不在全国范围内统一实行与道路交通安全违法行为相联系。按《机动车交通事故责任强制保险条例》第九条的规定精神，保监会将会同国务院公安部门逐步推进机动车联合信息平台建设。在有条件地区，可以探索通过相互报盘、简易查询、信息平台等多种方式实现公安部门和保险行业数据交换。

二、实行交强险费率浮动机制有利于促使驾驶人提高道路交通安全意识和守法意识，有利于预防和减少道路交通事故的发生。各从事交强险业务的保险公司（以下简称各保险公司）要高度重视《暂行办法》实施工作，切实做好业务系统的修改、调试等各项准备工作，确保按时顺利实现交强险费率浮动机制。

三、各保险公司应督促各分支机构严格执行《暂行办法》的各项规定，严禁通过违规批单退费、虚列营业费用等各种方式变相提高或降低交强险费率。

四、各保监局要加大对辖区内各保险公司的监管力度，对不严格执行交强险条款、费率、不按照《暂行办法》进行交强险费率浮动等违规行为严加查处。

五、中国保险行业协会要根据《暂行办法》规定，及时组织修订并下发《机动车交通事故责任强制保险承保、理赔实务规程要点》，同时，要组织各有关保险公司加快交强险信息共享机制建设。

附件：《机动车交通事故责任强制保险费率浮动暂行办法》

二〇〇七年六月二十七日

附件：

机动车交通事故责任强制保险费率浮动暂行办法

一、根据国务院《机动车交通事故责任强制保险条例》第八条的有关规定，制定本办法。

二、从 2007 年 7 月 1 日起签发的机动车交通事故责任强制保险（以下简称交强险）保单，按照本办法，实行交强险费率与道路交通事故相联系浮动。

三、交强险费率浮动因素及比率如下：

浮动因素			浮动比率
与道路交通事故相联系的浮动 A	A1	上一个年度未发生有责任道路交通事故	-10%
	A2	上两个年度未发生有责任道路交通事故	-20%
	A3	上三个及以上年度未发生有责任道路交通事故	-30%
	A4	上一个年度发生一次有责任不涉及死亡的道路交通事故	0%
	A5	上一个年度发生两次及两次以上有责任道路交通事故	10%
	A6	上一个年度发生有责任道路交通死亡事故	30%

四、交强险最终保险费计算方法是：交强险最终保险费 = 交强险基础保险费 ×（1 + 与道路交通事故相联系的浮动比率 A）

五、交强险基础保险费根据中国保监会批复中国保险行业协会《关于中国保险行业协会制定机动交通事故责任强制保险行业协会条款费率的批复》（保监产险〔2006〕638 号）执行。

六、交强险费率浮动标准根据被保险机动车所发生的道路交通事故计算。摩托车和拖拉机暂不浮动。

七、与道路交通事故相联系的浮动比率 A 为 A1 至 A6 其中之一，不累加。同时满足多个浮动因素的，按照向上浮动或者向下浮动比率的高者计算。

八、仅发生无责任道路交通事故的，交强险费率仍可享受向下浮动。

九、浮动因素计算区间为上期保单出单日至本期保单出单日之间。

十、与道路交通事故相联系浮动时，应根据上年度交强险已赔付的赔案浮动。上年度发生赔案但还未赔付的，本期交强险费率不浮动，直至赔付后的下一年度交强险费率向上浮动。

十一、几种特殊情况的交强险费率浮动方法

（一）首次投保交强险的机动车费率不浮动。

（二）在保险期限内，被保险机动车所有权转移，应当办理交强险合同变更手续，且交强险费率不浮动。

（三）机动车临时上道路行驶或境外机动车临时入境投保短期交强险的，交强险费率不浮动。其他投保短期交强险的情况下，根据交强险短期基准保险费并按照上述标准浮动。

（四）被保险机动车经公安机关证实丢失后追回的，根据投保人提供的公安机关证明，在丢失期间发生道路交通事故的，交强险费率不向上浮动。

（五）机动车上一期交强险保单满期后未及时续保的，浮动因素计算区间仍为上期保单出单日至本期保单出单日之间。

（六）在全国车险信息平台联网或全国信息交换前，机动车跨省变更投保地时，如投保人能提供相关证明文件的，可享受交强险费率向下浮动。不能提供的，交强险费率不浮动。

十二、交强险保单出单日距离保单起期最长不能超过三个月。

十三、除投保人明确表示不需要的，保险公司应当在完成保险费计算后、出具保险单以前，向投保人出具《机动车交通事故责任强制保险费率浮动告知书》（附件），经投保人签章确认后，再出具交强险保单、保险标志。投保人有异议的，应告知其有关道路交通事故的查询方式。

十四、已经建立车险联合信息平台的地区，通过车险联合信息平台实现交强险费率浮动。除当地保险监管部门认可的特殊情形以外，《机动车交通事故责任强制保险费率浮动告知书》和交强险保单必须通过车险信息平台出具。

未建立车险信息平台的地区，通过保险公司之间相互报盘、简易理赔共享查询系统或者手工方式等，实现交强险费率浮动。

十五、本办法适用于从 2007 年 7 月 1 日起签发的交强险保单。2007 年 7 月 1 日前已签发的交强险保单不适用本办法。

附件：机动车交通事故责任强制保险费率浮动告知单

附件：

机动车交通事故责任强制保险费率浮动告知单

尊敬的投保人：

您的机动车投保基本信息如下：

车牌号码：　　　　　　　　　号牌种类：

发动机号：　　　　　　　　　识别代码（车架号）：

浮动因素计算区间：　　　　年　　月　　日零时至　　　　年月　　日二十四时

根据中国保险监督管理委员会批准的机动车交通事故责任强制保险（以下简称交强险）费率，您的机动车交强险基础保险费是：人民币　元。

您的机动车从上年度投保以来至今，发生的有责任道路交通事故记录如下：

序号	赔付时间	是否造成受害人死亡

或者：您的机动车在上　个年度内未发生道路交通事故。

根据中国保险监督管理委员会公布的《机动车交通事故责任强制保险费率浮动暂行办法》，与道路交通事故相联系的费率浮动比率为：　　　　%。

交强险最终保险费 = 交强险基础保险费 ×（1 + 与道路交通事故相联系的浮动比率）

本次投保的应交保险费：人民币　　　　元（大写：　　　　）

以上告知，如无异议，请您签字（签章）确认。

投保人签字（盖章）：________________

日期：________年____月____日

中国保险监督管理委员会、国家旅游局关于进一步做好旅游保险工作的意见

（保监发〔2006〕69 号）

各保监局、各省、自治区、直辖市旅游局（委）：

党的十六届五中全会把安全发展重要理念纳入我国社会主义现代化建设的总体战略之中，这是树立和落实科学发展观，构建社会主义和谐社会的根本要求。旅游保险是实现旅游安全发展的重要保障，也是保险业发展的重要领域。现就进一步做好旅游保险工作提出如下意见。

一、进一步做好旅游保险工作的必要性

近年来，我国旅游业快速发展，旅游人数规模巨大，旅游各环节中的自然灾害、意外事故、法律风险和违约责任等风险日益突出。各级旅游行政管理部门和旅游经营单位为消除安全隐患，做了大量卓有成效的工作；保险业充分发挥经济补偿和辅助管理职能，努力保障广大游客及旅游经营者的合法权益，总体上保证了旅游业安全有序发展。但与旅游业需要相比，旅游保险的发展还存在一些问题，主要表现在：游客和旅游经营者的风险意识普遍不足，旅游保险投保率不高；旅游保险机制不健全，市场竞争不规范；旅游产品不丰富，服务水平有待提高。因此，深入做好旅游保险工作，是保险监管部门和旅游行政管理部门一项紧迫而艰巨的任务。

二、旅游保险工作的指导原则和工作目标

（一）指导原则。以邓小平理论和“三个代表”重要思想为指导，树立和落实科学发展观，坚持以人为本、改革创新、重点突破，积极推进“旅保合作”。旅游企业要转变观念，提高风险意识，充分

利用保险等经济杠杆，化解旅游安全风险，处理旅游安全事务。要发挥市场机制的作用，调动各方面的积极性，健全旅游保险体系，强化旅游保险功能，增强旅游行业抵御风险的能力，为旅游业和保险业健康发展创造安全环境，最大限度地保障游客和旅游经营者的合法权益。

（二）工作目标。“十一五”期间，要逐步建立起符合现代旅游业发展需要的旅游保险制度，初步形成“政府引导、市场运作”的旅游保险发展机制。到 2010 年，力争实现旅游保险产品相对完备，旅游保险服务规范到位，“旅保合作”机制相对完善，旅游企业风险管理水平显著增强，游客和旅游经营者投保积极性普遍提高，旅游保险覆盖面明显扩大，各类投保率明显上升。

三、创新旅游保险工作机制

（一）建立“旅保合作”工作制度。保险监管部门和旅游行政管理部门要加强协调与合作，建立数据共享、信息互报和定期沟通的工作制度，共同推进旅游保险工作发展。“旅保合作”的重点内容：一是加强对旅游保险工作的领导，把发展旅游保险纳入各自的重要议事日程，有相应的机构和专门人员负责旅游保险工作。二是加强工作沟通交流，共同开展旅游保险重大问题调查研究，研究制定旅游保险政策，及时解决旅游保险发展中的问题。三是加大旅游保险宣传力度，提高公众出游的保险意识，提高消费者对旅游保险的认同度。

（二）探索建立多元化旅游保险纠纷调解机制。探索建立由旅游、保险和法律三方专业人员组成的专业化旅游保险纠纷调节机构，逐步形成当事方协商、纠纷调解机构调解、仲裁和诉讼等不同层次的多元化旅游保险纠纷处理机制，快捷有效处理旅游保险中发生的各种纠纷。

（三）鼓励投保方式的创新。针对旅行社行业特点，在旅游部门指导下，鼓励行业协会等地方组织，通过整合旅游保险资源，创新投保方式，选择信誉良好、经营规范的保险公司统一投保旅行社责任险。

四、完善旅游保险产品体系

（一）着力完善旅行社责任保险。要通过试点，重点研究解决旅行社责任保险在责任范围、赔偿限额、纠纷调解、救援服务、理赔程序和无过错责任等方面的实际需要，逐步建立科学合理的旅行社责任划分办法，切实增强责任险转嫁风险的能力。要努力建立与旅行社管理风险相匹配的保险费率体系，促进旅行社提高风险管理水平，有效化解旅行社经营风险。

（二）改进旅游意外伤害保险。要针对游客的实际需求，改进旅游意外保险产品，提高产品品质。要积极拓宽旅游意外伤害保险的销售渠道，允许和鼓励旅行社在征得游客同意的前提下，通过合法手续为游客办理人身意外伤害险。

（三）大力发展新兴旅游保险和特种旅游保险。及时跟踪旅游市场发展的新动向，对自驾车、自由行、自助游等新兴旅游业态，要在其开发推广过程中，加强旅游与保险的合作，提前做好新兴旅游市场的风险管控工作。要深入研究老年旅游、滑雪、探险、漂流等特种旅游类型的风险特点，积极开发相关的特种保险产品，为旅游业提供全面的风险保障。

（四）积极推进旅游各环节保险。要依托各级政府和各行业主管部门，督促宾馆、餐馆、景点、车船、索道和游乐场所等旅游经营主体投保相关责任险，建立系统化的旅游保险链，分担旅游各环节中的风险；保险公司要有针对性地开发系列化的责任保险产品，供各旅游经营主体选择投保；旅行社要将是否投保责任险作为采购服务项目的条件之一。

五、提高旅游保险服务质量和水平

（一）切实加强事前风险管控。保险行业要积极为旅游企业、广大游客提供保险风险管理和咨询服务工作；要跟踪旅游市场发展的新动向做好市场的风险预测和管控工作；要采取多种方式，积极拓宽旅游保险销售渠道。旅游行业要采取切实有效措施，提高游客和旅游企业的保险意识，主动配合保险公司做好事前风险管控服务，有效防范旅游风险的发生。旅行社要将旅游过程中存在的风险提前告知游客，要积极为游客介绍、推荐、办理旅游意外险。

（二）大力推广事中旅游保险紧急救援服务。旅游保险救援服务是政府应急管理机制的有效补充。保险公司要将保险紧急救援服务逐步发展成为旅游保险服务的重要内容，通过公司自行建设、整合业内资源或与国际救援专业机构开展合作等多种形式，逐步建立境内外旅游保险救援服务体系。要优先建立对中国公民出境旅游的商业应急救助机制。

（三）努力提高事后理赔服务质量和水平。要以保险和旅游市场诚信建设为切入点，加强行业自律，切实履行理赔服务承诺，规范旅游保险理赔秩序，提升旅游保险理赔质量。提高保险理赔专业化水平，为投保人创造人性化的理赔服务。

（四）大力推进旅游保险销售模式创新。要针对旅游流动性高、分散性大、时效性强等特点，创新旅游保险销售模式，不断开拓旅游保险销售新渠道。要积极研究利用电话、电子商务等现代化销售手段，与传统的保险直销和代理销售互为补充，相互促进，逐步形成渠道畅通、成本节约的多元化旅游保险销售格局。

六、加大旅游保险市场的监管力度

（一）加强对旅游保险经营企业的监管。各地保险监管部门要加大旅游保险经营企业市场行为监管力度，依法严厉查处销售误导、虚假宣传行为；对以各种不正当手段进行恶性竞争、扰乱市场秩序的行为，依照有关规定严肃处理。要加强旅游保险经营企业内部控制监管，强化对直接责任人和上一级责任人的追究力度，堵塞各种“跑、冒、滴、漏”现象。

（二）加强对旅行社责任险的监督和检查。旅游行政管理部门要利用旅行社业务年检，集中对旅行社投保责任险的情况进行检查，对不投保的旅行社，要暂缓通过业务年检，责成其整改；要加大对旅行社投保责任险的情况日常抽查力度，严禁拒不参加投保。对旅行社不投保、未按责任范围投保和不足额投保等行为，旅游行政管理部门依照有关规定予以处理。

（三）合力维护市场公平竞争。各级保险监管部门和各级旅游行政管理部门要加强合作，共同采取措施，打击旅游保险市场的不法行为，特别是要严厉打击商业贿赂行为，旅行社和保险公司勾结坑害游客的行为，重点治理违规支付手续费等不正当交易行为，维护旅游保险市场的正常秩序。要加强对旅行社兼业代理旅游保险业务资格管理，确保市场健康有序发展。

七、优化旅游保险工作的环境

（一）积极培养旅游保险专门人才。全面贯彻落实国家“人才兴国”的战略方针，针对旅游保险市场的发展需要，通过多种渠道，统筹规划，积极指导，尽快培养一批既懂保险专业，又了解旅游业务，熟悉旅游保险市场的经营管理、市场开发和专业技术等方面的专门人才。

（二）大力推动旅游保险诚信活动。要通过开展旅游保险诚信经营、诚信展业、诚信理赔和诚信服务等多种活动，提升旅游保险的诚信力度，树立旅游保险的诚信形象，营造旅游保险的诚信环境。

（三）加强旅游保险的组织领导。各级保险监管部门和旅游行政管理部门对发展旅游保险事业负有重要责任。要把发展旅游保险事业纳入“十一五”发展规划中重点推进。要充分发挥政策导向作用，积极探索促进旅游保险发展的新途径。要积极向当地政府汇报，争取地方政策支持，为旅游保险发展创造政策环境，拓展发展空间。

二〇〇六年六月十八日

关于推进建设工程风险管理制度试点工作的指导意见

第一章 总 则

第一条 为探索创新管理机制，提高建设工程安全和质量管理水平，根据《建筑法》、《保险法》、《建设工程质量管理条例》、《建设工程安全生产管理条例》、《工伤保险条例》等法律法规，以及建设部《关于推进建设工程质量保险工作的意见》，结合本市实际情况，制定建设工程风险管理制度试点工作指导意见。

第二条 本指导意见所称的建设工程风险管理制度，包括工程保险制度和工程风险控制制度。

工程保险制度，是指工程参建单位通过与保险公司订立建设工程保险合同，将建设工程中由于自然灾害、意外事故和约定责任导致经济损失的风险进行转移，根据合同约定由保险公司对损失进行赔偿的制度。

工程风险控制制度，是指工程参建单位和保险公司及其委托的风险管理机构为降低和避免因事故造成的经济损失而对建设工程实施安全质量监管和对事故预防预控的制度。

第三条 按照“共同投保、共同保障、共同控制、相互制衡”的原则实施建设工程风险管理制度。

共同投保，即参与工程建设的建设单位、勘察设计单位、施工承包单位共同投保建设工程保险，确保工程建设和竣工后一段时期内的安全质量事故和缺陷损失能获得经济补偿。

共同保障，即由保险公司及其委托的风险管理机构共同对建设工程进行安全质量风险管理，共同保障工程安全和质量，并按保险合同约定对出险给予及时理赔。

共同控制，即共同投保单位和共同保障单位，共同参与建设工程现场安全质量风险控制。

相互制衡，即引入保险制度，通过经济手段将部分的建设工程安全和质量监督管理责任转移至保险公司和风险管理机构，对建设、设计和施工单位的安全和质量控制行为形成第三方制衡机制，互相制约，共同规范市场。

第四条　选择本市政府投资的建设工程或者政府主导的公共建设工程开展建设工程风险管理制度试点，通过政府工程的示范效应积极引导其他建设工程参与试点。

第五条　上海市建设和交通委员会（以下简称市建设交通委）、中国保险监督管理委员会上海监管局负责本市建设工程风险管理制度试点的综合管理，并成立上海市建设工程风险管理试点工作推进小组，具体负责试点的监督、指导和协调工作。

区、县建设行政主管部门负责所辖行政区域内试点工作的有关管理工作。

第六条　相关管理部门应当积极支持工程建设风险管理试点工作，简化审批手续，缩短审批时间。对试点企业给予必要的扶持政策。

第二章　风险管理参与主体

第七条　由建设单位牵头，与勘察设计单位、施工承包单位组成共同投保体投保建设工程保险。

第八条　经认定的保险公司可以参与建设工程风险管理试点。

对于投资大、风险大、行业特殊、理赔要求高的工程可由几家试点保险公司实施共同承保。

第九条　风险管理机构受保险公司委托，对建设工程潜在的安全和质量事故损失风险因素实施辨识、评估、控制、处理，促进工程质量的提高，减少和避免安全质量事故的发生。

参与风险管理制度试点的风险管理机构应符合下列基本条件：

（一）具备甲级监理资质；

（二）具备施工图审图资格；

（三）具备工程检测资格。

试点期间，尚不同时具备上述条件的，可以以监理公司为主采取委托形式联合具有相应资质的设计审图机构和检测机构，共同参与工程风险管理。

鼓励现有的工程监理、设计审图、检测等机构通过改组、合并等方式发展成为风险管理机构。

经认定的风险管理机构可以参与工程风险管理制度试点。

第十条 安全质量鉴定机构负责鉴定建设工程保险期内发生的安全质量事故、质量缺陷和保险责任事故。

经认定的安全质量鉴定机构，不得与建设工程风险管理制度试点项目参与各方存在任何隶属或者关联关系，单位的员工也不能在安全质量鉴定机构中兼职。

第十一条 试点企业在办理认定手续时，资料齐全的，予以当场办理。

第三章 工程保险制度

第十二条 本指导意见所称的建设工程保险，包括建筑和安装工程一切险、人身伤害险、工程质量保修保险等三个险种。

建筑和安装工程一切险，是指共同投保体单位将工程建设过程中因自然灾害、意外事故导致的工程本体的物质损失和约定责任范围内应当承担的赔偿责任转移给保险公司的经济行为。

人身伤害保险，是指共同投保体单位将项目从业人员在直接从事工程建设项目过程中因意外事故导致人身伤亡引起的医疗救治和经济补偿，以及将与承保工程直接相关的外来从业人员因住院获得医疗救治和经济补偿，转移给保险公司的经济行为。凡已参加外来人员综合保险的，人身伤害险保险费率按比例降低。

建设工程质量保修保险，是指共同投保体单位将工程建设过程中存在或产生的质量隐患在工程竣工满一年后引发的质量缺陷损失转移给保险公司的经济行为。工程质量保修保险不设置免赔额。保险期从竣工满一年后开始起算，最低保险期限为：

（一）基础设施工程、房屋建筑的地基基础工程和主体结构工程，为10年；

（二）屋面防水工程、有防水要求的卫生间、房间和外墙面的防渗漏，为5年；

（三）供热与供冷系统，为2个采暖期、供冷期；

（四）电气管线、给排水管道、设备安装和装修工程，为2年。

其他项目的保险期限由双方约定。

第十三条　建设工程方案设计评审后，建设单位根据保险公司的管理水平、偿付能力、信誉水平、类似工程保险经验、风险管理服务水平、基本费率，通过比选等方式自主选择试点保险公司，并签订保险意向书。

第十四条　建设单位确定勘察、设计、施工承包单位后，保险公司委托保险中介机构等具有风险评价能力的单位实施工程项目的风险评价，并出具风险评价报告。

风险评价包括共同投保体风险评价和工程风险评价。

风险评价所确定的共同投保体风险系数和工程风险系数作为确定工程建设保险费率浮动依据。

第十五条　风险评价完成后，由共同投保体与保险公司签订保险合同。

保险合同应包括保险责任、除外责任、保险费及费率、保险期限、被保险人义务、风险控制、保险理赔等主要内容。

第十六条　建设工程保险采取浮动费率机制，在基本费率的基础上根据共同投保体风险系数和工程风险系数实行相应浮动。

第十七条　工程建设保险费＝建设工程合同价×（建筑与安装工程一切险基本费率＋人身伤害险基本费率＋质量保修保险基本费率）×（共投体风险系数×65%＋工程风险系数×35%）＋附加风险管理费

第十八条　建设单位不再预留建设工程质量保证金（保修金）。

已投保设计职业责任险的设计单位，在实行工程建设保险和风险管理时按具体工程情况适当减少保费。

第十九条 建设工程保险的保险费根据共同投保体成员的责任实行分担制，其中建筑和安装工程一切险，建设单位一般分担80%左右，设计单位一般分担20%左右。人身伤害险，建设单位一般分担30%左右，施工承包单位一般分担70%左右。建设工程质量保修保险，建设单位一般分担20%左右，施工承包单位一般分担80%左右。附加风险管理费全部由建设单位承担。

第二十条 建设单位在领取施工许可证的同时，应提供保单、保费付款凭证和保险公司的偿付能力证明等资料。

第二十一条 保险公司应按照保险合同约定，以统一理赔标准、缩短理赔周期的原则进行建设工程保险理赔。

第四章 工程风险控制制度

第二十二条 共同投保体成员应根据法律、法规、规范、标准和有关合同的要求，对工程安全质量风险进行自控和预防，并积极配合风险管理机构的现场风险控制工作。

第二十三条 保险公司应委托风险管理机构，对工程现场进行风险控制。

保险公司可以通过比选等方式选定风险管理机构，并与风险管理机构签订风险管理委托合同。

第二十四条 风险管理机构的风险控制应从项目初步设计起贯穿到竣工后满一年止的工程建设全过程。

风险管理机构根据工程具体特点，以建设工程保险合同和风险管理委托合同为依据，编制风险管理大纲、各阶段风险管理实施方案和程序、事故应急预案，加强风险的预控和预警工作。

风险管理机构对初步设计进行风险指导和质量预控，对施工图设计进行审查，并出具施工图审查报告。

风险管理机构建立风险预防清单，确定风险控制对策，及时建立视像监控平台和信息处理平台等技术监控手段，通过现场跟踪管理，实现风险动态管理和节点控制。

风险管理机构认为施工不符合工程设计要求、施工技术标准和合同约定的，或者可能产生工程安全和质量隐患的，有权要求建筑施工企业改正。对影响工程主体结构安全和质量的建筑材料、构配件和设备，未经风险管理机构签字认可，不得在工程上使用。

风险管理机构出具的工程评估报告，应当作为工程竣工验收备案的必备资料。建设单位申请办理工程竣工验收备案时未提交工程评估报告的，建设工程质量监督机构不予受理。

第二十五条　风险管理费按下列公式计算：

风险管理费＝设计阶段质量风险管理费＋施工阶段和竣工后一年的安全质量风险管理费

设计阶段质量风险管理费，施工阶段和竣工后一年的安全质量风险管理费，试点阶段参照沪建监协字〔2001〕第20号《关于发布工程建设监理费上海市行业指导价标准的通知》中设计、施工、保修三个阶段的监理取费标准再增加10%安全管理费。

第五章　各方义务和责任

第二十六条　共同投保体成员应依法承担建设工程安全和质量管理责任。试点工程中，建设单位可以不再委托监理机构实施工程监理。

共同投保体应严格按照合同约定支付建设工程保险费。

在发生建设工程安全和质量事故时，共同投保体应及时采取一切必要措施防止损失扩大并将损失减少到最低程度。

建设工程在竣工后一年内出现质量缺陷的，由施工承包单位负责维修，维修费用由施工承包单位承担。

第二十七条　保险公司对合同约定的建设工程保险责任负有经济赔偿义务。

保险公司收到共同投保体赔偿或者给付保险金的请求后，应当及时作出核定；对属于保险责任的，应及时赔偿或者给付保险金。对应理赔的金额超过500万元的重大赔案，在赔偿限额内应及时预付赔款。

保险公司应严格按照风险管理委托合同向风险管理机构支付风险管理费。

保险公司应制定工程防灾防损制度、事故应急预案、重大损失报告制度、预付赔款制度和保险理赔绿色通道制度。

保险公司应对建设工程保险单独核算，对出险和赔付情况进行统计分析，定期向上海市建设工程风险管理试点工作推进小组上报当年的赔付情况。

第二十八条 风险管理机构应对工程安全质量承担监督和控制责任。

在风险发生时，风险管理机构应及时采取措施防止损失扩大，对已发生和还可能发生的风险进行有效的控制。

风险管理机构不按照委托合同约定履行风险控制义务，给保险公司造成损失的，应当承担相应的赔偿责任。

第二十九条 检测机构应对工程现场检测对象负责，加强对现场材料和重要试块、试件的现场取样，对样本的生产厂家和代表性进行确认。

第三十条 安全质量鉴定机构从事安全质量事故、质量缺陷和保险责任事故的认定，应当遵守法律、法规和相关规定，坚持客观、公正、公平的原则。

安全质量鉴定机构因自身过错对保险当事人造成损害的，应当承担相应的经济赔偿责任。

第六章 附 则

第三十一条 本指导意见自发布之日后30日起开始施行。

关于本市开展火灾公众责任保险试点工作的实施意见

为了充分发挥保险业在火灾防范和火灾风险管理方面的作用，切实落实全国人大常委会消防法执法检查组有关建议和2006年全国保险工作会议以及上海保险工作会议精神，根据国务院《关于进一步加强消防工作的意见》（国发〔2006〕15号）、《关于保险业改革发展的若干意见》（国发〔2006〕23号），公安部和中国保监会《关于积极推进火灾公众责任保险切实加强火灾防范和风险管理工作的通知》（公通字〔2006〕34号），中国保监会和中央社会治安综合治理委员会办公室《关于保险业参与平安建设的意见》（保监发〔2006〕44号），市政府《关于贯彻国务院文件精神大力推进本市保险业改革发展的实施意见》（沪府发〔2006〕23号），本市在商场市场、宾馆饭店、影剧院、网吧、歌舞娱乐、浴场、医院、机场、公交车站、客运码头、地铁车站、磁浮车站、体育场馆、会展及大型活动场馆等公众聚集场所和易燃易爆场所，开展火灾公众责任保险试点工作。现就本市开展火灾公众责任保险试点工作提出如下实施意见：

一、充分认识发展火灾公众责任保险的重要意义

保险是运用市场机制进行社会管理的重要方式。火灾公众责任保险是以被保险人因火灾造成的对第三者的伤害所依法应负的赔偿责任为保险标的的保险。发展火灾公众责任保险，通过市场化的风险转移机制，用商业手段解决责任赔偿等方面的法律纠纷，可以使受灾企业和群众尽快恢复正常的生产生活秩序，对切实保护公民合法权益，促进社会和谐稳定，具有重要的现实意义。积极发展火灾公众责任保险，是完善消防安全监管和建设社会保障体系的重要举措。它有利于促进投保单位管理者自觉加强消防安全管理，协助公安消防部门及时查找消防安全隐患，降低火灾事故发生概率；有利于预防和化解社会

矛盾，减轻政府灾后救助负担，提升上海城市综合管理水平。各级公安消防部门和保险监管部门要从构建社会主义和谐社会的高度出发，充分认识发展火灾公众责任保险的紧迫性和必要性，充分利用保险的市场化风险预防机制和辅助社会管理功能，着力建立起火灾风险识别、预警、控制等防灾防损机制，努力为群众提供可靠的消防安全保障。

二、积极发展火灾公众责任保险，加强火灾防范和风险管理

（一）着力提高火灾风险管理水平。上海保监局要加强对本市保险市场的监督指导，引导保险公司开发适合市场需求的火灾公众责任险和火灾财产险产品；指导保险公司制定切实有效的防灾防损方案，落实防灾防损措施，提高火灾风险管理水平；指导市保险行业组织开展火灾公众责任保险市场研究和信息交流。保险公司在承保前，要委托具有专业资质的评估单位，对被保险人进行火灾风险辨析和消防安全评估，并根据评估情况厘定费率。

（二）大力加强对公众聚集场所和易燃易爆场所的消防监督检查。各级公安消防部门要以公众聚集、易燃易爆等场所、单位为重点，加强日常消防监督检查，严格实施建筑工程消防设计审核、验收和开业前检查，把好火灾预防源头关。要会同有关部门开展联合执法，坚决查处违反消防法律法规的行为。对存在重大火灾隐患、不能保障消防安全的，要坚决查处；对发生火灾事故的，要依法追究有关单位和人员的责任。同时，要结合日常消防检查和宣传教育，积极引导公众聚集、易燃易爆等重点场所、单位参加火灾公众责任保险。

（三）积极推动建立消防与保险的良性互动机制。各级公安消防部门和保险监管部门要按照各自职责，加强协调配合，充分运用法律和市场手段，共同推进火灾公众责任保险工作。要加强信息交流，研究制订火灾风险评估标准和消防安全评价体系，并积极引入第三方风险评估机构，建立以风险为基础的费率浮动机制。要联合开展消防安全检查、火灾查勘定损以及专业人员培训，大力探索支持消防公益事业的新途径，促进消防与保险的良性互动发展。

三、搞好重点领域火灾公众责任保险试点，逐步完善火灾风险管理制度

各区、县政府及有关部门要根据公安部和中国保监会公通字〔2006〕34号文的精神，结合实际，按照“政府推动、多方参与、齐抓共管、商业运作”的原则，积极稳妥地开展火灾公众责任保险试点工作。各重点场所、重点单位的上级主管部门以及行业监管部门要积极支持、鼓励所属企业和监管对象参加火灾公众责任保险。经过一段时间的试点，要及时总结经验、做法，为在全市范围内逐步推广、完善奠定扎实基础。要进一步建立健全公安消防部门和保险监管部门的信息交流制度，搭建信息共享平台，并完善各项政策、制度和措施，在体制、机制方面进行创新，促进本市火灾公众责任险工作长效发展。

上海市公安局
中国保险监督管理委员会上海监管局
二〇〇六年十二月二十七日

后　　记

《寿险案例评析》一书出版后，在社会上引起了不小的反响。通过对发生在我们身边的信访案例进行认真总结和反思，能够增强广大保险消费者的基本保险知识，使其能够明明白白、安安心心地购买和消费保险。为系统全面地普及保险知识，提示保险消费过程中的风险，我们又决定撰写《非寿险案例评析》。

然而在编写过程中，我们感到应该受教育的不只是保险消费者，同时也有保险经营者和保险监管者。对保险消费者而言，对产品的不了解，往往引起对产品的误解和曲解，在今后的索赔过程中往往处于不利地位。对保险经营者而言，也有对法律环境和经营环境不适应的问题，本书中也不乏败诉的案例。同时，案例中也保留了保险消费者对保险经营者的一些客观公正的批评意见。以此，作为对我们保险经营者和保险监管者的清醒剂，使我们牢记保护被保险人利益是保险事业发展的百年之基。

对保险消费者的知识普及，不完全是保险维权行为的风险提示，还包括对购买保险的意识的普及。本书对非寿险市场的一些主要险种作了简要介绍，而且也不乏案例表明保险消费者通过购买保险得到了保险赔偿，减轻了灾害或者事故的损失。也有不少案例表明正是由于保险公司的积极参与，提高了被保险人的风险管控水平和产品的质量。还有不少案例表明正是由于保险公司的积极参与，使得被保险人在法律诉讼中赢得了主动，挽回了损失。更有一些案例，对于政府部门有效运用保险机制，化解社会矛盾，提高突发事件的危机处理能力，有很好的启示作用。

本书在体例上，参考了《寿险案例评析》，一般每个险种都由三个部分组成。第一部分是案例的事由。是根据群众来信所陈述的基本事实整理而成。为了保护当事人的隐私，对人名、地名、企业名作了适当处理。但为了案例的真实性和完整性，除经过技术处理外，基本上保持了来信的原貌。只是为起到前车之鉴的警示作用，别无他图。在此，也请各方谅解。第二部分是保险公司意见或法院意见。这部分也基本保留了意见的原貌。基于对法律法规认识上的不同，保险公司意见和法院意见可能有不同的看法，甚至对于类似案例，不同法院的意见也不尽相同。这本身也就是一种风险提示。第三部分是综合评析。这是我们从保险监管者的角度对案例的看法，提醒各方应该从中吸取一些什么经验教训。与《寿险案例评析》一样，我们在案例评析中不是进行谁对谁错、谁是谁非的定性，更不是把它当成监管机关的行政决定加以理解或援引。

本书集中了上海保险业一些非寿险从业人员的智慧。他们从案例的收集、点评到筛选，都付出了努力。虽然我们的主要读者群定位为普通市民，但也有相当内容需要一定的专业知识，读者可以根据自己的喜好进行取舍，仁者见仁，智者见智。我们也希望本书能成为广大保险经营管理人员、监管人员、研究人员和大专院校保险专业在校学生的参考读物。如有裨益，不胜欣慰。

本书的出版得到了中国保监会领导和中国金融出版社有关同志的大力支持，在此一并表示感谢。由于保险理论和政策水平所限，谬误之处在所难免，敬请读者批评指正。